마이너 필링스

캐시 박 홍 지음

노시내 옮김

이 감정들은 사소하지 않다

마이너 필링스

메렛에게

한국 독자들에게 ✕ 9

유나이티드 ✕ 17

스탠드업 ✕ 59

백인 순수의 종말 ✕ 97

서투른 영어 ✕ 127

어떤 배움 ✕ 153

예술가의 초상 ✕ 205

빚진 자 ✕ 241

감사의 말 ✕ 269

옮긴이의 글 ✕ 271

찾아보기 ✕ 277

한국 독자들에게

『마이너 필링스』는 2020년 2월 25일, 그러니까 코로나19 대유행으로 인해 뉴욕시에 봉쇄 조치가 내려지기 몇 주 전에 출간되었다. 당시에는 그런 식의 봉쇄가 내려질 것이라고 예상한 사람도 거의 없었고, 확산되는 전염병이 우리 국경은 절대로 침범하지 않을 것처럼 다들 태연하게 생활하고 있었다. 그러다가 책이 나온 뒤 일주일 후, 나는 재직하는 대학의 연구실에 나가 있었다. 그날 나는 기내용 여행가방을 가지고 출근했는데, 강의가 끝나면 책 홍보를 위해 캘리포니아로 비행할 예정이었기 때문이다. 그런데 담당자가 전화로 북 투어가 취소됐다고 알려 왔다. 그 뉴스를 미처 제대로 소화할 틈도 없이 서둘러 강의실에 갔더니 한 학생이 대학 전체가 그날 밤에 폐쇄될 거라는 뉴스가 휴대폰에 떴다고 했다.

나는 정신이 아득한 상태로 지하철을 타고 집으로 왔다.

도시 봉쇄가 그렇게 여러 달이나 지속되리라는 것, 머지않아 미국인 상당수가 한국인들처럼 마스크를 쓰고 다니고, 병원은 환자로 넘쳐나게 될 것을 나는 전혀 내다보지 못했다. 차를 몰고 가다 묘지를 지나는데 하얀 방호복을 입은 무덤 파는 일꾼들이 유족 없이 하관하는 장면을 보았다. 하지만 그때조차도 60만 명 이상의 미국인이 코로나로 사망할 것이라고는 생각지 못했다. 또한 그해에 아시아인 증오가 급증할 것도 예측하지 못했다. 트럼프가 반(反)중국 발언을 끈질기게 반복하자 미국 인종주의자들은 아무 아시아계 사람한테나 대고 질병을 퍼뜨린다고 비난했을 뿐 아니라 아시아인을 코로나 질병 그 자체처럼 취급했다.

겨울이 끝나고 봄이 시작되던 그해 초, 나는 유럽에 사는 아시아계 체류자들이 차별을 당한다는 기사를 읽었다. 미국에서는 아직 아시아인을 상대로 한 인종차별 소식이 들리기 이전이었다. 아시아인에 대한 인종주의는 처음에는 마치 코로나의 확산과 비슷한 양상을 띠었다. 우한이나 이탈리아에서 무슨 일이 났다는데 외국에서 일어난 일이니 나와는 거의 무관했다. 그러나 아시아인에 대한 증오 사건이 미국에서도 발생하고 그 빈도가 잦아지자 나가서 걸어 다닐 때면 누가 나를 표적으로 노리고 있는 기분이 들었다. 특히 아시아계 노인과 여성을 겨냥해 얼굴을 주먹으로 치고, 침을 뱉고, 괴롭히고, 인종차별적 욕을 하고, 식당에서 서비스를 거부한다는 뉴스를 들었다. 아시아계 이민자들의 가게를 훼손하는 무리에 대한 기사도 읽었다. 그러나 미국 주요 언론은 2021년 들어서 누가 태국계 남성 노인을 밀어 넘어뜨려 사망에 이르게 하는 사건이 발생하기 전까지는 그와 같은 인종주의에 그다지 관심을 기울이지 않았다. 그러다가 2021년 3월 16일 조지아주 애틀랜타 마사지숍에서 아시아 여성 여섯 명이 총격범에게 살해당하는 사건이 발생했다. 사망자 중 네 명은 그 가게에서 일하던 한인 여성들이었다.

바로 이 불안하고 사나운 시기에 아시아계 미국인들이 내 책을 읽고 친구들과 가족들에게 내 책을 추천하기 시작했다. 독자가 계속 늘어나면서 『마이너 필링스』는 2021년도 『뉴욕 타임스』 베스트셀러가 되었다. 줌으로 북토크를 할 때면 사회자들은 기막힌 타이밍에 대해 자주 언급했다. 즉 아시아계 미국인들이 현 상황의 맥락을 이해하고 아시아인에 대한 인종차별 급증 문제를 제기하고 해결하는 데 도움이 될 만한 언어를 찾으려고 애쓰던 때에 시의적절한 책이 나왔다는 것이다.

물론 내가 『마이너 필링스』를 집필한 배경은 코로나 대확산 이전에 이미 미국에 아시아인 혐오 정서가 널리 퍼져 있었기 때문이다. 내가 살아오는 내내 그랬고, 내가 태어나기 **전에도** 그랬다. 인종주의는 전혀 새롭지도 않고 결코 사라지지도 않는다. 인종주의는 코로나 확산 시기에 그런 것처럼 그때그때의 역사적 상황에 맞춰 적응할 뿐이다. 아시아인에 대한 미국의 제노포비아는 중국인 이민자들이 처음 미국에 도착한 1800년대로 거슬러 올라간다. 흑인 노예를 대체할 값싼 노동력으로 유입된 이들은 나중에는 금광에서 금을 캐는 일을 했다. 미국 백인들은 이 중국인 노동자들이 백인의 일자리를 빼앗는다고 생각해 위협으로 여겼다. 중국인을 역병, 해충이라고 부르며 비하했다. 결국 1882년 연방정부는 중국인의 미국 이민을 금지하는 중국인 배척법을 통과시켰으며, 나중에는 아시아 전역을 대상으로 이민을 금지했다.

한국도 한국전쟁과 미군이 계속 주둔하는 상황 때문에 나름대로 미국 백인들과 긴장된 관계를 맺고 있다. 미국 역사학자들은 한국전쟁을 "잊힌 전쟁"이라고 호칭한다. 어느 조그만 나라에서 발발했다가 교착상태에서 휴전으로 끝난 전쟁을 기억할 만큼 관심을 두는 사람이 없어서이다. 또한 미국 매카시즘 시대의 언론 검열 때문에 베트남 전쟁 때와는 달리 전시 잔혹 행위나 민간인 살상을 기록해 보관한 영상 자료가 매우 부족하다. 이 전쟁에서 희생된 남북한 사망자가 400만 명에 이른다는 사실이나 한반도를 분단한 장본인이 미국이라는 사실을 아는 미국인은 극소수이다. 나도 어렸을 때는 몰랐다. 대신 우리 부모님은 남한이 지금처럼 부유한 자유민주주의 국가가 된 것은 다 미국 덕분이라고 하셨다. 부모님 세대의 한인 이민자는 다들 아메리칸 드림의 열렬한 신봉자였다. 이들은 자식들이 자기보다 더 안락한 삶을 살 수 있도록 미국에 올 수 있었던 것을 감사히 여겼다.

물론 진실은 훨씬 복잡하다. 미국이 공산군의 남침을 막아주었을지는 몰라도, 이후 미군 남한 점령의 식민주의적 유산은 그 나름의 고통과 상처를 남겼다. 아시아인에 대한 미국산 인종주의가 한국전쟁 시기에 한국으로 수입되어 백인 미군은 한국인을 불결하고, 인간 같지 않고, 원숭이와 비슷한 존재로 간주했고 모든 한국인의 '자유'를 위해 싸운다면서 한국인을 전혀 존중하지 않았다. 이민금지법을 폐지하는 '1965년 이민국적법'이 제정되기 전에는 한국계 미국인들도 미국 인종 분리 정책의 희생자였다. 다이빙 선수로 올림픽에 출전해 금메달을 획득한 한국계 미국인 새미 리(Sammy Lee)는 1930년대에 공영 수영장에서 훈련하지 못했다. 아시아인은 백인과 수영장을 같이 쓰는 일이 허락되지 않았기 때문이다.

그는 자기 집 뒤뜰에 모래 구덩이를 파서 거기에 다이빙 보드를 걸쳐놓고 연습해야 했다.

아시아계 미국인들이 미국에서 획득한 평등은 대부분 흑인 민권 운동과 지금도 진행 중인 흑인의 평등 투쟁의 덕을 본 것이다. 1965년에 미국이 문을 열고 아시아, 중남미, 아프리카 이민자를 받게 된 것도 바로 흑인 민권 운동 덕이었다. 아시아계 미국인들이 자체적인 운동을 개시해 공평한 처우와 존중을 요구할 수 있었던 것 또한 1960년대 말에 블랙파워 운동에 힘입었기 때문이다. 그렇지만 흑인에 대한 인종주의는 오늘날 미국 한인 사회와 한국에 여전히 널리 퍼져 있다. 나도 집에서 흑인에 대한 인종주의적 언급을 들으며 자랐다. 반은 흑인, 반은 한국인인 교수를 만난 적이 있는데, 누가 자기를 난생처음으로 흑인 비하 표현인 "니X"로 부른 곳이 미국이 아니라 서울이라고 했다. 그 얘기를 듣고 나는 심히 부끄러웠다. 이 책은 아시아 사회에 존재하는 그런 흑인에 대한 반감을 지적하고 다른 인종 간에 서로 어떻게 연대를 꾸려야 할지에 대해서도 다룬다. 평등을 위한 미국 흑인들의 투쟁이 없었다면 우리 부모님을 비롯한 수많은 가정이 미국에 이민 올 기회조차 누리지 못했을 것이다.

미국에서 흑인과 아시아인의 관계는 그동안 꽤 힘들었다. 20세기 중반 이후로 아시아인들은 더 이상 해충이나 짐승처럼 취급받지 않고 '모범 소수자'로 간주되기 시작했다. 즉, 흑인들처럼 범죄를 저지르거나 빈곤하지 않은, 근면하고 '우등한' 소수자라는 뜻이었다. 수많은 아시아계 미국인들이 이런 고정관념을 받아들였지만, 백인 우월주의의 위계질서에서 봤을 때 모범 소수자라는 고정관념은 아시아인이 백인**만큼** 우등하다는 뜻이 아니었다. 아시아인은 흑인과 비교했을 때에 한해서만 우등하다는 의미였다. 미국 백인 사회는 아시아계 미국인의 성공을 놓고 소수자가 근면하게 일하면 정부의 사회적 지원이 필요 없다는 증거라며 자기들 편리하게 이용했다. 고정관념을 받아들인 아시아인들이 미처 깨닫지 못한 것은 모범 소수자 지위에 함정이 도사리고 있었다는 점이다. 우리가 영리하고 성공적인 집단으로 간주된 것은 맞지만, 그와 동시에 로봇 같고, 무감정하고, 쉽게 교체될 수 있는 존재, 즉 기본적으로 여전히 인간 같지 않은 존재로 여겨졌다. 그러나 무엇보다도 아시아인은 보이지 않는(invisible) 인종이어서, 언론매체, 정치, 오락물 등에서 찾아볼 수 없고 우리의 인종 정체성 때문에 직장에서 승진하거나 지도적 위치에도 오르지 못하고 간과되었다.

『마이너 필링스』는 나 자신의 인종 정체성을 내 나름대로 솔직하게 성찰하고 따져본 결과물이다. 이 책은 개인적인 수필집이다. 이렇게 미국에서 보이지 않는 몸 안에 살면서 느끼는 나 자신의 상반된 감정을 가능하면 투명하게 풀어놓고자 한다. 또한 이 책은 한국전쟁 후 미국으로 건너온 이민자들이 겪는 세대 간 트라우마에 대해서도 다룬다. 우리 부모님은 과거를 돌아보는 일에 무관심했으며 오로지 앞만 바라보았다. 그러나 우리가 과거를 돌아보고 무엇이 우리에게 상처나 심지어 굴욕을 주었는지 밝혀내지 않으면 진전이 있을 수 없다. 한국인과 한국계 미국인들이 겪는 정신 질환 문제를 숨기지 않는 것도 이런 이유에서다. 한인들은 정신 건강 문제를 수치로 여겨서 그것이 개인적, 사회적 치유에 큰 걸림돌로 작용한다.

마지막으로 이 책은 창의력과 예술 창작에 관해서 다룬다. 나는 시인이 되겠다는 결심을 항상 지지해주신 부모님을 고맙게 생각한다. 부모님은 내가 가려는 길을 막지 않았을 뿐만 아니라 아시아계 미국인 작가로 성공해보려고 힘겹게 고투하는 내내 무척이나 필요했던 격려를 보내주셨다.

나는 남들에게 좀 더 이해받고 눈에 덜 안 보이는 존재가 되고자 이 책을 썼다. 한국 독자들이 『마이너 필링스』를 읽으면서 아시아인을 예속시켜온 백인 우월주의의 복잡하고도 견고한 근원을 더 잘 파악하게 됐으면 좋겠다. 그러면서 또 한편으로는 이 책 속에서 독자들이 자신의 일부를 발견할 수 있기를 바란다.

2021년 7월
캐시 박 홍

유나이티드

내 우울증은 가상의 틱 장애와 함께 시작되었다.

나는 한 시간이나 거울을 들여다보며 눈꺼풀에 경련이 일어나거나 입 한구석이 따끔거리기를 기다렸다.

"내 틱 증상 보여?" 남편에게 물었다.

"아니."

"내 틱 증상 이제 보여?" 남편에게 물었다.

"아니."

"내 틱 증상 **이제** 보여?" 남편에게 물었다.

"안 보인다니까!"

20대 초반에는 실제로 오른쪽 눈꺼풀에 틱 장애가 있어서, 이것이 오른쪽 안면 근육으로 확산되면서 뽀빠이처럼 눈을 찡그리게 되는 증상이 종종 나타났다. 알고 보니 반측안면경련증이라는 희귀한 신경 근육 질환을 앓았던 것인데 귀 뒤의 뇌 신경 두 줄기가 꼬이면서 생긴 현상이었다. 스물여섯 살 때인 2004년에 피츠버그의 어느 의사가 미세한 스펀지 조각을 삽입해 꼬였던 두 신경을 분리하는 방법으로 내 경련증을 고쳐주었다.

그로부터 7년이 지난 그 시점에 나는 경련이 재발했다고ㅡ 스펀지 조각이 어쩌다 빠져서 신경이 다시 꼬인 거라고ㅡ 확신했다. 내 얼굴이 더 이상 내 얼굴이 아니라, 반란의 조짐을 보이며 부들거리는 신경 조직으로 된 가면으로 변했다. 기계에 고장이 생긴 것이다. 신경이 당장이라도 잘못 점화되어 뱀처럼 몸을 뒤틀며 물을 쉭쉭 뿜어내는 호스처럼 경련을 일으킬 것만 같았다. 얼굴에 너무 생각을 집중하다 보니 신경 조직이 **느껴질** 지경이었고 간지러운 느낌이 들었다. 얼굴은 우리 몸에서 가장 확실하게 노출된 부분이지만, 어쩌다 상처라도 입어야 비로소 그 노출된 상태를 깨닫게 되고, 알아차리고 나면 온통 그 생각만 하게 된다.

남의 시선을 의식하는 내 버릇이 재발했다. 나는 공공장소에서 얼굴을 가리려고 온갖 치밀한 술책을 생각해냈다. 마치 너무 놀라 한참 얼이 빠져 있는 사람처럼 두 손으로 뺨을 감싸거나 날씨에 관해 곰곰이 생각하는 듯 다른 데를 쳐다봤지만, 실은 간지러운 신경이 당장이라도 내 얼굴을 정복해 틱 증상을 유발시킬지 모른다는 생각만 들었다.

틱 증상 같은 건 없었다.

그냥 내 마음이 반란을 꾀하는 것이었다. 나는 편집증적이고 강박적으로 변해갔다. 누가 내 머리통을 뽑아버리고 신경증이 덜한 머리통으로 바꿔 꽂아주면 좋겠다 싶었다.

남편은 내 간절한 바람이 "고약하다"고 했다.

나는 잠들기 위해 위스키를 들이켰고, 그러다가 위스키에 앰비언(수면제―옮긴이)을 섞어보고, 또 그러다가 위스키에 앰비언, 자낙스(신경안정제―옮긴이), 대마초를 섞어봤는데도 수면에 아무 도움이 되지 않았다. 잠을 못 자면 생각을 할 수 없었다. 생각을 못 하면 글도 못 쓰고 사람도 못 만나고 대화도 이어갈 수 없었다. 다시 어린애로 되돌아갔다. 영어를 못하던 바로 그 아이로.

나는 임대료 안정화 조치의 적용을 받는 멋진 로프트에 살았다. 건물이 면해 있는 길은 브로드웨이 남단으로 이어지는 별 특색 없는 통로로, Hot 97 라디오 방송국 히트곡을 연속으로 틀어대는 청바지 상점가로 유명했다. 나는 드디어 원하던

뉴욕 생활을 하고 있었다. 신혼이었고 책 하나를 막 탈고한
참이었다. 우울할 이유가 없었다. 하지만 행복할 때마다 끔찍한
재난에 대한 두려움이 뒤따랐고, 그래서 재난이 닥치는 것을
예방하는 차원에서 일부러 언짢아지도록 기분을 유도했다.
이 불안감에 짓눌려 나는 깊은 우울증에 빠졌다. 친구 하나는
자기는 우울하면 "나무에서 떨어진 나무늘보"가 된 기분이라고
했다. 적절한 표현이었다. 외출해서 사람들과 대면하기 전까지는
멍하고 무기력하다가, 나갔다 오면 처맞고 실신한 느낌이었다.

⨯

우울증을 치료하기 위해 심리치료사를
찾아보기로 했다. 한국계 미국인 심리치료사면 좋겠다고
생각했다. 나에 대해 많이 설명할 필요가 없을 것 같아서였다.
나를 보면 내 배경을 바로 **이해할** 테니까. 건강보험회사
애트나의 정신보건 전문 요원 데이터베이스에서 검색되는 뉴욕
심리치료사 수백 명 가운데 한국 성을 지닌 치료사가 딱 한 명
있었다. 메시지를 남기자 그 여성 치료사가 내게 전화를 했다.
우리는 상담 약속을 잡았다.
심리치료사의 작고 어둡게 조명된 대기실에는 무릎 꿇은
여인이 거대한 카라 꽃바구니를 부여잡고 있는 디에고 리베라의
그림포스터를 끼운 액자가 걸려 있었다. 부들이 꽂힌 밤색 꽃병,
캐러멜색 가죽 안락의자, 죽어가는 산호의 색깔을 띤 양탄자.
대기실 전체가 마음을 진정시키는 리베라 그림과 비슷한
컬러톤으로 꾸며져 있었다.
치료사가 문을 열고 나왔다. 제일 먼저 얼굴 크기가 눈에

들어왔다. 치료사의 얼굴이 엄청나게 컸다. 그것이 그에게 신경 쓰이는 문제가 아니었을까 순간 궁금했다. 많은 한국 여자들이 자기 얼굴 크기를 지나치게 의식해서 턱을 깎아 얼굴 크기를 줄이려고 수술대에 눕는 것도 마다하지 않기 때문이다. (한국에서 흔한 칭찬: "얼굴이 조막만 하네!")

나는 상담실로 들어가 소파에 앉았다. 그가 내게 기본적인 질문부터 하겠다고 말했다. 질문은 그야말로 기본적이었다. 머릿속에 어떤 목소리가 들리는지? 자살을 생각하는지? 나는 질문들이 지극히 표준적이라는 점에 위로받았다. 내 우울증이 실은 **나만 겪는 것**이 아니라 어떤 전형적인 상태라는 생각이 들어 안심이 되었다. 대체로 의기소침하게 그 질문들에 답했다. 심리치료사와 나 자신에게 상담을 받을 필요성을 증명하려고 의기소침을 좀 과장하기까지 했다. 그러다 "어린 시절 어떤 때에 편안함을 느꼈나요?" 하는 질문에 이르자, 끝내 그런 순간을 기억해내지 못하고 그만 흐느끼고 말았다. 나는 치료사에게 모든 것이 어떻게 시작됐는지─내 우울증, 내 가족사─털어놓았고, 상담이 끝나자 놀랄 만큼 정화된 느낌이었다. 나는 다시 상담을 받으러 오고 싶다고 말했다.

"제가 애트나 보험사의 환자들을 계속 받을 수 있을지 확실하지 않습니다." 치료사가 모호하게 말했다. "제가 곧 연락드리지요."

이튿날 나는 다음 상담을 예약하려고 사무실로 전화를 걸었다. 24시간이 지나도록 회신이 없어서 메시지를 두 개나 남겼다. 다음 날, 치료사는 자기가 애트나 보험사와의 거래를 중지해 더 이상 나를 환자로 받을 수 없다는 음성 메시지를 남겼다. 나는 바로 전화를 해서 자가부담으로 치료비를 지불하면 애트나가 나중에 80퍼센트를 환급해주니 괜찮다는 음성 메시지를 남겼다. 그는 회신을 주지 않았다. 그 주에 나는 추가로 음성 메시지를 네 번이나 남겼고, 그렇게 한 번씩 남길 때마다 점점 더 절실해져서 문자를 보낼 수 있도록 휴대폰 번호를 달라고 애걸했다. 그러다가 수시로 전화를 걸어서 자동응답기가 나오면 끊고 상담 시간이 아닐 때 통화를 할 수 있기를 바랐다. 내가 이 짓을 하루에 대여섯 번씩 하다가 문득 치료사가 발신자 표시를 볼 수 있을 거라는 점을 깨닫고 너무 창피해서 그날 온종일 침대에서 나오지 못했다. 결국 치료사가 짤막한 메시지를 하나 남겼다. "환급받으려면 서류 작성이 무척 까다로울 겁니다." 나는 단축 다이얼로 잽싸게 전화를 걸어 자동응답기에다 대고 소리를 질렀다. "서류 작성은 문제없어요!"

　　회신을 기다리는 동안, 나는 래러미시 소재 와이오밍 대학교에서 개최된 낭독회에 참석해야 했다. 이 무렵에는 극심하게 우울한 상태였다. 얼굴을 도려내고 싶다는 생각뿐이었는데 간신히 비행기를 탄 것만도 기적이었다. 예상대로 낭독회는 순조롭지 못했다. 청중에게 내 시를 낭독하는 일은 나의 한계를 난폭하게 깨닫는 것과 같다. 청중이 지닌 시인에 대한 관념과 내가 그 시인이라는 증거의 부실함 사이에 놓인 무한대의 간극에 직면하게 된다. 나는 도저히 시인처럼 **보이지** 않는다. 아시아인은 존재감이 별로 없다. 아시아인은 미안스러운 공간을 차지한다. 우리는 진정한 소수자로 간주될 만한 존재감조차 충분히 가지고 있지 않다. 다양성 요건을 채울 만큼 인종성이 두드러지지 않는다. 너무나 탈인종적이어서 실리콘 같은 존재다. 나는 카주 피리 같은 목소리로 내 시를 낭송했다. 낭송이 끝나자 다들 바삐 출구로 향했다.

뉴욕으로 돌아오느라고 덴버 공항에서 환승할 때 내 휴대폰에 심리치료사의 번호가 떴다. "유니스!" 나는 휴대폰에다 대고 소리를 질렀다. "유니스!" 성 빼고 이름만 부른 것이 무례했나? 조 박사님이라고 부를 걸 그랬나?* 나는 다음 상담 약속을 언제 잡을 수 있는지 물었다. 그의 목소리는 차가웠다. "캐시, 열의는 참 고마운데요," 그가 말했다. "하지만 다른 치료사를 찾아보는 것이 좋겠어요."

"서류 작성은 문제없어요! 서류 작성 좋아해요!"

"저는 상담을 해드릴 수 없습니다."

"왜죠?"

"서로 잘 맞지 않습니다."

나는 충격을 받았다. 피부의 모든 모공이 일제히 아프게 욱신거렸다. 심리치료사가 환자를 이런 식으로 거부할 수 있는지 미처 몰랐다.

"왜 그런지 설명해주시겠어요?" 나는 힘없이 물었다.

"미안합니다. 그럴 수 없어요."

"이유를 말해주지 않을 건가요?"

"네."

"왜요?"

"그런 정보는 밝히지 않게 되어 있습니다."

"정말인가요?"

---

* '유니스 조'는 그 심리치료사의 본명이 아니다.

"네."

"제가 음성 메시지를 너무 많이 남겨서인가요?"

"아니요." 그가 말했다.

"저와 아는 사람을 환자로 받고 계시나요?"

"제가 알기로는 그렇지 않습니다."

"그럼 상담으로 치료를 받기에 제가 너무 구제 불능으로 망가져서 그런가요, 그렇죠?"

"당연히 그렇지 않습니다." 그가 말했다.

"이유를 말해주지 않으면 제가 그렇다고 느낄 수밖에요. 내가 절대로 마음을 열어서도 안 되고 내 기분을 말해서도 안 될 것처럼 느끼게 만드시네요. 그랬다가는 내 문제에 모든 사람이 겁먹고 도망칠 테니까요! 이건 심리치료사들이 해야 하는 일과 정반대 아닌가요?"

"어떤 기분이신지 이해합니다." 그가 무미건조하게 말했다.

"이 전화를 끊고 나서 제가 극단적인 일을 저지르면 전부 당신 탓이에요."

"우울증이 그런 말을 하게 만드는 겁니다."

"**제가** 그렇게 말하고 있는 거예요." 내가 말했다.

"다음 환자가 기다리고 있어서요." 그가 말했다.

"그 환자는 저처럼 망쳐놓지 마세요." 내가 말했다.

"끊겠습니다."

✕

　내가 기억하는 한, 나는 존재를 인정받기 위해 항상 고투했다. 현대를 살아가는 필경사로서 남들보다 다섯 배로 열심히 일해도 손과 팔이 차례로 녹아 없어지는 꼴을 목격했다. 밤이면 움찔하며 잠에서 깨어나 새벽의 여명이 눈을 찌를 때까지 스스로를 질책하기 일쑤였다. 평생 조건부 사랑과 나를 하찮은 보푸라기처럼 교체 가능한 존재로 여기는 사회에 시달린 덕분에 내 자신감은 피폐해졌다.

대중의 머릿속에서 아시아계 미국인은 모호한 연옥 상태에 놓인다. 백인도 아니고 흑인도 아니며, 흑인에게는 불신당하고 백인에게는 무시당하거나 아니면 흑인을 억압하는 일에 이용당한다. 우리는 서비스 분야의 일개미이며 기업계의 기관원이다. 우리는 리더가 되기에 적절한 "얼굴"을 지니지 못했기 때문에 대량으로 숫자를 처리하며 기업의 바퀴가 잘 굴러가도록 기름이나 치는 중간 관리자가 된다. 사람들은 우리의 콘텐츠를 문제 삼는다. 저들은 우리가 내적 자원이 없다고 여긴다. 나는 겉으로는 태연해 보이지만, 역부족이라는 기분에 함몰된 내 상태를 감추기 위해 물밑에서 미친 듯이 발을 저으며 언제나 과잉 보상을 한다.

유대인의 자기혐오나 미국 흑인의 자기혐오에 관한 책은 얼마든지 있지만, 아시아인의 자기혐오에 관한 책은 별로 많지 않다. 인종적 자기혐오는 백인의 시선으로 자기를 바라보는 것이고, 이것은 나를 자신의 최악의 적으로 만든다. 유일한 방어책은 자기를 심하게 다그치는 것인데, 그러다 보면 이것이 강박적으로 되면서 거기서 위안을 찾게 되고, 결국 자신을 죽도록 구박하게 된다. 자신의 외모도, 말소리도 싫어진다. 아시아인의 얼굴은 마치 신이 형태를 잡다 말고 포기한 것처럼 또렷하지가 않다. 한 공간에 아시아인이 너무 많으면 짜증이 난다. 이 아시아인들을 다 누가 들여보낸 거야? 속으로 투덜거린다. 다른 아시아인들과 함께 있으면 결속감을 느끼는 것이 아니라, 내 경계선이 흐려지고 한 무리로 뭉뚱그려져서 **더 열등해지는** 기분이 든다.

자기를 혐오하는 아시아인은 내 세대를 끝으로 사라질 것이라고 생각하고 싶지만, 그런 생각도 상황에 따라 달라진다. 내가 가르친 세라 로런스 칼리지의 학생들은 맹렬하여―자율적이고 정치적 참여도 열심히 하고 똑똑했다―참 다행이다, 이 학생들이야말로 우리에게 필요한 아시아인 2.0이다, 고함을 내지를 준비가 된 아시아 여성들이다, 라고 생각했다. 또 그러다가도 다른 대학교 강의실에 가보면 머리만 예쁘게 매만지고 아무 말 없이 생쥐처럼 얌전히 앉은 아시아 여학생들을 만나는데, 그럴 때는 닦달하고 싶은 충동을 느꼈다. 너 입 좀 열어라! 안 그러면 저들에게 완전히 짓밟힌다고!

✕

2002년에 나는 아이오와 대학교 문예창작 과정에서 시를 전공하는 대학원생이었다. 친구와 나는 페디큐어를 하려고 코럴 리지 쇼핑몰에 갔다가 가족이 운영하는 네일숍 한 곳을 발견했다. 베트남 사람이 주인인데 이민자 특유의 억양으로 모든 말을 두 번씩 반복했다 "페디큐어, 페디큐어? 앉아요, 앉아요." 나는 그의 아내나 딸이 해주기를 바랐으나 그들은 다른 고객을 상대하는 중이었다. 남은 유일한 페디큐어 관리사는 주인의 아들로, 열네 살 정도 되어 보이고 검은색 오버사이즈 후드티에 카고 반바지 차림이었다. 그가 카운터 뒤에서 주머니에 손을 찌른 채 얼굴을 찡그렸다. 훈련된 네일 기술자로 보이지 않았다. 엑스박스로 헤일로나 하고 놀아야 할 또래로 보였다. 소년이 바로 반응을 안 보이자 아버지가 빨리 대야에 물을 채우라고 역정을 냈다.

소년이 내 자리로 걸어왔다. 그는 딱지 앉은 두 무릎이 귀에 닿을 만큼 쪼그리고 앉았다. 나는 그에게 발톱을 사각이 아니라 동그랗게 손질해달라고 요청했다. 그가 대야에 물을 채우기 시작했다. "너무 뜨거워요!" 내가 발을 담그며 말했다. 그가 천천히 온도를 맞췄다. 나는 그가 내 발톱을 둥글게가 아니라 각지게 깎고 있는 것을 알아챘다. 나와 눈이 마주칠까 봐 의식적으로 피하고 있다는 것도 눈치챘다. 어쩌다 눈이 마주치면 한 줄기의 적의가 느껴졌다. 방과 후 시간을 아이오와 사커맘들의 종아리를 주무르는 일에 써버려 괴로웠던 것일까? 아니면 그저 자기랑 너무 비슷한 사람, 자기처럼 젊은 아시아인을 시중드는 게 짜증스러웠을까? 당시 나는 스물네 살이었지만 열일곱이라고 해도 믿을 만큼 어려 보였고, 짧게 자른 머리 때문에 소년처럼 보였다. 그래도 내가 그 애보다 나이가 한참 더 많으니 여기 오는 금발의 아이오와 사커맘들을 억지로라도 깍듯하게 대하듯 나에게도 적절하게 예의를 보여야 한다고 생각했다. 그런 잡념 속에 떠도는데, 그가 큐티클 니퍼를 엄지발톱 살 속으로 너무 세게 밀어 넣는 바람에 순간 몸이 움찔했다.

"좀 살살 해줄래요?" 내가 쏘아붙였다. 그는 웅얼웅얼 사과하면서도 니퍼를 살 속으로 더 깊이 찔렀다.

"좀 살살 해달라고요."

그가 큐티클을 도려냈다.

"이봐요!"

그가 더 힘주어 그 도구로 살을 팠다.

"말했잖아요 —."

그가 큐티클을 도려냈다.

"살살하라고요 —."

그가 더 힘주어 살을 팠다.

"아프다니까요!"

이런 종류의 서비스 업종에서 유능하다는 평을 들으려면 너무 능숙해서 사람의 존재가 아예 안 보일 정도여야 하는데, 이 소년은 애초에 글렀다! 아니다, 어쩌면 내가 소년의 물리적 존재가 지나치게 신경 쓰여 긴장을 못 풀고 짜증이 솟는 기분을 정당화하느라고, 별로 아프지도 않으면서 아프다고 착각하는 건 아닐까. 애원하는 자세로 쭈그려 앉은 그가 너무 볼품없어서 진동 마사지의자에 앉은 나마저 볼품없이 느껴졌다. 이건 정당하지 않다.

다시, 소년이 큐티클 니퍼를 발톱에 너무 세게 밀어 넣어 나는 또 한 번 비명을 질렀다. 그의 아버지가 소년에게 베트남어로 소리를 질렀고 그러자 소년의 거친 서비스가 마침내 부드러워졌지만 차이는 미미했다. 이제 그만하면 됐다 싶었다. 두 발을 비눗물 섞인 대야에 담근 채로 자리에서 벌떡 일어나 비용을 지불할 수 없다고 말했다. 친구가 내 행동에 불안해하며 나를 쳐다봤다. 나는 소년의 아버지가 나중에 벌로 소년의 급료를 깎기를 바랐다. 하지만 십중팔구 소년은 애초에 아무 돈을 받지 않고 일했을 것이다.

✕

　　우리는 마치 서로 밀어내는 두 개의
음이온과도 같았다. 소년이 나를 함부로 대한 것은 그가 자신을
혐오했기 때문이다. 내가 소년을 함부로 대한 것은 내가 나를
혐오했기 때문이다. 하지만 그가 자신을 혐오한다는 증거가
있나? 왜 나는 그의 수치심이 그 네일숍을 망치고 있다고
생각했을까?

　　나는 피해망상이라 할 정도로 과도하게 예민해져 나
자신의 불안을 몽땅 소년에게 투사해버린, 신뢰할 수 없는
서술자다. 정말 아팠는지 아니면 아프다고 상상했는지조차
기억하지 못한다. 그 기억을 너무나 여러 번 곱씹은 나머지
형체가 없어지도록 짓이겨 놓았고, 그리하여 소년은 분개의
얼룩이 되고 나는 특권의 얼룩이 되고 결국 우리가 하나의
얼룩으로 번져 그냥 나 하나로 합쳐질 때까지 소년의 존재를
지워 없앴다. 그러나 그는 나와 달랐다. 나는 세상에서 가장
쓸모없는 석사 학위를 취득하는 특권을 누렸다. 방과 후 시간을
모두 네일숍에서 보내는 베트남 10대 소년에 대해 내가 뭘
알았겠는가? 당시 나는 아무것도 몰랐다.

✕

　　우리 아버지는 서울 외곽의 농촌에서 극도로
가난하게 자랐다. 전쟁 후에는 다들 가난했다. 할아버지는 쌀로
빚은 밀주를 팔았는데 자식 열 명을 거두어 먹일 여유가 없어서
우리 아버지가 참새를 잡아다가 흙구덩이에 구워 부족한 밥을

보충했다. 아버지는 영리하고 사업 수완이 좋았다. 열 살 때 전국 글짓기 경연대회에서 입상했고 한국에서 두 번째로 좋은 대학에 들어갈 정도로 열심히 공부했다. 병역 의무 때문에, 그리고 돈이 자꾸 바닥나서 대학을 졸업하는 데 9년이 걸렸다.

미국이 1965년에 이민 금지를 풀자 아버지는 기회를 노렸다. 당시에는 아시아 출신 중에서 의사, 기술자, 정비사 등 엄선된 전문가만 미국 비자를 받을 수 있었다. 여담이지만, 이 심사 과정이야말로 모범 소수자라는 허구가 시작된 계기다. 미국 정부는 가장 교육 수준이 높고 고도로 훈련받은 아시아인만 들여보낸 다음 그들의 성공을 두고 자화자찬하기에 바빴다. **이거 봐! 누구나 아메리칸 드림을 누릴 수 있다고!** 이미 의사인 사람들이 와서 의사 일을 하는 것을 두고 그렇게 말했다.

아버지는 거짓말을 했다. 정비사로 훈련받았다고 서류에 기재했다. 젊은 엄마와 함께 아버지는 펜실베이니아주 이리(Erie)의 외곽으로 보내졌다. 거기서 아버지는 라이더(Ryder) 트럭 렌털 회사에서 정비사 조수로 일했다. 정식 훈련을 받지 못했어도 그럭저럭 버티다가 어느 날 공압 연마기에서 금이 간 날이 부서져 튕겨 나오면서 심한 다리 부상을 입고 6개월이나 깁스를 했다. 라이더 트럭은 산재보험을 지급하지 않은 채 아버지를 해고해버렸다. 해고를 당해도 아버지가 어쩌지 못할 것을 알았기 때문이다.

이후 부모님은 LA로 이사했고, 아버지는 한인 타운에서 생명보험 판매원 자리를 얻었다. 하루에 열 시간 넘게 일해 결국에는 매니저로 승진했다. 그러나 수년이나 생명보험을 팔면서 치른 통행료는 만만치 않았다. 열심히 더 많이 일하는

게 문제가 아니라, 아무리 일해도 충분히 벌 수가 없었다. 그 시절 아버지는 늘상 고주망태로 엄마와 싸웠는데, 아버지로 향해야 할 엄마의 울분은 자주 동생과 나를 때리는 것으로 사그라지곤 했다. 나중에 아버지는 은행에서 융자를 얻어 적막한 LA 공업지구에 덩그러니 세워진 드라이클리닝 용품 물류창고를 매입했다. 이 사업으로 꽤 성공해서 아버지는 내가 사립고등학교와 대학교에 다니도록 학비를 대줄 수 있었다.

✕

서류상으로 아버지는 이른바 모범 이민자였다. 아버지를 처음 만난 사람들은 침착한 카리스마와 친절을 경험하고는 신사라고 불렀다. 여러 해 동안 생명보험과 온갖 인종과 계급의 미국인에게 드라이클리닝 용품을 팔며 구축한 인품이었다. 하지만 수많은 모범 이민자들이 그러하듯, 아버지도 분노할 때가 있었다.

아시아 이민자들의 자녀는 인종 정체성이라는 문제에 시달릴 수 있다. 그들의 부모는 인종 문제에 예민하지 않다고 전제되는 것에 반해 그렇다. 자나깨나 일하느라고 그런 데 신경 쓸 여유가 없거나 출신국에 여전히 동질감을 갖고 있기 때문에 그 문제에 대해 별로 거론할 거리가 없다는 것이다. 하지만 아버지는 백인 육체노동자가 다수인 펜실베이니아주에서 정비사로 일한 경험, 그리고 브렌트우드에서 사우스 센트럴까지 곳곳을 누비며 생명보험 판매원으로 일한 경험을 통해 본인의 인종 정체성에 지극히 예민해져서 급기야는 모든 것을 인종 문제로 귀결시켰다. 식당에서 자리가 나기를 기다리는데 누가 우리보다 먼저 자리를 차지하면 아버지는 우리가 아시아인이기 때문이라고 지적했다. 비행기에서 맨 뒷자리가 배정되면, 그것도 아시아인이기 때문이라고 했다. 내가 오하이오주 오벌린 대학교에 입학한 첫 주에 부모님이 기숙사 입사를 도와주러 오셨을 때, 아버지가 내 룸메이트의 아버지에게 악수를 청하자 그가 우리 아버지에게 어디서 왔냐고 물었다. 아버지가 한국이라고 하자, 룸메이트 아버지가 재빨리 자기가 한국전쟁에 참전했다고 응답했다.

아버지는 경직된 미소를 지으며 아무 말도 하지 않았다.

※

"여기는 백인이 많구나." 내가 다니는 아이오와주 대학원에 방문한 아버지가 조용히 말했다.

"흑인은 다들 어디 있니?" 월마트 주차장에서 주차할 곳을 찾고 있는데 아버지가 말했다.

"항상 미소 짓고 인사해라." 아버지가 말했다. "여기서는 사람들한테 아주 상냥하게 대해야 해."

"우리 딸이 말이죠," 아버지가 월마트 계산원에게 말했다. "아이오와 문예창작 과정에 다니는 시인이랍니다!"

"정말이요?" 월마트 계산원이 말했다.

"여기서는 불법 유턴도 하지 마." 내가 불법 유턴을 하자 아버지가 충고했다. "저 사람들 눈에는 아시아인이 운전을 엉망으로 하는 것으로 보이니까."

✕

　　　　　　　　나는 아이오와에서 공부할 때 벌써
아시아인이라는 내 정체성에 관해 글을 쓰는 것은 철없는
짓이라고 마음을 정한 상태였다. 모더니즘의 성실한 추종자로서
나는 지칠 줄 모르고 열심히 새것을 좇았고, 내 정체성에도
불구하고 공식적으로 나의 혁신적인 면을 인정받으리라고
확신했다. 나중에 아이오와 문예창작 과정 동창이 "신랄한
혹평가"라는 가명 뒤에 겁쟁이처럼 숨어 포스팅한 "시-**인종**
청소하기"(Po-Ethnic Cleansing, 강조는 내가 한 것)라는
제목의 블로그 게시글을 발견했을 때도 나의 그런 신념은
여전했다. 그는 내 첫 시집이 정체성 정치를 다루는 진부한
시라며 혹평했다. 그러더니 나와 리영 리(Li-Young Lee)를
비교하면서(우리가 닮았을 뿐만 아니라 글도 비슷하게 쓴다나!)
능력이 중간치밖에 안 되는 이 모든 소수자 시인, 그러니까 나
같은 시인을 전부 박멸해야 문단이 개선될 거라고 장담했다.
　　나는 즉시 거기에 달린 댓글을 확인했다. 열두어 개쯤
되는 댓글 가운데 나를 옹호하는 글은 하나도 없었다. "이봐,
대량학살을 권하는 건 쿨하지 않아" 정도의 미지근하고 무성의한
반박조차 없었다.
　　화가 난다기보다 마음이 상하고 수치심이 들었다. 심지어
약간은 작성자의 말이 맞나 싶은 생각마저 들었다. 내가
정체성 정치만 내세우는 흔해 빠진 시인이 아님을 증명하려고
그토록 애썼건만, 그가 나를 지성이 부족한 정체성주의자라고
폭로해버린 것이다. 내 수치심은 "혹평가"의 정체를 모른다는

34

사실 때문에 더 심해졌다. 누구든 그일 수 있었다. 게다가 이 포스팅이 큰 인기를 끌어서 사람들이 나를 구글로 검색하면 그 포스팅이 두 번째 링크로 따라붙었다. 이 사이트에 들어와서 작성자의 의견에 동조한 이 많은 사람은 다 누구란 말인가? 다들 내가 박멸되기를 바랐을까? 결국에는 누군가 그 혹평가의 정체를 폭로했을 때 나는 적잖이 안도했다. 그 기분 나쁜 개자식? 당연히 그놈이지!

동창의 역겨운 포스팅은 내 대학원 시절 경험에 비하면 그래도 양호한 편이었다. 아이오와에서 미량으로 솔솔 새어 나오던 인종주의는 은근히 야비했다. 나는 웬 피해망상이냐며 항상 나 자신을 비판했다. 강의 중에 내가 인종 정치를 거론할 때마다 경멸의 장벽에 직면했던 순간들을 기억한다. 급기야 나는 그들의 경멸을 내면화하여 인종을 주제로 하는 시들을 너무나 인종스럽다며 비웃었다. 아시아 정체성이라는 주제만으로는 예컨대 자본주의처럼 좀 더 묵직한 주제와 함께 엮지 않는 한 불충분하고 부적절하다고, 저들은 내게 확실하게 각인시켰다. 아이오와 문예창작 과정에 다니던 다른 유색인종 작가 중에 정체성주의자라는 낙인이 찍히는 것이 싫어서 자신의 시와 소설에서 인종적 요소를 말끔히 지워버린 사람들을 알고 있다. 지금 되돌아보면 묘하게도 그들은 전부 아시아계 미국인이었다.

내가 대학원에 다니던 시절에는 형식주의자이든 전위주의자이든 숨 막히는 시형을 경건하게 여기는 경향이 있었다. 시에서 자신의 배경, 특히 인종이나 성별을 드러내는 것은 약점의 표시였다. 내가 제일 좋아하던 도피처 가운데 하나인 학교 중앙도서관에서 최근 졸업생들의 논문을 훑어보던 기억이 난다. 몇몇 아시아계 이름이 눈에 띄었다. 그중에서 졸업 후 작품을 출간한 사람은 내가 알기로 한 명도 없었다. 나도 그들처럼 사라질까 봐 두려웠다.

반측안면경련증 진단을 받은 것이 바로 아이오와에서 공부할 때였다. 카페인 때문이라고 생각했던 틱 장애가 점점 더 악화되어 내 생각에는 사람들이 말은 안 해도 날 보면 금방 알아차렸던 것 같다. 컴퓨터 단층촬영을 예약한 날 아침 일찍 일어났던 기억이 난다. 나는 자동으로 움직이는 환자용 테이블에 누워 기계 안으로 천천히 미끄러져 들어갔다. 촬영기 내부는 매끈하고 하얀 원통 모양이었다. 속이 텅 빈 거대한 딜도 안에 들어간 느낌이었다. 온몸에 전기가 통해 뇌가 망가지는 느낌이었다.

✕

1년 전 나는 뉴욕주 크라운 하이츠에 있는 작은 화랑에서 이 책의 일부를 낭독했다. 행사가 끝난 후 바깥에서 행사 주최자와 함께 담배를 피우고 있는데, 수염을 기르고 문신을 한 백인 화랑 매니저가 슬렁슬렁 다가오더니 자기가 '인종 이해'에 관한 강좌를 듣고 있다며 묻지도 않은 얘기를 꺼냈다. 화랑 말고 또 다른 직장에 다니는데 거기서 필수로 듣게 되어 있다는 것이다.

"인종 이해를 가르치는 강사가 똑똑한 사람이에요." 그가 말했다. "많이 배우고 있어요."

"다행이네요." 내가 말했다.

"그가 말하기를 소수자들끼리는 서로 인종 차별을 할 수 없다던데요."

"그건 헛소리네요." 내가 날카롭게 웃으며 말했다.

"그럼 우리 강사가 거짓말쟁이란 겁니까?"

"아뇨." 내가 말했다. "좀 잘못 알고 있는 것 같아서요."

"곧 아시아인이 백인이 될 차례라는 말도 했어요." 그가 그렇게 말하며 팔짱을 꼈다. "이 말에 대해선 어떻게 생각하세요?"

"강사를 바꾸셔야 할 것 같은데요."

"아니라는 겁니까?"

"아닌 것 같아요." 나는 그렇게 말하고 몸을 돌렸다.

"내가 왜 당신 말을 더 믿어야 합니까?"

"네?"

"우리 강사는 이런 인종 관련 내용을 가르치는 게 일인데, 왜 내가 우리 강사가 아닌 당신 말을 믿어야 하냐고요."

아무 생각 없는 백인에게 인종 문제를 참을성 있게 가르치기란 정말 고되고 피곤하다. 내가 가진 설득의 능력을 있는 대로 끌어모아야 한다. 인종에 관한 이야기는 단순히 수다로 끝날 수가 없다. 그것은 존재론적이다. 그것은 남에게 내가 왜 존재하는지, 내가 왜 아픔을 느끼는지, 나의 현실이 그들의 현실과 왜 별개인지를 설명하는 일이다. 아니, 실상은 그보다도 훨씬 더 까다롭다. 왜냐하면 서구의 역사, 정치, 문학, 대중문화가 죄다 저들의 것이고, 그것들이 내가 존재하지 않음을 증명하고 있기 때문이다.

다시 말해 나는 이 남자를 무시하고 쫓아버려야 할지 아니면 역사 교육을 시작해야 할지 판단이 서지 않았다. "우리는 여기서 1587년부터 살았다고요!" 그렇게 말해줄 수도 있었다. "그러니

뭘 더 지체해요? 백인 자격증 빨리 내놔요." 미국인 대다수는
아시아계 미국인에 대해 아는 바가 없다. 티슈를 크리넥스라고
부르듯 중국인을 아시아인을 부르는 대유법으로 여긴다. 저들은
우리가 수많은 민족의 느슨한 연합체라는 것을 이해하지 못한다.
아시아계 미국 사회에서 "우리"를 가늠할 자격 조건은 너무나
많다. 남동아시아인, 남아시아인, 동아시아인과 태평양 섬 주민,
성 소수자와 이성애자, 무슬림과 비무슬림, 부자와 빈민일 수
있다는 뜻인가? 그렇다. 아시아인은 모두 자기를 혐오할까?
나를 갉아먹는 자존심이 인종적 현상이 아니라 그냥 나 개인의
빌어먹을 문제라면? "한국인들이 자기를 혐오하는 거지." 함께 술
마시던 필리핀계 친구가 아시아인은 자기를 혐오한다는 내 말을
정정했다. "필리핀인은 별로 안 그래."

　　우리 중 일부는 다른 소수자 집단보다 경제적으로 부유한
편인데도 공식적인 자리에 거의 존재하지 않는다는 점은
아시아인에게 두드러진 독특한 상황이다. 요즘 서서히 바뀌고는
있지만 정치, 연예, 언론 분야에도 거의 없고, 예술 분야에서
약간의 대표성이 비칠 뿐이다. 할리우드는 아시아인에 대해
아직도 심하게 인종주의적이어서 어쩌다 영화에서 드물게
아시아인 단역 배우라도 나오면 황인종을 우스꽝스럽게 그리는
장면이 나올까 봐 긴장하다가 안 나오면 긴장을 푼다. 또
아시아인은 같은 인종 집단 내에서 가장 소득 격차가 심하다.
노동계급 중에 아시아인은 의류 산업과 서비스 산업에서
제3세계 수준의 노동 환경에 노출된 채 최저임금 이하의 급여를
받으며 일하는, 눈에 보이지도 않는 노예 같은 존재인데도,
복지가 축소되면 백인 노동자만 타격을 입는 것처럼 가정된다.

그럼에도 우리가 한 점의 불평이라도 시작할라치면, 미국인들은 갑자기 우리를 다 안다는 식이다. **너희가 왜 화를 내! 다음은 너희가 백인이 될 차례야!** 우리가 조립라인 위에 줄줄이 놓인 아이패드인 양.

✕

내 생각에, 그렇다면 역사 수업, 즉 남북전쟁 후 대농장의 노예를 대체할 막노동꾼으로 중국인을 처음 들인 사연이나 중국인 노동자들이 땅에 다이너마이트 구멍을 파고 대륙횡단 철도가 지나다닐 철로를 놓다가 다이너마이트에 폭사하거나 폭설에 파묻혀 죽은 사연에 대한 짧은 설명이 필요할 듯하다. '명백한 운명'(Manifest Destiny: 19세기 미국 팽창기에 유행한 용어로 미국이 북미 전역을 지배할 운명이라고 주장하여 영토 팽창을 합리화했다 ─ 옮긴이)을 실현하기 위한 철로가 2마일씩 늘어날 때마다 평균 세 명의 중국인 노동자가 목숨을 잃었지만, 골든 스파이크에서 기념사진을 촬영하던 날(1869년 5월 10일 유타주 골든 스파이크에서 유니언 퍼시픽 철로와 센트럴 퍼시픽 철로가 연결되었다 ─ 옮긴이) 중국인 가운데 단 한 사람도 다른 ─ 백인 ─ 철도 노동자들과 함께 포즈를 취하도록 허락되지 않았다.

그럼에도 고백하자면, 19세기 중국계 미국인의 역사를 내 것으로 끌어안기는 쉽지 않다. 그때 내 조상은 아직 한국에 살았기 때문이다. 뭘 하며 살았는지는 모른다. 그 기록도 없다. 내 외모는 당시의 중국인 노동자와 **닮았을지** 몰라도, 내가 그 옛날 사진들을 응시할 때 중국인을 보는 시선은 백인 정착민이

39

그들을 보던 시선과 비슷했을 것이 틀림없다. 솜이 들어간 잠옷 같은 복장과 길게 땋아 내린 이상한 머리가 현실적이지 않게 우스꽝스러워서 마치 외계인을 미국 서부 배경에다 포토샵으로 합성한 것 같았다. 그들의 일상생활을 직접 서술한 기록 가운데 남아 있는 것이 거의 없어서일 거라고 짐작해본다. 그들의 식사 방식, 탈진된 상태, 고향에 대한 향수 등 대부분에 대한 기록이 없다. 이 나라에 온 최초의 중국인 여성들이 맞닥뜨린 운명은 더 끔찍했다. 중국에서 납치당해 이 거칠고 야만스러운 나라로 밀반입된 15세의 소녀가 여관에 감금된 채 하루에 열 차례씩 강간당하다가 결국 매독으로 만신창이가 되는 전개가 나는 상상조차 버겁다. 그러고 나면 소녀는 길거리에 버려져 홀로 죽어갔다.

조르조 아감벤이 말하는 '벌거벗은 생명'은 사회의 보호 속에서 살아가는 삶의 방식과 대조되는 순전한 생물학적 삶이며, "누구든 그를 죽여도 살인죄를 짓지 않는다는 점에서 그는 모든 권리를 박탈당하고, 오로지 영원한 도주를 통해서만 자신을 구원할 수 있다". 식물이나 돼지처럼 인간의 몸이 단순한 생물학적 현상으로 축소된다는 것은 상상이 되지 않는다. 매춘부가 아무도 보는 사람 없이 홀로 죽으면, 그가 존재했다고 할 수 있을까?

만약 타임머신이 있다면 이 나라에서는 오로지 백인만 과거로 돌아갈 것이다. 대다수의 비백인은 과거로 돌아갔다가는 노예가 되거나, 살해되거나, 신체에 상해를 당하거나, 흉포한 아이들에게 쫓길 것이다. 하지만 나라면 1800년대 중반 이후 반(反)중국인 운동을 겪으며 살아가던 공포를 목격하기 위해 딱 하루만 과거로 돌아가는 위험을 감수하겠다. 당시 중국인 이민자가 집 밖으로 나가기만 해도 사람들이 침을 뱉고 몽둥이질을 하고 등에 총을 쏘았는데, 이런 분위기는 1882년 중국인 배척법 제정으로 최고조에 이르렀다. 이 법은 한 인종의 미국 이민을 통째로 금지한 최초의 이민법으로서, 의원들과 언론은 중국인을 "쥐새끼", "문둥이"이자 선량한 백인 미국인에게서 일자리를 빼앗는 "기계 같은" 일꾼이라고 규정했다.

미국에 잔류한 중국인은 인종 청소에 희생되기 쉬운, 움직이는 표적이었다. 자경단이 중국인 가게에 폭탄을 장치하거나, 그들이 머무는 막사에 총을 쏘거나, 불을 질러 집에서 탈출하게 만들었다. 미국 서부 해안에서는 중국인 이민자 수천 명이 자신들이 살던 동네에서 쫓겨났다. 1885년 워싱턴주 터코마에서는 백인들이 임신한 중국 여성의 집에 들이닥쳐 그 여성의 머리채를 잡고 집 밖으로 끌어내 같은 동네에 사는 중국인 이민자 300명과 함께 차가운 폭우가 쏟아지는 한밤중에 벌판에서 강제로 행군하게 했고, 그러는 동안 그들이 살던 집은 ─ 그들이 거기에서 살았다는 모든 증거와 함께 ─ 불타올랐다. 그들은 오갈 데도 없이 영원히 도주하는 삶을 살았다. 또한 1871년에는 중국인 몇 명이 백인 경찰관을 살해했다는 유언비어에 500명에 달하는 로스앤젤레스 사람들이 떼 지어 LA 차이나타운에 들이닥쳤다. 그들은 중국인 성인 남자와 소년 18명을 고문하고 목매달아 죽였다. 이는 미국 역사상 가장 대규모의 린치 사건이었다. 그들이 린치당한 거리는 당시 '검둥이들의 골목'으로 불렸다.

✕

1917년 미국 정부는 이민 금지를
아시아 전역으로 확대 적용했으며, 필리핀은 한때 미국의
식민지였는데도 필리핀 사람들의 이민마저 제한했다.
기본적으로 그런 이민 금지 조치는 전 세계적 규모의 인종 분리
정책이었다. 1965년에 미국이 "하급 인종"을 다시 받아들이게
된 것은 소련과 이념 경쟁에 휘말렸기 때문이다. 미국은 홍보에
어려움을 겪고 있었다. 가난한 비서구권 국가에서 일렁이는
공산주의의 물결을 막아내려면 인종차별적인 짐 크로법의
이미지를 지우고 재부팅해 미국 민주주의의 우월성을 증명해야
했다. 해결책은 비백인의 미국 유입을 허락해 직접 실상을
보도록 하는 것이었다. 바로 이 시기에 모범 소수자 신화가
대중화되어 공산주의자들―그리고 흑인―을 견제하는 작업에
이용되었다. 아시아계 미국인의 성공 신화를 퍼뜨려 자본주의를
선전하고 흑인 민권 운동을 깎아내렸다. 우리 아시아인은 뭘
요구하지도 않고, 근면하고, 절대로 정부에 손을 내밀지 않는
"착한" 사람들이었다. 고분고분하게 일만 열심히 하면 차별은
없다며, 저들은 우리를 안심시켰다.

✕

그러나 우리가 누리는 모범 소수자 지위는
언제든지 달라질 수 있다. 현재 인도계 미국인은 아시아계
미국인 중에서 가장 소득이 높지만, 9·11 테러 이후 특히 지난 몇
년 사이 "갈색 인종"으로 강등되거나 스스로 그렇게 규정하기

시작했다. 미국의 인종 구분에서 이 부분이 바로 우스운 지점이다. 일본이 한때 한국과 중국의 일부를 식민지로 삼았고 2차 세계대전에서 필리핀을 침략했어도 상관없다. 인도와 파키스탄이 카슈미르 지방을 둘러싸고 오랜 세월 유혈 영토 분쟁을 일으켰든, 라오스가 베트남전쟁 후 몽족을 체계적으로 학살했든, 알 바 아니다. 너의 민족이 다른 아시아 민족과 어떤 권력 다툼을 벌였든―그 분쟁의 대부분은 서구 제국주의 및 냉전의 영향으로 발생했다―차이에 무지한 미국인들에 의해 납작하게 찌그러졌다. 트럼프가 대통령직에 당선된 직후 아시아인을 겨냥한 증오 범죄가 급증했는데, 대개는 그리고 특별히 무슬림이나 무슬림 **같아 보이는** 아시아인이 표적이 되었다. 2017년 어느 백인 우월주의자가 인도인 힌두교도 기술자 두 명을 이란 테러리스트로 착각해서 사살했다. 그다음 달에는 어느 인도인 시크교도가 시애틀 교외의 자택 차고 진입로 밖에서 "너희 나라로 돌아가라"는 소리와 함께 총격을 당했다.

✕

시인 프라기타 샤마는 뉴욕시에서 시간강사로 수년간 근근이 생활하던 끝에 몬태나 대학교에서 문예창작 과정 책임자 자리를 맡게 되어 새 일을 시작할 날을 고대했다. 2007년 나는 송별회에 참석했다. 남편과 지낼 단독주택, 그들이 누리게 될 넉넉한 공간, 문예창작 과정 책임자로서 진행할 계획들에 관해 그가 들떠 이야기하던 모습을 기억한다. 샤마는 내가 이 도시에서 만난 가장 따스하고 인정 많은 사람에 속했다. 그가 서부에 가서도 순조롭게 정착할 것임을 나는 일절 의심하지 않았다.

책임자로 부임한 첫해에 샤마는 새로 입주한 집에서 파티를 했다. 그리고 그날 손님으로 온 한 객원교수와 대학원생 두 명이 샤마의 침실로 몰래 들어가 서랍에서 속옷을 훔쳤다. 그 객원교수와 대학원생들은 파티가 끝난 후 술집에 가서 남학생 동호회에서 그러듯 속옷을 머리에 뒤집어쓰고 사진을 찍었다. 그 다음엔 다른 문예창작 과정 학생들도 구경할 수 있게 사진을 유포했다. 그 객원교수 겸 시인이 아시아 남성이었다는 사실을 어떻게 이해하면 좋을까? 이 사례에서는 여성 혐오가 인종적 연대를 압도하고 있다. 이 남성과 샤마는 백인이 다수인 외딴 주, 백인이 다수인 교과과정에서 일하는 유일한 두 명의 아시아인이었다. 아시아인이 단 두 명인 경우에도 단합은커녕 하나가 다른 하나를 밀어내려고 할 수 있다. 소수자에게 배분된 미미한 권력을 나눠 갖지 않겠다는 것이다. 자기는 그 다른 하나와 **닮았다는** 착각을 당하지 않겠다는 뜻이다.

"비참했습니다." 샤마가 말했다. "달리 표현할 방법이 없어요."

샤마는 상황을 알고 나서 성희롱으로 고발했다. 이 일에 연루된 전원이 사과했다가 샤마가 사과를 받아주지 않자 화를 냈다. 장난이었다니까. 왜 참고 그냥 넘어가질 못하는 거야? 증언 과정에서 한 백인 여성 동료가 "사태가 터무니없이 부풀려졌다"라고 진술했다. 동료들은 학과 내의 유해한 분위기를 단호히 뜯어고치기는커녕 샤마를 고용한 일이 결정적인 실수였다고 단정했다. 샤마가 그들의 문화에 동화되기를 거부했기 때문이다. 샤마는 변화를 원했다. 학과에 다양성이

44

확대되기를 기대했다. 그러나 학생들을 포함해 거의 모든 사람이 이를 거부했다. 몬태나답지 않다는 것이 전반적인 견해였다. 이곳과 어울리지 않는다고 그들이 목청을 높였다. 몬태나에 오기 전에 이미 시집을 세 권이나 출간했는데도 동료들은 그를 "신예"라며 무시했다. "당신 이름을 들어본 사람이 한 명도 없어요"라고 비꼬는 동료도 있었다. 영문학과 과장은 열두 살짜리 자기 딸이 읽는 『빨간 머리 앤』을 샤마도 읽어보면 좋겠다고, "여성의 지도력"에 관해 좀 더 배울 수 있을 거라고 조언했다.

샤마는 미칠 것 같았다. 그가 인도 여성이어서 이런 공격을 당한다는 현실을 아무도 인정하려 하지 않았다. "주변의 모든 사람이 악독하게 굴더군요." 샤마가 말했다. "어찌 된 셈인지 그들에게 제일 큰 골칫거리는 나였어요." 그 일이 있고 난 뒤 샤마는 책임자로서 더욱 열심히 일했다. 누가 자신을 모욕하면 매번 그것을 지적했고, 학과 사람들은 그런 행동이 지나친 호들갑이라며 비웃었다. 결국 그 교과과정의 교수진은 샤마가 쏟은 노동에 "주목할 만한" 점이 없으며 따라서 행정직으로 강등해야 한다고 주장함으로써, 영문학과 과장을 설득해 샤마를 책임자 직책에서 물러나게 하고 보수도 삭감했다. 이런 조치가 내려지자 마침내 샤마는 대학을 상대로 차별 소송을 제기했다. 그는 동료들이 교과과정 책임자 자리에 샤마가 오르는 것을 애초부터 바란 적이 없었다는 것을 깨달았다. 그들이 원한 것은 비서였다.

✕

"우리는 실패했다, 우리 손에 실패가 산더미처럼 쌓였다." 샤마는 「비스와스 부인의 처지」에서 그렇게 적었다. 이 시의 소재가 된 자기 아버지의 경력 궤도는 샤마 자신의 것과 놀랄 만큼 닮았다. 그의 아버지는 가난한 교육자로 미국에 이민 와서 소규모 대학에서 첫 남아시아 출신 총장이 되었다. 샤마처럼 그의 아버지도 일단 권력을 얻자 굴욕을 겪었다. 그러나 샤마와는 달리 그의 아버지는 대학을 잘못 경영했다는 근거 없는 소문에 의해 강제로 사임당했다.

「비스와스 부인의 처지」는 이민자가 흡수, 동화된다는 환상을 짚어보는 가슴 아프면서도 감동적인 우화다. 이민자가 동화됨으로써 얻는 특권은 남의 간섭을 받지 않을 수 있다는 것. 그렇다고 동화(assimilation)를 권력으로 오해해서는 안 된다. 일단 힘이 생기면 존재가 노출되어서 과거에 도움이 되었던 모범 소수자 자격이 이제는 그 사람을 공격하는 수단으로 쓰일 수 있기 때문이다. 더 이상 보이지 않는 존재가 아니어서 그렇다. 늘 "좋은 성과를 거두어 백인들에게 보답받기를 열망했던" 그의 아버지를 사람들은 "욕심 많은 갈색인", "사기꾼 인도인", "돌팔이 장사꾼"으로 불렀다고 샤마는 적고 있다.

부녀가 둘 다 지도자급 지위에 올랐다가 똑같이 굴욕을 당한 사실을 어떻게 이해해야 할까? 독자의 의심의 눈초리가 내 목덜미를 따끔따끔 찌르는 것이 느껴진다. 독자는 그 두 사건을 잇는 구조적인 인종주의는 직시하지 못한 채 그 가족의 혈통에 무슨 문제가―부정부패, 설치는 기질―있는 게 분명하다고

결론지을 수도 있다. 나 또한 순종적인 아시아 여자의 역할을
해본 적이 없어서 그간 백인들로부터 온갖 거친 대접과 욕설을
겪어왔다. 그렇기에, 샤마가 겪은 곤욕은 내게 분노를 일으키지만
놀랍지는 않다.

우리는 사람들이 우리를 잘 믿어주지 않는다는 것을 알기
때문에 우리 자신을 잘 믿지 못한다. 그래서 목소리를 너무 크게
낸다고, 자존심이 너무 세다고, 혹은 야심이 너무 과한 게 아닐까
자책한다. 샤마는 그 시에서 자기 가족의 자존심을 이카로스에
비유한다. "보라, 우리가 하늘에 너무 가깝게 솟아올랐다가
어떻게 추락했는지. 추락이 우리를 끝장내지 못할 것을 우리는
어떻게 알았을까. 여기 떨어지고, 저기 떨어지고, 비명을 지르며.
오 허세부리지, 너희 생각만큼 나쁠 리는 없으니."

✕

여러 해 동안 나는 아버지가 헤로인
밀매업자인 줄 알았다. 아홉 살 어느 날 마약에 관한 「메리
타일러 무어 쇼」 특집 방송을 보았고, 얼마 뒤 부모님 옷장을
뒤지다 작은 상자를 찾아냈다. 그 안에는 은박지에 싸인 끈적한
구슬 모양의 검은색 물질이 담겨 있었다. 방송에서 보았던
아편제와 비슷했다. 나는 충격에 빠졌다. 우리 아버지가 마약을
팔다니! 그래서 그렇게 출장을 많이 다니셨구나.

알고 보니 그것은 한국산 한방약이었다.

어렸을 때 일찌감치 주변에서 아시아인을 불신하는
분위기를 감지하고 나는 그것이 아버지의 부재와 관련 있을
것이라고 상상했다. 아버지는 내가 당신의 편을 들지 않는다고

자주 불평했다. 이제 성인이 된 나는 아버지를 보호해야 한다는 감정을 느끼고, 바로 그래서 샤마가 쓴 아버지에 관한 시에 특별히 마음이 동했다. 우리의 아버지들이 오래도록 고생하며 구축한 존엄성은 너무나 부서지기 쉬웠다. 내가 이것을 아는 이유는 나도 아버지를 다른 미국인들처럼 의심스럽게 바라보곤 했었기 때문이다.

오벌린 대학교에서 아버지가 룸메이트 아버지와 마주친 후, 나는 아버지를 나무랐다. "왜 그렇게 무례하세요?" 내가 물었다. "왜 그 사람 말에 아무 반응도 안 하셨어요?" 우리는 클리블랜드로 차를 몰고 있었고, 엄마도 함께 타고 있었다. 부모님은 한국 식당에 가고 싶어 했다. 아직 옐프 검색 서비스가 존재하기 이전이라서, 아버지는 전화번호부에서 성이 "김"씨인 사람을 아무나 한 명 골라 전화한 뒤 갈 만한 식당을 물었다. 그 사람은 다른 한국 사람이 전화를 준 것이 반가워서 우리에게 그 일대를 구경시켜주겠다고 했다.

"네 룸메이트 아버지가 그 전쟁에 나갔다고 내가 고맙다고 해야 돼?" 아버지가 마침내 불끈 화를 냈다. "너는 내가 그러기를 바란 거냐?"

✕

정이라는 한국말은 번역하기 까다롭지만, 가장 근접한 정의는 한국인끼리 흔히 느끼는 "즉각적인 깊은 연결감"이다. 내가 그 심리치료사와 정으로 이어졌다고 상상했나? 왜 그 사람이 나를 이해할 거라고 생각했을까? 마치 우리가 공유하는 유산이 친밀함으로 가는 지름길이라도 되듯 말이다. 어쩌면 내가 한국계 미국인 치료사를 찾았던 것은, 길고 느린 심리치료를 원치 않았기 때문인지 모른다. 아마도 내 삶을 별로 설명하고 싶지 않았던 것인지 모른다. 유대인 친구 하나는 자기는 절대로 유대인 심리치료사에게 가지 않는다고 했다. 가족의 모든 문제가 문화적인 문제라고 쉽게 전제되기 때문이란다. 때로는 스스로 자신의 경험을 이해하기 위해서라도 그 경험을 상대방에게 애써 설명할 필요가 있다.

다시 찾아낸 심리치료사는 공교롭게도 유대인이었다. 1차 상담에서 나는 첫 번째 치료사에게 거부당한 일로 느낀 감정을 전부 털어놓았다. 첫 번째 치료사가 상황을 프로답지 않게 처리했다는 점에 이번 치료사가 동의하자 나는 무죄를 입증받은 기분이었다. 이 치료사는 그러더니 내 개인적 배경이 혹시 그 첫 번째 치료사와 **너무** 비슷했던 것이 아닌지, 그 치료사 스스로 그 문제를 완전히 해소하지 못했기 때문에 나를 상담하기에 적절하지 않다고 느낀 것이 아닌지 궁금해했다.

나의 미해결된 감정은 그 치료사의 예상을 훨씬 넘어서는 것이었다. 정신분석 용어를 빌리자면, 어쩌면 내가 일종의 전이(transference)를 체험한 것인지도 모른다. 그렇다면 나는 그 치료사에게 누구에 대한 감정을 투사했을까. 엄마? 애인? 아니면―무엇? 그 마지막 통화 후 나는 복수하려고 치료사 평가 웹사이트에 분노에 찬 평을 기입했다. 장광설로 그 치료사뿐만이 아니라 한국인 전체에게 화풀이하기 시작했다. "한국인은 억눌렸다! 뻣뻣하다! 냉정하다! 정신건강 분야 직종에서 일하지 못하도록 해야 한다!" 흥분해서 키보드를 두드렸다. 평을 등록하는 버튼을 클릭했으나 따로 저장해두지 않은 나의 긴 불평은 무슨 이유에서인지 게시되지 않았다. 불평은 허공으로 자취를 감췄다.

✕

작가 제프 창은 "나는 우리를 사랑하고 싶다"라고 적으면서, 하지만 "우리"가 누구인지 몰라서 그러지 못하고 있다고 말한다. 나도 그 불확실함에 동의한다. 우리는 누구인가? 우리는 무엇인가? 아시아계 미국인 의식이라는 관념은 도대체 존재하는가? 그것은 W. E. B. 뒤부아가 한 세기도 더 전에 확립한 이중의식 같은 걸까? 아시아계 미국인이라는 딱지에 칠해진 페인트는 아직 마르지 않았다. 이 용어는 거추장스럽고, 버겁고, 나의 존재 위로 어색하게 올라앉아 있다. 아시아계 미국인 운동가들이 블랙팬서와 손잡고 저항운동을 벌였던 1960년대 말 이후로 우리만의 대중운동이라고 일컬을 만한 것이 없었다. 쓰기가 조심스러운 "우리"라는 대명사는 앞으로 하나의 공통된 집합체로 결속될 것인가? 아니면 갈라진 상태로 우리 중 일부는 여전히 "외국인"이나 "갈색인"(brown: 인종 범주라기보다는 피부가 갈색인 중남미, 중동, 남아시아, 동남아시아계 사람들을 아우르는 용어로 최근 영미권에서 널리 사용되고 있다 — 옮긴이)으로 남고, 다른 일부는 부를 늘리거나 인종 간 결혼으로 백인 세상에 "입장할" 것인가?

✕

트럼프가 당선되고 일주일 후 낭독회가 있어서 미시간주 캘러머주로 비행해야 했다. 내 옆에 앉은 젊은 남아시아 청년이 승무원에게 또박또박 "승무원님", "부탁합니다", "고맙습니다" 해가며 엄청나게 상냥하게 대했다. 원래부터 늘 이런 태도일까 아니면 조심하는 것일까? 비행기가 착륙한 뒤 내가 머리 위 짐칸에서 기내용 여행 가방을 꺼내느라 애를 쓰는데, 미시간 대학교 미식축구팀 셔츠를 입은 목이 굵은 백인 남자가 무례한 어조로 "실례 좀 하죠" 하더니 나를 밀치고 지나갔다. 그 사람은 그냥 무례한 사람이었을까, 아니면 내가 아시아인이어서 그렇게 행동했을까?

내가 아무래도 브루클린에서 너무 오래 산 모양이다.

나를 태운 자동차가—아웃백 스테이크하우스, 코스트코 규모의 가족용 기독교용품점 등—음산한 콘크리트 쇼핑몰이 이어지는 구역을 빠른 속도로 지나치는데 손글씨로 "트럼프 지지"라고 써서 가로등에 붙여놓은 판지가 강풍이 부는 11월 하늘을 배경으로 거칠게 요동치는 모습이 보였다. 이전에는 미시간에 대해 별로 확고한 견해를 갖고 있지 않았지만, 이 주가 트럼프를 찍은 후로는 선명한 경계선이 그어졌다. 나는 적지에 와 있었다.

그런데 웨스턴미시간 대학교에서 청중을 만나보고 깜짝 놀랐다. 예상보다 여러 인종이 다양하게 섞여 있었다. 청중은 나만큼이나 속상해 보였다. 그 주의 공화당 상원의원들은 일본인 강제수용소를 선례로 들어 무슬림 등록제를 정당화하려고 들었다. 나는 강제수용소를 언급하면서 왜 역사가 반복되어서는 안 되는지 설명했다. 그러고서 이 책에 실린 에세이 한 편을 발췌해 낭독했다. 앞줄에 앉아 있던 유색인종 학생 몇 명이 끝난 뒤 나한테 와서 낭독에 고마움을 표했다. 그중 한국계 미국인 학생 하나는 캠퍼스에서 자기가 얼마나 외롭고 고립감을 느끼는지 모른다고 했다. 그 여학생은 나를 포옹해도 되겠는지 물었다. 내가 안아주자, 그 학생이 흐느끼기 시작했다. 내가 이 책을 쓰는 것은 그 학생을 위한 것이라는 생각이 든다.

그러더니 이번에는 70대 백인 여성이 내게 다가왔다. 비쩍 마르고, 웃음기 없는 엄격한 표정이었으며, 두 손으로 지팡이를 움켜잡고 있었다.

"강제수용소를 언급해줘서 고맙다고 말하고 싶습니다. 전쟁 때 필리핀에서 전쟁 포로 생활을 했어요." 그가 말했다. "나는 선교사 집안 출신입니다. 나는 당시 어린아이였는데도 우린 전부 수감됐습니다. 미국이 일본계 미국 국민을 상대로 저지른 일 때문에 일본 병사들이 우리를 고문하겠다고 위협했어요. 트럼프가 제안하는 일은 옳지 않습니다. 그가 우리 모두를 위험에 몰아넣고 있는 겁니다."

개인적인 이야기를 들려주어 감사하다고 말하자 그가 내게 근엄한 표정을 지었다.

"시를 읽어주기를 바랐습니다." 엄격한 말투였다. "치유하려면 시가 필요해요."

"저는 아직 치유할 준비가 되지 않았습니다." 상대방이 어떻게 반응할지 몰라서 최대한 부드럽게 말했다.

그가 고개를 끄덕였다.

"그 점을 존중합니다." 그는 그렇게 말하고서 자리에서 떠났다.

✕

       한국전쟁에서 사망한 한국인은 300만 명이 넘는다. 당시 인구의 약 10퍼센트에 해당하는 수치다. 그중 전투가 진행되는 길목에 있었거나 공산당 동조자로 오해받아 죄없이 살해된 민간인이 수없이 많았다. 전쟁 중에 우리 아버지가 가족과 집에 있는데 누가 현관을 세차게 두들겼다. 반응할 틈도 없이 미군이 아버지가 사는 판잣집으로 난입했다. 미군은 된장 독을 발로 차고 군화로 이불을 밟아 찢었다. 불과 몇 분 만에 집이 쑥대밭이 되었다. 병사들이 이상한 자기들 언어로 고함치며 무언가를 명령했다. 그러나 아무도 알아듣지 못했다. "뭘 하라는 거지?" 식구들이 흥분해서 서로 물었다. "쟤들이 여기 왜 들어온 거야?" 미군들이 할아버지를 보고 밖에 나가라는 손짓을 했다. 그 거대한 덩치의 병사들 앞에서 할아버지는 난쟁이처럼 보였다. 그래도 할아버지는 고분고분하지 않았다. 할아버지는 한국어로 계속 물었다. "원하는 게 뭐야? 우린 잘못한 게 없다구!" 결국 병사 한 명이 소총 개머리판으로 할아버지의 머리를 쳐서 집 밖으로 질질 끌고 나갔다.

       온 식구가 뒤따라서 마당으로 나왔고, 할아버지는 계속 한국어로 빌었다. 병사가 할아버지를 조용히 시키려고 맨땅에 경고 사격을 했다. 미군은 할아버지와 다른 식구들에게 양손을 머리 뒤로 하고 땅에 엎드리라고 명령했다. 병사가 총의 공이를 당겨 할아버지 머리를 겨누었다. 우리 큰아버지가 바로 그때 도착한 통역자를 알아보았다. 그들은 같은 학교를 다닌 동창이었다. 큰아버지가 통역자의 이름을 부르자 그도

큰아버지를 알아보았다. 통역자는 미군에게 그들의 정보가
잘못되었다고 일렀다. 이 주민들은 공산당이 아니라 무고한
양민이라고, 엉뚱한 사람들을 잡은 거라고 했다.

╳

유나이티드 항공기에서 데이비드 다오가
경비대원에게 강제로 끌려나가는 동영상이 널리 퍼졌을 때
나는 그것을 보고 아버지의 경험담을 떠올렸다. 2017년 4월
9일 승무원들은 비행기 수용 인원이 초과되자 자리를 자진해서
양보할 승객을 찾았다. 아무도 응하지 않자 직원들은 무작위로
다오를 지목해 자리를 양보할 것을 요구했다. 그가 거부하자
직원들이 경비대원을 불러 그를 강제로 끌어냈다. 다오는 69세의
베트남인으로, 날씬하고 최근에 자른 듯한 숱 많은 흑발의
소유자였다. 비행하기 편하게 파타고니아 상표의 검정 스웨터에
카키색 캔버스 모자를 쓴 차림이었고, 그 모자는 실랑이를
벌이는 동안 벗겨졌다.

나의 아시아인 친구들과 다오를 기사로 다룬 아시아계
미국인 기자들이 똑같은 말을 했다. "다오는 우리 아버지를
연상시킨다." 나이만 같아서 그런 게 아니었다. 단정하고
조심스러운 그의 모습이 우리에게 익숙했다. 별 특징 없는 그런
차림은 편안함만이 목적이 아니라, 무해한 익명의 전문직 종사자
같은 분위기가 전달되도록 의도된 보호색 역할을 했다. 그의
외양은 나는 **공간을** 차지하는 사람도 아니고 소란을 피우는 사람도
아니오라고 말하고 있었다. 더구나 그런 **소리**를 내는 사람은 특히
아니었다.

그 소리는 다오가 안경이 반쯤 벗겨지고 점잖은 스웨터가 말려 올라가 부푼 배가 드러난 상태로 정신을 잃고 바닥에 쓰러져 질질 끌려나가던 모습보다도 더욱더 마음을 불편하게 했다. 그가 끌려나가기에 앞서, 공항경비대원 세 명은 창가 좌석에 앉아 있던 다오를 땅굴에 숨은 몽구스의 목덜미를 확 잡아 끌어내듯 그렇게 비틀어 끌어냈다. 그때 다오가 악을 쓰며 족제비처럼 꽥 내지르는 소리가 들렸다. 이코노미석이라는 공공장소에서 울린 그 비명에 심장이 멎는 것 같았다. 굴욕적이었다. 실수로 똥을 지리는 편이 차라리 나을 듯했다. 말씨가 세련된 사람이라는 것을 입증해 보이려고 그가 얼마나 여러 해 동안 공들였을까.

✕

이코노미석으로 비행하며 고생해본 사람은 누구나 다오의 상황에 공감했다. 언론은 다오를 "승객", "의사", "사람"으로 지칭했으며, 애초에 그의 아시아인으로서의 정체성은 쟁점에서 벗어나는 것으로 취급됐다. 이 드문 사례에서 어쩌면 아시아인이 드디어 미국 중산층 전체를 대표하는 일반인처럼 보일 수도 있지만, 나는 회의적이었다. 일반인이 전부 이런 식으로 험악한 대접을 받지는 않을 것이라는 점에서 다오는 '일반인'(everyman)이 아니었다. 내가 다오를 보고 일반인이 아니라 우리 아버지라고 생각한 것과 마찬가지로, 시카고 공항경비대원들은 그를 일반인이 아니라 어떤 물건으로 생각했다. 저들은 다오를 수동적이고, 남자답지 않고, 믿을 수 없고, 의심스럽고, 이질적인 존재로 여겼다. 행동을 취하기 전에 이미 수년 동안 축적된 선입견이 무의식중에 그들의 머리를 스쳤다.

그리고 모든 일반인이 다오처럼 반응하지는 않았을 것이다. 그는 정신이 들자 경비대원들을 피해서 화급히 다시 기내로 되돌아왔다. 그는 복도로 뛰어 들어오며 혼란에 빠진 목소리로 조용히 같은 말을 반복했다. "집에 가야 해요. 집에 가야 해요." 입에서 터진 피가 턱으로 줄줄 흘러내렸다. 나중에 밝혀진 바에 따르면 공항경비대원들이 그를 좌석에서 끌어낼 때 얼굴을 팔걸이에 충돌시켜 코뼈와 치아를 부러뜨리고 뇌진탕을 유발하여 환각 증세가 있었던 듯했다. 다오는 어리둥절한 표정으로 헤매면서 빈자리나 뭔가 몸을 의지할 데를 찾았다. 결국 그가 붙든 것은 비즈니스석과 이코노미석을 나누는 커튼이었다. 그는 사형대에 오른 사람처럼 그 커튼을 꽉 붙들고서 "나를 그냥 죽여, 지금 당장 나를 죽여"라고 되뇌었다.

✕

이것은 '일반인'의 행동이 아니다. 다오는 별개의 공간, 별개의 시간에 가 있다. 야만스럽게 퇴출되자 어떤 뿌리 깊은 트라우마가 되살아난 것일 수도 있다. 1975년 사이공이 함락되었다. 고향은 더 이상 고향이 아니었다. 다오는 난민이 되어 피난해야 했고, 새로운 삶의 터전인 켄터키주에서 아내와 함께 자녀 다섯을 키우면서—그의 파란만장한 이력에 대한 보도를 믿을 수 있다면—황당한 역경을 상당히 겪었다. 다오는 성매매 대가로 금지 약물을 처방해주고 기소되어 의사 면허를 정지당한 후 포커 도박으로 돈을 벌었다. 그의 전과

기록이 유나이티드 항공 사건과 아무 상관도 없다는 변호에는
동의하지만, 덕분에 다오라는 인물을 좀 더 복잡하고 현실적인
견지에서 바라볼 수 있다는 점에서 내게는 상관이 있다. 다오는
범죄자도 아니고, 그렇다고 고국의 재난을 피해 달아났다가
기적적인 회복력을 발휘해 존경받는 의사가 되고 자녀들 역시
의사가 된, 어떤 근면한 기계 인간도 아니다. 트라우마를 겪고
이곳으로 이민 온 많은 이민자들은 살아남기 위해 어떤 일이든
감수한다. 사람을 속인다. 아내를 구타한다. 노름을 한다. 그들은
생존자이고, 대다수의 생존자가 그렇듯, 지독한 부모가 된다.
나는 다오를 보면서, 당신의 아버지가 집에서 질질 끌려 나오는
모습을 목격하던 우리 아버지를 생각했다. 역사를 통틀어 강제로
질질 끌려가던 아시아 사람들을 생각했다. 태어난 고향 집에서,
제2의 고향 집에서, 태어난 고국에서, 제2의 고국에서 쫓겨나고
내쳐지고, 퇴출, 퇴거, 추방되던 그들을 생각했다.

✕

　　　　나는 "다음은 아시아인이 백인이 될 차례"라는
소리를 들으면 "백인이 될"을 "사라질"로 교체한다. 다음은
아시아인이 사라질 차례다. 우리는 성취가 대단하고 법을 잘
지킨다는 평판을 듣다가 기억상실의 안개 속으로 사라질 것이다.
우리는 권력자가 되지 못하고 그저 권력에 흡수될 것이고,
백인의 권력을 나눠 갖지 못하고 우리의 조상을 착취한 백인
이데올로기의 꼭두각시가 될 것이다. 우리의 인종 정체성은
쟁점에서 벗어나며, 괴롭힘을 당하거나 승진에서 누락되거나
매번 발언을 방해받는 것도 인종 정체성과는 무관한 거라고

이 나라는 우긴다. 우리 인종은 심지어 이 나라와도 무관하며, 그렇기 때문에 우리는 여론조사에서 흔히 "기타"로 분류되고 신고된 강간, 직장 내 차별, 가정폭력 사건의 인종별 집계에서도 찾아보기 어렵다.

모든 사회적 신호를 박탈당해 나의 행동을 타인과의 관계에 비추어 가늠할 수단이 없으니 유령 취급을 당하는 것과 다를 바 없다. 그래서 나는 어떻게 행동하면 좋았을지, 무슨 말을 하면 좋았을지 내 생각을 샅샅이 점검한다. 내가 보는 것, 내가 듣는 것을 신뢰하지 못한다. 자아는 자유 낙하하는데 초자아는 무한대로 커져서, 나라는 존재는 부족하다고, 결코 충분치 못하다고 다그친다. 그러므로 더 잘하고, 더 잘**되려고** 강박적으로 노력하며, 자기 이익이라는 이 나라의 복음성가를 맹목적으로 따라 부르고, 내 순가치를 늘려 내 개인적 가치를 입증해 보이는 짓을 이 세상에서 사라질 때까지 계속한다.

스탠드업

눈이 내렸다. 얌전하고 조용하게 휘날리는 눈발이 가로수를
하얗게 분칠하고 거리를 뒤덮어, 나중에는 도시가 통째로 지워진
것처럼 보였다. 우리가 사는 로프트에 설치된 산업용 난방기는
제트기 엔진처럼 요란해서 남편과 내가 서로 말을 못 알아들을
정도였다. 나는 그해에 우울증을 겪느라고 어차피 말수가 적었다.
종일 침대나 소파에 쪼그리고 누워 있었다. 나는 심전도에
나타나는 이상 신호 같은 존재였다. 글 쓰는 것은 고사하고 거의
자지도, 먹지도 않았다. 테이크아웃한 음식들이 냉장고에 쌓이고
곰팡이가 피어 까만 성게로 뒤덮인 초원이 되어갔다. 때때로
이메일을 열어보았다. '페이퍼리스 포스트'(온라인 초대장 서비스
업체─옮긴이)를 클릭했다. 봉투가 자동으로 열렸다. 카드가
자동으로 열렸다. 나는 노트북을 덮었다.
　　남편이 내가 아직 못 본 리처드 프라이어의 스탠드업 코미디
「라이브 인 콘서트」를 보자고 했다. 텔레비전이 없어서 소파
맞은편 맨 벽에 영사했다. 프라이어가 실물보다 큰 2미터의
장신으로 우리 집에 나타나 어두운 거실에 빛줄기를 내뿜었다.
그가 80분에 걸쳐 심장마비에 걸린 사람 흉내를 내거나 주인
머리 위로 기어 올라가 귀에다 교미하는 작은 반려 원숭이의
몸짓을 흉내 내는 동안 그의 겨드랑이에 땀 자국이 번지고 붉은
실크 셔츠가 푹 젖었다. 나는 긴장을 하면 땀이 나고, 일단 땀이
나기 시작하면 어떤 땀 억제제를 써도 소용이 없기 때문에
강의나 행사장에서 역할을 맡았을 때에는 반드시 밝은색 옷은
피한다. 프라이어는 대담하게도 실크 옷을 입었다. 실크는 워낙
통기성이 나빠서 종이에 잉크 자국이 퍼지듯 땀이 선명하게
노출된다.

프라이어는 익살스러운 공연을 본격적으로 시작하기에
앞서 무대 위를 성큼성큼 거닌다. 그는 수많은 백인 관객이 자기
자리를 찾아 앉는 모습을 동물원에서 동물 구경하듯 바라본다.
그가 말한다. "이게 바로 재미있는 부분인데요, 백인들이
나갔다가 자리로 돌아왔더니 글쎄 흑인들이 그 자리를 빼앗은
거예요." 그가 콧소리 나는 "백인" 말씨로 묻는다. "우리가 여기
앉지 않았나요? 여기 우리 자리예요!" 그가 "흑인" 말씨로 바꾸어
대꾸한다. "흥, 여긴 이제 니 자리 아니야 새끼야."

╳

지그문트 프로이트는 저서 『농담과 무의식의
관계』에서 농담을 경향성 없는 농담과 경향성 있는 농담의
두 범주로 분류한다. 경향성이 없는 농담은 아이들에게
수수께끼를 들려주듯 무해하고 무독하다. 경향성을 갖는 농담은
공격적이거나 저속하거나 아니면 둘 다여서 우리의 의식 속에서
억눌린 부분을 캐낸다. 1940년대 미국 흑인 연예인들은 무대
뒤에서 터무니없이 과장된 농담을 주고받으며 그런 농담을
가리켜 '거짓말'이라고 불렀다. 그 '거짓말'은 경향성을 지녔으며,
고지식한 백인들로부터 멀리 떨어진 길모퉁이, 당구장,
이발소에서 구전되었다. 프라이어는 — 이야기를 왜곡하고,
시끄럽게 불평하고, 큰소리치고, 볼링핀이든 오르가슴에 이른
촌놈이든 닥치는 대로 흉내 내며 — 거짓말을 들려주었다. 그리고
프라이어가 들려주는 거짓말은 내가 당시 읽고 있던 대부분의
시와 소설보다 인종에 관해서 솔직했다.

✕

프라이어는 내 눈을 번쩍 뜨이게 해주었다. 나는 그가 코미디언일 뿐만 아니라 예술가이자 혁명가라는 것을 미처 몰랐다. 그는 스탠드업 코미디의 무한한 가능성을 증명하기 위해서 자기 코미디에서 급소를 찌르는 대목을 없애버렸는데, 바로 그게 천재들이 하는 일이다. 천재들은 자신이 택한 장르에서 낡은 관례를 타파하여 노래나 시나 조형물이 어떤 형식이든 취할 수 있다는 것을 보여준다.

우울증에서 마침내 회복한 나는 프라이어의 연기가 담긴 음성 및 영상 자료를 있는 대로 필사하는 일에 집착했다. 그런데 프라이어의 말을 글로 적어 놓으니, 그다지 우습지 않다는 것을 깨달았다. 프라이어의 익살스러운 이야기 전달 방식이 빠지고 나니, 유머라는 용해제는 증발하고 분노의 소금기만 남은 것처럼 그의 말이 거칠고 둔탁하게 느껴졌다. 그가 끊임없이 비속어를 사용하는 것도 일부 그런 효과에 기여하는데, 예를 들어 그는 한 문장 끝날 때마다 매번 n으로 시작하는 단어(흑인 비하 표현—옮긴이)로 추임새를 넣는 것으로 악명 높았다. 글로 옮긴 그의 독백은 극명하고 정신을 번쩍 들게 했으며, 예컨대 순수함은 흑인은 체험하지 못하는 특권이라는 통렬한 고백성사였다. "나는 여덟 살 때까지 아이였어요. 그 후 **깜둥이**가 되었지요."

비평가들이 지적한 대로 프라이어의 탁월함은 영리한 말솜씨뿐만 아니라 독백을 체화하는 방식에서 나온다. 그는 어떤 사람이든 흉내 낼 수 있고 방대한 인간의 감정을 잡아내는 일에 눈부신 재능을 갖춘 1인 앙상블 팀이다. 나는 무엇보다도 그의

얼굴에 매료됐다. 만약 프라이어의 입담이 듣는 사람에게 상처를
낸다면, 그의 얼굴은 그가 받은 상처를 드러낸다. 프라이어는
성욕을 주체하지 못하던 반려 원숭이들이 어떻게 죽었으며 그가
뒤뜰에서 슬퍼하는데 이웃집 셰퍼드가 담장을 뛰어 넘어와 그를
위로한 이야기를 들려준다. 일러두건대, 프라이어는 여기서 개를
연기한다. 하지만 그는 슬픔을 가누지 못하는 눈으로 인간의
모든 아픔을 상기시킨다.

✕

　　　　　대다수의 작가와 연기자처럼 리처드
프라이어도 경력 초기에는 다른 사람이 되려고 애썼다. 빌
코스비처럼 되고 싶어서 「에드 설리번」 같은 쇼에 출연해
백인들이 좋아할 만한 단정하고 건전한 농담을 늘어놓았다. 그는
사기꾼이 된 기분이었다. 프라이어는 라스베이거스의 유명한
알라딘 호텔로부터 공연 초청을 받았다. 무대 위에서 조명을
받으며 딘 마틴 같은 백인 유명인사로 꽉 찬 객석을 응시하는데
어떤 깨달음이 밀려왔다. 그의 할머니 "마마"는 (손자가 무대
위에 있다 하더라도) 이 공연장에서 환영받지 못하리라는
점이었다. 그를 키운 친할머니 마리 카터는 프라이어의 고향인
일리노이주 피오리아에서 성매매 업소 세 곳을 운영하던
만만찮은 포주였다. 프라이어의 할머니가 운영하던 업소에서
성노동자로 일했던 그의 어머니 거트루드 토머스는 아이 양육을
할머니에게 맡겨버렸다. 스탠드업 코미디에서 프라이어는
사창가에서 보낸 외로운 어린 시절을 솔직하게 얘기한다.
"성구매자들이 우리 동네를 거쳐 갔고 제가 백인을 만난 것도

그들을 통해서였습니다. 그들이 제게 와서 말했죠. '안녕, 엄마 집에 있어? 입으로 해주는 서비스 받고 싶은데.'"

그의 전기를 저술한 데이비드와 조 헨리 형제는 라스베이거스의 그날 밤이 프라이어의 인생에서 "기원전-기원후 구분"에 버금가는 영원한 전환점이 되었다고 적고 있다. 프라이어는 자신의 연기에서 코스비적인 요소를 제거해버리고 자기만의 고유한 코미디를 찾아 나섰다. 프라이어는 그날 라스베이거스에서 청중을 바라보다가 마이크에 대고 말했다. "내가 지금 씨발 뭐 하는 거지?" 그는 무대에서 퇴장했다.

╳

프라이어를 보며 나는 비슷한 깨달음을 얻었다. 내가 지금 씨발 뭐 하는 거지? 내가 지금 누굴 위해 글을 쓰는 거지?

╳

시인들이 청중이라는 문제를 대하는 태도는 아무리 잘해봐야 애증이 엇갈리는 양가감정이며 더 흔하게 내보이는 태도는 경멸이다. 로버트 그레이브스는 말했다. "'청중'이라는 단어를 절대로 쓰지 말라. 시인이 돈 벌려고 시를 쓰는 것이 아니라면, 청중이라는 관념 자체가 내게는 옳지 않아 보인다." 또는 시인이 청중이라는 문제를 추측의 대상으로 다루면서 미래의 청중을 상대로 작품을 쓴다고 상상하기도 한다. 제법 고결한 답변이며, 나도 현재의 경향이나 편견을 뛰어넘는 글쓰기를 위해 노력하고 있다는 점을 은근히 암시하려고 그렇게 자답해왔다. 우리는 시의 **느림**을 칭송한다. 요즘처럼 감각을 마비시키는 정보의 맹공격과는 반대로, 시가 마음속에 서서히 스며드는 방식을 칭송한다.

우리 시인들은 청중을 신경 쓰지 않는다고 말하지만, 그건 거짓말이다. 시인들도 위상에 집착할 수 있고 내가 알기로 남의 인정을 무척이나 받고 싶어 한다. 환심을 살 청중이 존재하지 않는다면서 시인들이 왜 그렇게 인정받고 싶어 하는지 외부인들은 어리둥절할 수 있다. 사실 시인의 청중은 제도다. 우리는 학계, 심사위원단, 펠로십 제도라는 고등한 관할권에 의존하여 사회적 자본을 획득한다. 수상 제도를 거치는 것은 시인이 주류적 성공에 이르는 소중한 길이며, 수상 결과는 심사위원단이 공들여 이뤄낸 타협에 의해 결정된다. 이 타협은 미학적으로나 정치적으로 수상작에 아무 위험성이 없음을 보장한다.

프라이어를 보며 나는 내가 아직도 그 제도를 상대로 글을 쓰고 있다는 것을 깨달았다. 버리기 어려운 습관이었다. 나는 백인의 환심을 사도록 양육되고 교육받았으며, 환심을 사려는 이 욕망이 내 의식 속에 깊이 뿌리 박혀 있었다. 그러므로 나 자신을 위해 글을 쓰겠다고 선언하더라도, 그것은 백인의 환심을 사고 싶어 하는 나 자신의 일부를 위해 글을 쓴다는 것을 의미했다.

그것을 피할 방법을 알 수 없었다.

✕

열다섯 살 때는 시를 쓰는 일이 키릴 문자로 글을 쓰는 것만큼이나 신기했다. 그래서 나는 동급생들이 쓴

시에 감탄할 준비를 하고서 우리 고등학교에서 발행한 문예지를 들춰보았다. 그러나 청소년기의 시가 대부분 그렇듯 가식적인 사색 속에 아무 **알맹이**도 없어서 실망했다. 그들의 서투른 시도를 보고 나니 직접 시를 지어볼 용기가 생겼다. 별로 어려워 보이지 않았다. 분명히 할 수 있을 것 같았다. 그래서 시를 한 편 지었다. 나는 새로운 마술 묘기라도 발견한 듯 들떴다.

당시 우리 가족은 LA의 신개발 지역에 살아서 주변에 온통 집이 지어지고 있었다. 그때만 해도 사슴 떼가 덤불 우거진 동네 언덕 위를 돌아다니며 엉겅퀴나 산쑥을 뜯어 먹었다. 어느 날 밤 보름달이 떴을 때 나는 머리에 작은 뿔이 솟은 수사슴 한 마리가 뒷다리를 구부린 채 우리 집 뒤뜰에 용변을 보고 휙 달아나는 모습을 보았다. 나는 우리 집이 귀신 들린 집이라고 생각했다. 침대 틀이 흔들리는 바람에 몇 번씩이나 자다 깨곤 했다. 한 번은 유령이 내 몸을 매트리스에서 들어 올리려는 느낌이 들어서 깜짝 놀라 깼다. 나는 몸이 둥둥 뜨지 않도록 침대 시트를 움켜잡았다.

그 시절 나는 심하게 외로웠고 별로 활기도 없었다. 나는 미술을 할 때, 나중에는 시를 짓기 시작하면서 비로소 생기를 되찾았고, 그 속에서 자유를 발견했다. 왜냐하면 내 육체가 비물질화되고, 내 정체성이 떨구어지고, 내가 다른 삶을 사는 것을 상상할 수 있었기 때문이다. 내가 읽은 모든 글이 이 자유를 인증했다. 존 키츠에 따르면 시인은 "정체성이 없다―시인은 끊임없이 어떤 다른 사람을 대신하고 그 사람의 역할을 한다". 롤랑 바르트에 따르면 "문학은 모든 주체가 피해 가는 그 중립자, 그 합성물, 그 모호성이며, 글을 쓰는 사람의 정체성을 비롯하여 모든 정체성이 실종되는 덫이다".

그러나 시집을 내고 시인으로 데뷔하자, 내가 무슨 글을 쓰든지 아시아 여성이라는 내 정체성을 결코 차단할 수 없다는 것을 정확히 알게 되었다. 육체의 개입이 없더라도 저자로서의 내 정체성은 귀신처럼 독자에게 내 목소리가 도달되는 강도와 범위를 제약했다. 내가 독자의 눈에 보이지 않는다고 해서 내가 신이 된 것처럼 행동할 수 있다고 생각하다니 얼마나 순진한가! 휘트먼 작품 속의 나가 다중을 담고 있다면, 내 작품 속의 나는 이 나라 인구의 5.6퍼센트를 담고 있었다. 가슴으로 진정하게 느껴지는 내용이라면 뭐든지 써도 좋으나 기왕 아시아인이니 아시아인에 관한 주제를 꾸준히 다루는 것이 낫지 않겠느냐고 독자, 스승, 편집자 등이 여러 방식으로 내게 조언했다. 아시아인에게 아무도 관심이 없더라도 말이다. 하지만 어차피 내가 예컨대 자연에 관해서 쓰면 자연에 관해서 쓰는 아시아인이라는 이유로 아무 관심도 받지 못할 테니 내게 무슨 선택의 여지가 있었겠는가.

나는 독자가 내 시를 **읽고 나서** 내 이름을 보면, 그 시와의 연결 퓨즈가 끊어지면서 시가 좋긴 한데 다시 생각해보니 공감은 안 간다고 여기는 것인가 하는 의심이 들었다. 그러나 그렇다는 어떤 증거가 있단 말인가? 그냥 내가 재능이 없어서 그런 건지 어찌 알겠는가. 그걸 모른다는 것이 바로 문제였다. 둘 중 어느 쪽이든, 나는 이 꼼짝달싹 못 하는 상태에서 벗어날 수 없었다. 나는 늘 내 신체적 정체성이 문제인 줄 알았으나 글을 쓰면서 깨달은 점은 글에서 나를 드러내지 않더라도 여전히 내 정체성에 초연할 수 없다는 것이었으며, 그 때문에 일종의 절망 상태로 곤두박질쳤다.

나는 스탠드업 코미디를 더 열광적으로 보기 시작했다. 코미디에는 시에서 만날 수 없는 투명함이 있다. 코미디언은 정체성이 없는 척할 수가 없다. 그들은 무대에 올라가 총살당하는 사람처럼 벽돌 벽을 등지고 선다. 도저히 숨을 곳이 없으므로, 별수 없이 자기 정체성을 먼저 인정하고 나서("자, 여러분은 내가 흑인이라는 걸 알아챘을 겁니다.") 비로소 다른 소재로 넘어가거나 아니면 정체성 문제를 더 본격적으로 파고든다.

또한 청중을 억지로 웃게 할 수는 없기 때문에 허튼소리로 코미디를 이어가기란 쉽지 않다. 진짜 웃음은 오르가슴과 마찬가지로 의지와 관계없이 근육이 갑자기 수축하면서 터져 나온다. 놀라야 웃음이 나오고, 놀라는 것은 한 번뿐이다. 그래서 코미디는 가차 없이 찰나적이다. 농담만큼 금방 낡아버리는 것도 없다.

코미디언은 청중을 필요로 할 뿐만 아니라 절실히 원한다. 청중이 소재에 대해 보이는 반응과 불편함을 이용해 코미디언들이 청중을 자신의 연기 속으로 끌어당기는 방식은, 심지어 그게 조금 미숙할 때조차 나를 감탄시켰다. 「라이브 인 콘서트」 도입 부분에서 프라이어는 청중의 인종 비율을 정면으로 다룰 뿐만 아니라 백인 관객이 자기 좌석으로 돌아가는 것조차 겸연쩍게 만들어 그들을 구경거리로 삼아버린다. "이런 세상에! 백인들이 황급히 자리로 돌아가는 것 좀 보세요!"

⊠

　　　　　문학계는 그동안 다양성이 커졌지만, 내가
좀 더 젊었을 때는 낭독회 장소가 술집이든 책방이든 대학이든
관계없이 나의 낭독을 듣는 청중은 대부분 백인이었다. 새하얀
강연장이 워낙 표준이다 보니 나는 그것을 거의 대체로
의식조차 못했다. 하지만 일단 의식을 하고 나면, 강연장 안의
백색이 **느껴지기** 시작했다. 만약 배경색이 흰색 같은 무채색이
아니라 가는 곳마다 러버콘 같은 주황색으로 변했다고 해보자.
그러면 사람이 만성 스트레스에 시달리면서 소금에 절여진
민달팽이처럼 정신이 굳어버릴 것이다. 그게 바로 내가 받은
느낌이다. 사방에 깔린 러버콘을 못 본 척했을 뿐이다.
　　시 낭독은 내가 시에 대한 신념을 잃기 일보 직전이라는
점을 상기시켜주는 것 말고는 다른 기능을 수행하지 못했다.
낭독회는 어쩌면 한때는 공동생활의 한 중요한 형태였을 수도
있지만, 지금은 정형화된 농담, 숨소리 섞인 "시인의 목소리",
기계적인 웃음소리, 누가 혼자서 **음** 하며 동의하는 소리 등등
모든 것이 고루한 교회 예배 의식처럼 되어버려, 예전에 지녔던
의미는 흔적만 남았다는 느낌이 심하게 들었다. 나는 현자처럼
고개를 끄덕이며 시의 힐링 효과를 칭찬하는 시인 역할에
장단을 맞추었지만, 속으로는 그 감상적인 달콤함에 당뇨 쇼크가
일어나기 직전이었다. 최악은 내가 나를 속이고 있다는 점이었다.
나는 예술적 진정성이 훼손될까 봐 청중의 개념을 거부한 바로
그 시인이었다. 그러나 낭독회에서는 청중을 부인할 길이 없었다.
나는 강연장을 메우고 앉아 지루해하는 백인들을 위해 공연을

하고 있었고 그들에게 인정받기를 절실하게 갈망했다.

※

나는 감사하다는 말과 낭독할 시가 딱 두 편 남았다고 청중을 안심시키는 말, 즉 대다수 시인이 시 낭독이 청중에게 지루한 고역임을 시인하는 취지에서 취하는 쑥스러운 제스처를 제외하면, 직접 청중을 상대로 말하지 않았다. 더구나 스탠드업 코미디언이 그러듯 청중이 백인 일색이라는 점을 직설적으로 거론한다는 것은 생각도 해보지 못했다. "여러분 중에 라틴계인 분 계십니까?" 같은 질문을 불쑥 던지고서 침묵이 좀 지나치게 길어질 때까지 기다렸다가 또 큰 목소리로 "여러분 중에 흑인은 없습니까?" 하고 묻는 일은 생각도 해보지 못했다.

항상 나는 강연장에서 유일한 아시아 여성이 아닌 척했지만, 그 때문에 적어도 내가 느끼기에는 공기에 긴장이 감돌면서 내 몸이 펀치라인으로 긴장 해소를 못 시킨 유머의 설정 요소가 된 기분이었다. 그렇다면 긴장을 해소시켜보면 어떨까? 사람들이 내게 아시아 정체성에 관해 쓸 것을 기대한다면, 내가 그 강연장에서 유일한 아시아인이라는 사실을 큰 목소리로 말하지 못할 이유가 있나?

나는 낭독회에서 시를 낭독하는 대신 스탠드업 코미디를 하기 시작했다. 굴욕감이 며칠 동안 방사성 물질처럼 살갗에 잔류했기 때문에 도저히 또 한 차례 시 낭독을 감당해낼 재간이 없었다. 스탠드업 코미디라도 하면 최소한 의도적으로 내가 나에게 굴욕을 줄 수 있고, 그러면 어쩐지 독성이 덜할 것 같았다. 처음에는 다른 코미디언들의 농담을 암기해서 활용했다. 그것은 코미디의 기본 원칙을 위반하는 일이었으나, 나는 내가 진짜로 스탠드업 코미디를 하는 것이 아니라 개념만 빌려 재주를 피워보는 거라고 믿었다. 그러다가 스스로 생각해낸 농담을 조금씩 섞기 시작했고, 결국에는 내 사생활을 소재 삼아 스스로 지어낸 농담만 하게 됐다. 나는 자전적인 작품을 쓰는 시인이 전혀 아니었다. 그런데 이제 와서 내 삶을 농담거리 삼아 썼다는 사실은 내 깊은 곳에 자리한 자기 학대 성향을 드러내는 것일 수도 있다. 사람들이 내 농담을 재미없다고 생각한다면, 기왕 망하는 거, 내 삶에 관해 농담하면서 장렬하게 망하고 싶었다. 실패하더라도 그렇게 하다가 실패하고 싶었다.

⊠

나는 개인이 겪는 인종 트라우마에 관해 쓰는 일이 늘 불편했다. 인종 트라우마를 틀 짓는 뻔한 형식이 불만스러웠기 때문이다. 이를테면 고백적 서정시의 형식은 내 인생이 그렇게 비범하지 않은데 나의 아픔만 특별하고, 이례적이고, 극적인 느낌이 들어서 적절하지 않아 보였다. 전통적인 사실주의 서술법으로 소설을 쓰는 것도 할 수 없었다. 내 생각을 어떤 인류학적 경험의 틀로 사출성형하듯 가공하여, 독자가 내 소설을 읽고서 **한국인의 삶은 너무 가슴 아프군!** 하고 여기는 것이 싫었기 때문이다.

그러나 프라이어의 연기를 보고 나서─그리고 그가 연기하는 스탠드업 코미디의 시각적, 청각적인 면을 전부 필사하고 나서─나는 아시아인으로 산다는 것에 대해 솔직하게 글로 쓸 방법을 찾을 수 있다고 생각했다. 하지만 낭독회에서 스탠드업 코미디를 시도하는 일은 오래가지 못했다. 처음 시도했을 때는 모두들 요란하게 웃어대는 바람에 기운이 났지만, 대체로 사람들은 혼란스러워했다. 행사 주최자들은 내가 부리는 꾀에 당황했고, 청중은 어째야 좋을지 몰라 머뭇머뭇 웃거나 아니면 내가 바지에 실례라도 한 것처럼 나를 쳐다봤다. 윌리엄스버그에 있는 코키(Kokie)라는 바에 가면 주크박스 옆에서 정말로 코카인을 20달러에 팔았다. 20대일 때 친구들과 몇 번 가본 적이 있다. 코카인 한 봉지를 사서 커튼으로 가려진 공간에 들어가 다른 고객들과 함께, 정체불명의 때가 묻은 집 열쇠를 이용해 코카인을 코로 흡입했다. 어느 날 밤, 덩치 좋은 도미니카인 두 명이 나를 신기하게 쳐다보다가 그중 한 명이 말했다. "아시아 여자가 코카인 하는 건 여태껏 한 번도 못 봤는데."

나는 그 얘기도 농담 소재로 삼았다. 한번은 남부 출신의 백인 기자가 내게 중국인, 한국인, 일본인의 **진정한** 차이가 뭐냐고 물었는데 그 질문에 내가 답했던 내용도 농담 소재로 썼다. 내 농담은 형편없었고 농담을 전달하는 방식도 어색하기만 했다. 나는 그렇게 실험하면서, 문학계에 만연한 존경성 정치(respectability politics)에 구멍을 내는 장치를 찾았다. 유색인종 작가는 작품을 통해서나 개인적으로나 남보다 더 올바르게 행동해야 했으며, 항상 품위 있게 행동하고 감사하는 모습을 보임으로써 백인들이 작가의 인종화된 체험에 편안하게 공감할 수 있도록 해야 했다. 나는 어떤 상을 수상한 유색인종 시인이 질의응답 시간에 한 말을 잊지 못한다. "인종에 관해 쓰고 싶으면 예절 바르게 써야 합니다. 그래야 사람들이 귀를 기울이니까요."

⋊

　　문학이 문화적 간격을 잇는 이른바 가교
역할을 한다지만, 출판업계에 존재하는 불평등을 이해하고
나자 그 공리가 거짓으로 들렸다. 출판업자들은 소수민족의
이야기를 "단일한 이야기"(single story)로 취급했다. 치마만다
응고지 아디치에는 그것을 다음과 같이 규정한다. "하나의
단일한 이야기를 지어내, 한 민족을 한 가지 존재, 오로지 한
가지 존재로만 계속 반복해서 보여주면, 그들은 정말 그런
존재로 둔갑한다." 작가 매슈 샐러시스가 '리트 허브'(Lit Hub:
에세이, 작가 인터뷰, 책 발췌문 등을 싣는 문학 전문 웹사이트
리터러리 허브[Literary Hub]의 약칭 – 옮긴이)에 게재한 2015년
에세이에서 자세히 설명한 대로 출판업계는 그 단일한 이야기를
두 가지 방식으로 확립했다. (1) 출판사는 중국계 미국인 작가는
단 한 명의 작품만 출간할 수 있다는 할당 비율이 있었다.
(2) 중국계 작가가 여러 명 있을 경우에도 그들은 중국계
미국인의 경험과 관련해 시장성이 입증된 똑같은 이야기만
되풀이해야 했다.

　　이 상황은 내가 이 책을 쓰는 동안 변화하고 있다. 시가
부흥기를 맞고 있으며, 가장 흥미로운 – 그리고 명성을 얻어
마땅한 – 시인들 중에서 유색인종이 많은 수를 차지한다.
소설에서도 같은 현상이 일어나고 있지만, 이 분야의 백인
비율은 아직도 86퍼센트이고 소설은 시장의 변덕스러운 취향에
더 취약하기 때문에 나는 이 장르에 대해 좀 더 회의적이다.

시인 프라기타 샤마가 말한 대로, 미국인은 죽음을 애도하는
일도 기한을 정해놓고 하듯 인종에 관해서도 유효 기간을
설정한다. 미국인들은 일정 기한이 지나면 우리가 인종 문제를
극복할 것으로 기대한다. 그러나 비록 나는 회의적이지만,
이 기회에 우리가 미국 문학계를 완전히 바꿔놓을 수 있기를
바라는 마음도 있다. 우리의 정체성을 자동으로 규정하는 낡은
인종 서사, 우리의 삶을 백인 청중의 구미에 맞추면서 우리가
실제로 체험하는 다양한 현실을 삭제해버리는 낡은 인종 서사를
갈아치우자는 것이다. 그리하여 주어진 공식에 따라 우리 자신을
설명하는 일을 그만두자는 것이다.

✕

지난 20년 동안, 그리고 아주 최근까지도, 줌파
라히리의 작품들은 아시아계 이민자는 순응적인 노력가라는
환상을 지탱하는 인종적 소설의 전형이었다. 내 생각에 이것은
독자를 몰입시키는 이야기꾼인 라히리의 잘못이 아니라, 그의
작품을 이민자의 삶에 대한 "단일한 이야기"로 포지셔닝했던
출판업계의 잘못이다. 라히리는 문화적 차이를 찾는 백인
독자의 취향을 만족시키기에 딱 적당할 수준으로 편안한 인종적
소품을 이용해 무덤덤하고 억제된 어조로 글을 썼으며, 작품
속 인물들은 생각하거나 느끼지 않고 그저 **행동한다.** "나는 …
은행 계좌를 트고, 우체국 사서함을 빌리고, 울워스 마트에 가서
플라스틱 그릇 하나와 수저 하나를 샀다." 라히리 작품에 나오는
인물은 언제나 절제되고 그 어떤 내면 지향성도 회피한다.
이것은 제인 후가 『뉴요커』 기고문에서 지적한 대로 독자에게

아시아성(사실 남아시아보다는 동아시아적 성격)을 암시하는 상당히 전형적인 문학적 정서가 되어버렸다.

라히리의 단편 「세 번째이자 마지막 대륙」에서 주인공은 콜카타에서 보스턴으로 이민 와 집 주인인 백인 할머니와 함께 사는데, 할머니는 그를 어린 소년처럼 취급한다. 주인공은 그런 구식 인종주의에도 개의치 않고 할머니를 좋아하게 되고 그들은 암묵적으로 문화적 이해에 도달한다. 나중에 주인공의 아내가 보스턴으로 와서 합류하고 그들은 놀랄 만큼 쉽게 동화하게 되며-"우리는 이제 미국 시민이야"-아들은 자라서 하버드 대학에 입학한다.

라히리의 소설은 **설명하지 말고 보여주라**(show, don't tell)라는 문예창작 과정의 교리를 대체로 잘 따르고 있다. 그렇게 하면 독자는 등장인물의 고통을 체험하면서도, 수전 손택이 말한 대로 자신의 특권을 등장인물의 고통과 "동일한 지도" 위에 위치 매김 하지 않아도 된다. 등장인물의 내면적 생각이 제거되었으므로 독자는 빈번한 사견 개입에 방해받지 않고 등장인물의 의식이라는 조종석에 앉아 영화 보듯 등장인물의 시각을 체험할 수 있다.

✕

소수 민족에 속한 작가들의 문학 활동은 예나 지금이나 본인들도 고통을 느끼는 인간임을 백인 세계에 증명해야만 하는 일종의 인본주의 프로젝트다. 지면에서 한 인종 전체의 대변자로서 우리도 고통을 느끼는 인간임을 믿어달라고 호소하는 내가 아닌, 그저 나 개인일 뿐인 채로 얘기를 하는 미래가 과연 찾아올까? 현 실정은 '나는 생각한다, 고로 존재한다'가 아니라 '나는 **아프다**, 고로 존재한다'이다. 그러므로 내 책은 통증의 강도에 따라 평가받는다. 강도가 2라면 굳이 내 얘기를 풀어놓을 가치가 없을 수도 있다. 만약 10이라면 아마 베스트셀러가 될 것이다.

물론 유색인종 작가는 인종적 트라우마를 이야기해야 하지만, 우리의 이야기는 너무나 오랫동안 백인이 상상하는 대로 구성되어왔다. 출판업계는 작가가 자신의 트라우마를 사적인 것으로 간주하기를 기대한다. 즉 등장인물이 특이한 가족 관계나 역사적 비극에 의해 시험에 들었다가 결국 자기 긍정이라는 계시에 도달하는 이야기를 기대한다. 아시아계 미국인 작가들의 소설을 보면 작가가 트라우마의 배경을 머나먼 고국 땅이나 고립된 아시아계 가족 내부로 설정하여, 그들의 아픔이 미국의 제국주의 지정학이나 미국 내 인종주의에 대한 새삼스러운 증거가 아님을 확실히 해두는 작품이 많다. 그들에게 고통을 주는 외부적 요인은—가부장적인 아시아인 아버지, 과거 시대의 백인들—독자를 비롯한 모든 사람이 죄책감을 느끼지 않아도 되도록 충분히 멀찌감치 설정한다.

시인이며 소설가인 오션 브엉은 경력 초기에 인간의 회복력을 보여주는 살아 있는 화신으로 소개됐다. 평론가들은 기회만 있으면 그의 이력을 되풀이해서 읊었다. 브엉은 베트남의 벼농사를 짓는 농가에서 태어나 베트남전쟁 후 난민 자격으로 코네티컷주로 이민 왔다. 그의 어머니는 미국에서 새 출발을 하라는 뜻에서 브엉의 이름을 "오션"으로 바꿔주었다. 브엉은 열한 살까지 글을 읽지 못했고, 그래서 그가 젊은 나이에

천재적인 재능으로 여러 상을 휩쓰는 시인이 된 것은 더더욱
기적적이다.

　나는 그의 등단 시집『관통상이 남은 밤하늘』을 아주 좋아해
시 수업 때 교재로 삼고 있다. 이 시집에 담긴 대부분의 작품은
작가의 동성애적 욕망이 어떤 식으로 어린 시절에 감내했던
아버지의 폭력에 근원을 두는지를 다룬다. 아버지에 대한 시에서
브엉은 이렇게 적는다.

　　　… 소용없다. 나는 그를 돌려
　　　세운다. 똑바로 대면하려고. 대성당이

　　　바다처럼 까만 그의 눈동자 속에 있다. 그 얼굴은
　　　내 것이 아니다－그러나 나는 앞으로 그 얼굴을 하고서

　　　내 모든 애인들에게 잘 자라고 입 맞출 것이다.

아버지의 생기 없는 눈동자 속에서 화자는 식민주의와 전쟁이
남긴 아버지 세계의 폐허를 본다. 화자는 아버지에 대해, 그리고
아버지 나라에서 벌어졌던 폭력에 대해 에로틱한 동질감을
형성하고, 낯선 사람들과의 잔혹한 성적 접촉을 통해서
반복적으로 그것을 복원하려고 한다.

　최근에 발표된 그의 소설『지상에서 우리는 잠시
매혹적이다』에 대해 대중은 복잡하게 중첩된 그의 정체성에
민감하게 반응했다. 변화의 징조를 보여주는 반응이었다.
그러나 아주 최근인 2016년까지도 대다수 언론은 브엉의 퀴어

정체성을 무시했는데, 비극적인 베트남 난민의 이미지에 잘 들어맞지 않았기 때문이다. 브엉은 여러 인터뷰에서 빈곤한 난민 생활의 충격적인 체험과 시에서 찾은 구원에 대해 들려줄 것을 거듭 요청받는다. 그는 자기가 시를 노래하기만 한 것이 아니라 가사에 나오는 상처를 실제로 겪었으므로 자신의 시와 이력이 합쳐져 개인의 승리라는 미국적 신화를 이뤄낸 것이라고 암시하며 청중을 안심시킨다.

✕

리처드 프라이어는 고통받는 흑인의 육체가 오랜 세월 미국인들의 오락거리였다는 점을 완전하게 직시하고 자신의 트라우마를 특정한 방식으로 표현한다. 리처드 프라이어에 관한 특집 기사를 『뉴요커』에 기고한 힐튼 얼스는 흑인의 체험을 미화하는 "단일한 이야기"에 대해 언급한다.

> 흑인성이라는 주제는 미국인의 사고에서 기이하고도 불만스러운 여정을 거쳐왔다. 왜냐하면 첫째로 흑인성은 들어줄 사람을 찾기 위해 거의 언제나 백인 위주의 청중에게 설명되어야 했고, 둘째로 흑인성은 오로지 한 가지 이야기―진보 성향 사람들의 죄책감을 자극하는 억압당한 이야기―만 들려준다고 상정되는 것이 일반적이기 때문이다.

그러나 프라이어가―어렸을 때 두들겨 맞은 일, 심장마비로 거의 죽을 뻔한 일을 실황 중계처럼 쏟아내며―내밀하고 개인적인 트라우마를 끄집어내면 관객은 어떤 난처한 반응을 일으킬까? 누가 웃을까? 그의 이야기가 너무나 충격적인데도 나는 눈물이 나도록 박장대소했다. 「라이브 인 콘서트」에서 프라이어는 자기 심장과 대화한다. "숨 쉬지 마!" 심장이 엄격하고 못된 목소리로 혼쭐을 낸다. "너는 이제야 죽음을 생각하지. … 그 많은 돼지고기를 처먹어댈 때는 그런 생각 못했을 거야!" 심장이 그를 비웃는 가운데 프라이어는 털썩 무릎을 꿇고, 이어서 바닥에 드러누워 무대에서 고통에 몸부림친다. 그러는 동안 심장은─프라이어의 내면의 경찰로서 행동하며─그가 굴복할 때까지, 그가 죽을 때까지 내리친다. 우리는 어쩔 줄 모르고 웃는다.

✕

프라이어는 코미디가 사실 노예선에서 탄생했다고 농담한다. 한 노예가 다른 노예에게 말했다. "너만 운이 나빴던 것 같지? 나는 어제만 해도 왕이었다고!" 학자 글렌다 카피오에 따르면 프라이어는 "흑인 유머를 세상에 선보였다. … 그것은 과거에 박탈당했던 부당하고 잔인한 것을 비웃을 힘겨운 자유로서 시작되었다."

유머는 하나의 생존 형식이었다. 노예들은 유머를 통해서 노예제로부터 필연적으로 심리적 거리를 둘 수 있었다. 또한 유머는 지하 세계로 들어가는 암호였다. 그곳에서 주인님은 외부자이고 놀림의 대상이다. 랠프 엘리슨은 에세이 「웃음의 호사스러움」에서 백인은 흑인의 웃음소리를 들으면 "왠지 모르게 놀림을 당했다는 전반적으로 당혹스러운 감정"을 느낀다고 적고 있다.

어느 한 마을에서 남부 백인들이 흑인의 웃음소리에
너무나 위협을 느낀 나머지 읍내 광장에 나무통을 갖다 놓았다.
흑인들이 웃고 싶은 충동이 일면 웃음소리가 크게 울리지 않도록
그 통 속에 머리를 박아야 했다. 엘리슨의 에세이에 담긴 이
일화가 거짓말처럼 들리겠지만, 2015년에 이런 일이 있었다.
흑인 열 명, 백인 한 명으로 구성된 독서 모임의 여성 회원
11인이 고풍스러운 빈티지 열차를 타고 북부 캘리포니아 일대의
와이너리를 탐방했다. 그들이 즐거운 시간을 보내고 있는데
열차가 어느 역에 정차하자 경찰들이 급히 올라와 웃음소리가
너무 크다는 민원이 제기됐다며 그들을 강제로 하차시켰다.
이 사건은 해시태그 #laughingwhileblack(흑인이면서
웃음소리를냄)을 탄생시켰다.

✕

카피오는 프라이어가 사적인 흑인 유머를
백인 청중에게 드러낸 최초의 코미디언이라고 주장한다. 수많은
미국 흑인들이 이에 동의하면서 프라이어를 처음 접했을 때
"쇼크에 가까운 각성"(shock of recognition)을 경험했다고
언급한다. 그들이 충격을 받은 것은 프라이어가 누구의 대변자도
아니었기 때문일 것이다. 무대 위에서 프라이어는 무시무시하고,
공격적이고, 너무나도 우습고, 자멸적 성향을 뿜낸다. 뿐만
아니라 프라이어는 백인 여성에 대한 욕망을 의기양양하게
과시함으로써 다른 인종 간 결합에 대한 역사 깊은 금기를
까발렸다. 이를테면 그는 백인 여자 애인과 흑인 여자 애인을
비교하면서 고정관념을 강화하는 것과 뒤흔드는 것 사이의

경계선을 넘나든다.

> 백인 여자와 흑인 여자는 진짜 달라요. 둘 다
> 사귀어봤거든요. … 흑인 여자는 보지를 빨아주면
> 이럽니다. "잠깐, 깜둥아, 썅. 좀 더 왼쪽으로, 씨발아.
> 빨려면 제대로 해." 백인 여자랑 섹스했는데 여자가
> 절정에 이르지 못하면 이래요. "괜찮아. 그냥 여기 누워서
> 바이브레이터 좀 쓸게."

한국계 미국인 여성으로서 나는 프라이어가 설정한 이런 흑백
이분법 사이 어디쯤 위치할까? 일순간 백인을 비웃으면서 마치
내 일처럼 흑인 억압에 격분하다가도, 다음 순간에는 백인과
동조하고 있음을 깨닫는다. 프라이어가 백인 여자와 흑인 여자의
성적 차이를 깊이 파고들자 나는 불편해졌다. 내가 웃은 건
흑인도 백인도 아니어서 희화화와 대상화의 일침을 피할 수 있기
때문이었나? 백인 여자나 흑인 여자를 대표하여 내가 대신 기분
나빠해야 하나?

　　프라이어의 독백은 흑인 여자는 드세고 남자 같으며
반대로 백인 여자는 수동적이고 극히 여성스럽다는 성차별적
고정관념을 되풀이한다. 그러면서 프라이어는 자기를 정력이
대단한 흑인 남자로 설정한다. 하지만 이런 모티프는 좀 더
복잡한 역학을 감추고 있는데, 여기서 프라이어는 자기의
헛짓거리를 참아주지 않는 흑인 여성에게 내심 경탄하는 한편,
백인 여성의 수동성은 극단적인 여성성 때문이 아니라 힐튼
얼스의 말대로 백인의 죄책감 때문임을 암묵적으로 시인한다.

결국 흑인이든 백인이든 어떤 여자도 만족시키지 못한다는 것을 인정함으로써 프라이어는 자신을 조롱의 대상으로 삼는다. 바로 이 대목에서 나는 갑자기 웃음을 멈추고 생각한다. 이것은 프라이어가 흑인 남성의 남자다움을 과시하는 근육질의 외피를 벗어버리고 자기 치부를 드러내는 방식인 것이다.

✕

프라이어를 처음 봤을 때 나도 "각성의 쇼크"를 느꼈다고 하면 이상하게 들릴지 모른다. 하지만 나는 프라이어를 보면서 한국인 특유의 정서인 **한**을 연상했다. 한은 가혹했던 일제 강점기와 한국전쟁, 그리고 미국에 의해 지탱되었고 정치적으로 바로 세우지 못한 독재의 역사 때문에 쌓인 울분, 아쉬움, 수치심, 우울, 앙심의 혼합물이다. **한**은 지금도 계속 이어지고 있으며 다음 세대로 대물림될 수도 있다. 한국인으로 산다는 것은 **한**을 느끼는 것이다.

프라이어의 온갖 흉내 연기 사이사이로 분노와 절망이 스친다. "내가 백인이 아니고 흑인이라서 다행이에요. 당신네 백인들은 달에도 가야 하잖아요"라고 말할 때 서리는 프라이어의 우수는 웃음이 그친 한참 후까지도 맴돈다. 그 우수는 그가 세상을 선명하게 바라볼 수 있도록 해준다. 앙리 베르그송은 유머는 숭고함을 거스른다는 점에서 신성이 배제되어 있고 온전하게 인간적이라고 적고 있다. 즉 우리는 유머를 통해 초월성보다는 우리의 피부를 통절히 인식하게 된다는 것이다. 다시 말해서 프라이어도 "끊임없이 어떤 다른 사람의 역할을" 하지만, 키츠가 말한 정체성 없는 시인과는 달리 프라이어는 언제나 "흑인이면서" 다른 인물들을 연기한다.

╳

프라이어는 내가 소수적 감정(minor feelings)으로 칭하는 것을 채널링하는 사람이었다. 소수적 감정은 일상에서 겪는 인종적 체험의 앙금이 쌓이고 내가 인식하는 현실이 끊임없이 의심받거나 무시당하는 것에 자극받아 생긴 부정적이고, 불쾌하고, 따라서 보기에도 안 좋은 일련의 인종화된 감정을 가리킨다. 이를테면 어떤 모욕을 듣고 그게 인종차별이라는 것을 뻔히 알겠는데도 **그건 전부 너의 망상일 뿐**이라는 소리를 들을 때 소수적 감정이 발동한다. 클로디아 랭킨의 시집 『시민』은 소수적 감정을 탐구하는 책으로는 이제 고전으로 꼽힌다. 화자는 인종차별적 언사를 듣고서 자문한다. 당신 지금 뭐라고 했지? 본 것, 들은 것이 다 확실한데도, 내 현실을 남에게 폄하당하는 경험을 너무 여러 차례 겪다 보니 화자 스스로 자기 감각을 의심하기 시작한다. 이런 식의 감각 훼손이 피해망상, 수치심, 짜증, 우울이라는 소수적 감정을 초래한다.

소수적 감정은 현대 미국문학에 잘 등장하지 않는데, 그런 감정이 생존과 자기 결정을 강조하는 전형적인 서사에 잘 들어맞지 않기 때문이다. 성장소설의 구성 원리와는 다르게, 소수적 감정은 중대한 변화에 의해 촉발되는 것이 아니라 오히려 변화의 결여에 의해, 특히 변하지 않는 구조적 인종주의와 경제 상황에 의해 촉발된다. 소수적 감정을 다루는 문학은 인종 트라우마를 개인적 **성장**을 이루기 위한 극적인 장치로 이용하는

것이 아니라, 인종주의적이고 자본주의적인 체제의 트라우마가
개인을 **제자리**에 묶어 두는 현상을 탐구한다. 제자리에 묶인다는
것은 "흑인이면서" 테니스를 치고 "흑인이면서" 외식을 하는
것이다. 증언에 증언이 이어져도 배심원단의 평결이 바뀌지
않는 것이다. 랭킨은 다음 쇄를 찍을 때마다 경찰에 살해당한
흑인 시민의 이름을 책 끝부분에 첨부된 이미 긴 명단에 새로
추가한다. 이것은 추모의 행위이자, 변화가 충분히 빨리 일어나지
않고 있는 현실을 확인하는 행위이다.

※

내가 쓰는 "소수적 감정"이라는 표현은
문화이론가 시앤 나이에게 깊이 빚지고 있다. 그는 오늘날 후기
자본주의 '긱 경제'(gig economy : 전통적인 고용 관계 대신에
필요에 따라 사람을 구해 임시로 계약을 맺고 일을 맡기는 고용
형태—옮긴이)의 증상인 **못난 감정**(ugly feelings)—부러움, 짜증,
지루함 같은 부정적인 감정—이라는 정서적 속성에 관해 폭넓게
저술했다. 못난 감정과 마찬가지로 소수적 감정 역시 "놀라운
지속력"을 지닌 "카타르시스가 없는 감정 상태"이다.
　나의 경우엔 인종화된 현실을 부정하는 미국식 긍정성을
강요당해 인지 부조화를 겪을 때 소수적 감정이 발동한다. 나는
변한 것이 없다고 생각하는데 "상황이 훨씬 좋아졌다"라는
소리를 듣는다. 나는 실패자로 느껴지는데 "아시아계 미국인은
성취가 대단하다"라는 소리를 듣는다. 이런 낙관은 텅 빈 허상일
뿐인 기대치를 높여 외려 불만을 부풀린다. 2017년 연구 결과에
따르면 미국이 공정한 실력주의 사회라는 관념은 저소득층

흑인 및 갈색인 6학년 학생들 사이에서 자기 회의와 행동 장애를 증가시키는 결과를 초래했는데, 어느 교사가 말한 대로 "아이들이 자기가 통제할 수 없는 문제를 자기 탓으로 돌리기" 때문이었다.

또 소수적 감정은 우리가 까다롭게 **굴려고** 마음먹을 때—다시 말해 솔직하려고 마음먹을 때—배어나는 감정이라고 비난받는다. 소수적 감정이 마침내 표출되면 적대, 배은망덕, 시샘, 우울, 공격의 감정으로 해석되며, 백인들이 **도가 지나치다**고 여기는 인종화된 행태가 그런 정서를 일으키는 원인으로 간주된다. 우리가 살면서 겪는 구조적 차별은 그들이 착각하는 현실과 들어맞지 않기 때문에, 그들이 보기에 우리의 감정은 과잉반응이다.

╳

소수적 감정을 다루는 문학에는 즉각적인 감정 해소가 없다. 그보다는 점증적이다. 변화의 측정은 내면적인 "마음의 동요" 또는 변신하는 페르소나를 통해서 이루어진다. 소수적 감정은 진행형이므로 만화(에르난데스 형제, 에이드리언 토미네)나 연작시(완다 콜먼, 솔마즈 샤리프, 토미 피코)나 일화 중심의 산문시(바누 카필, 클로디아 랭킨) 같은 연작 형식과 장르에 더 적합하지만, 한편으로 문학소설(폴 비티, 링 마) 장르에서도 더 자주 찾아볼 수 있게 되었다. 이제까지 전통적으로 추앙받은 작가는 필립 로스나 칼 오베 크나우스고르처럼 인물의 결점 많은 모습까지 전부 고스란히 노출하는 책을 써온 백인 남성 작가들이었다. 그런 점에서 독자들은 백인 남성 작가가 못되게 굴면 막 좋아하면서 소수자 작가에게는 늘 착하게 굴 것을 요구하는 듯하다. 바로 이래서 우리는 백인의 감정이 상하지 않도록 소수적 감정을 옆으로 제쳐 둔다.

✕

나는 로스앤젤레스 한인 타운에서 태어나 어린 시절을 보내고 웨스트사이드로 이사했다. 이사한 후에도 우리 가족의 사회생활과 비즈니스 거래는 전부 한인 타운에서 이루어졌다. 아버지가 거기서 일했고, 우리가 다니는 교회, 병원, 마트, 미용실, 침술사도 거기에 있었다. 한인 타운은 웨스트사이드와는 다른 의미에서 내게 고향이었다. 나는 그곳을 당연하게 받아들였다. 그곳은 너무나 익숙했다. 한인 타운을 묘사하려고 특징을 떠올리려 할 때면, 어느 한 곳 끊기는 부분 없이 죽 늘어선 쇼핑몰과 전신주, 나무 한 그루 없는 평평한 지형이 어김없이 펼쳐진다.

한인 타운도 요사이 젠트리피케이션을 겪고 있지만, 한때는 범죄 때문에 백인들이 기피하는 곳이었다. 한국 사람과 라틴계 사람들 말고는 볼 것이 없고, 뭔가 구경할 만한 소수민족적 전통의 매력이 없는 것도 백인이 안 오는 이유다. 한글 간판의 서체마저 레고처럼 딱딱하게 각져 있다. 불고기 식당, 사우나, 그리고 고딕체 십자가가 접시형 위성 안테나처럼 스카이라인을 어지럽히는 교회 건물들이 낮고 길게 줄줄이 이어지는 이 지역은 교통 혼잡도 심하다. 만약 소수적 감정을 청각적으로 묘사한다면, 한인 타운을 휙휙 지나가는 차량이 내던 백색 소음일 것이다.

그렇게 삶이 내 옆을 스쳐 가며 내던 소음은 나를 더 큰 상실감에 빠뜨렸다. 이제 나는 그곳이 내 고향이라는 이유로 볼품없는 한인 타운에 대해 방어적인 태도를 취한다. 그렇지만 사실 우리 가족은 그곳을 일찍 벗어난 터라, 나의 이런 주인의식이 과연 합당한지 의문이다. 1992년 로스앤젤레스에서 폭동이 일어났을 때 우리 가족은 한인 타운에서 멀리 떨어져 살고 있었다.

✕

아버지는 종국에 성공했지만, 우리 가족은 한인 사회에서 예외에 속했다. 내가 자랄 때 알고 지내던 다른 집은 모두 고생이 심했다. 영세한 가게가 망하고 집에 부도가 났다. 내가 아는 거의 모든 사람이 이혼, 정신 질환, 알코올 중독을 겪었다. 니콜라스 크리스토프가 2015년 한 칼럼에서 명랑한 어조로, 건전한 아시아적 가족가치관이 우리에게 경제적인 "아시아적 이점"을 안겼다고 쓴 것을 보고 나는 낙담했다. 그도 내 현실을 의심하게 하는 또 한 명의 백인 "권위자"일 뿐이었다.

아버지의 절친한 친구인 한인 타운 단골 치과의사 선생님은 얼굴이 좁고 마른 분으로 부산 억양이 걸쭉했다. 그분은 맨날 마취 주사도 충분히 놓지 않았고 드릴도 잇몸으로 잘못 미끄러질 때가 많아서, 그분을 떠올리기만 해도 몸이 움츠러들었다. 반측안면경련증이 생겼을 때도 자기가 고쳐주겠다면서 의학 서적을 펼치더니 내게 교통사고로 척추를 다친 적이 있는지 물었다.

"아니요, 그런 적 없는데요."

"있었던 게 확실해!"

이 치과의사 선생님은 울분에 젖어 알코올 중독자로 살다가 사망했다. 첫 번째 아내가 이혼할 때 전 재산을 위자료로 챙기는 바람에 그는 병원을 매각해야 했다. 두 번째 아내는 결혼한 지 불과 일주일 만에 그와 이혼했다. 마지막 결혼은 자기 병원에서 일하던 간호사와 했는데, 그가 워낙 옹졸하고 질투가 많아서 세 번째 아내의 성인 딸들을 집에 오지 못하게 했다. 그는 간암 진단을 받고서도 술을 끊지 않았고, 아내는 끝까지 그를 간호했다. 그렇게 성심껏 남편을 돌본 아내에게 그가 남긴 것은 빚더미뿐이었다.

아버지의 또 다른 친구는 남성 전용 사우나 주인이었는데, 건물의 계단통 자리를 한국인 구두닦이에게 세놓았다. 2008년 주택 시장 붕괴로 저축을 몽땅 잃은 그는 구두닦이에게 월세 인상을 요구했고 그럴 형편이 못 된다는 구두닦이의 호소를 거절했다. 어느 날 구두닦이는 사우나 주인의 사무실을 찾아가 그를 총으로 살해했다.

✕

사우스센트럴 지역(로스앤젤레스 남쪽의 빈곤한 흑인 밀집 지역으로 1992년 LA 폭동이 시작된 곳—옮긴이)에서 서부 개척지 정착민처럼 진을 치고 주류 판매점과 빨래방을 개업한 한국인 가족 중에 내가 아는 사람은 없었다. 1992년 LA 폭동의 불길이 사우스센트럴에서 북상해 한인 타운으로 번졌을 때 우리 가족이 살던 웨스트사이드에서는 한 줄기의 연기도 안 보였으며 희미한 경찰 헬리콥터 소리조차 안 들렸다. 나중에 한인 타운에서 불에 탄 잔해를 본 기억은 있지만, 대체로 내가 기억하는 폭동은 한국 남자들이 가게 지붕에 올라가 총을 들고 망을 보는 모습이나 가게에 들어온 15세의 라타샤 할린스를 사살한 두순자가 법정에서 형 선고를 기다리는 모습 같은 뉴스 영상들이다. 라타샤 할린스가 살해된 사건은 로드니 킹을 구타한 경찰관들이 무죄로 풀려나기 몇 달 전에 일어났지만, 흑인들의 분노에 기름을 부어 폭동 발생에 기여했다.

나는 두순자가 사회봉사명령이라는 가벼운 처벌을 받고 풀려난 것이 부끄럽다. 가게 직원들이 흑인이 물건을 훔칠 것으로 생각해서 그들 뒤를 따라다니고, 개업한 동네에서 주민들과 더 열심히 교류하려고 애쓰지 않은 것이 부끄럽다. 한인 사회에 존재하는 흑인에 대한 반감이 부끄럽다. 바로 그래서 아시아인은 인종차별의 피해자이면서 동시에 가해자이기도 하다는 것을 나는 계속 강조할 수밖에 없다. 그러나 그 피해와 가해라는 표현도 실은 지나치게 단순하다.

나는 흑인, 갈색인보다 유리함을 누려온 집단의 일원이다. 예를 들어 아시아계 미국인은 레드라인(금융기관이 가난한 지역, 특히 흑인 밀집 지역에 경계선을 긋고 그곳 거주자에게 은행 융자나 보험 가입을 거부하는 차별 행위-옮긴이)이라는 부당한 대접을 흑인만큼 심하게 받지 않았다. 애초에 한국인 이민자들이 은행 융자를 얻어 사우스센트럴 지역에 가게를 열 수 있었던 것도 그런 덕분이었다. 나는 그 한국인 이민자들이 미국 흑인과 백인의 싸움에 말려든 무고한 구경꾼이었던 척할 수가 없다. 그들은 흑인을 상대로 돈을 벌어 궁극적으로 사회적 지위를 상승시켜-우리 가족처럼-그곳을 떠나 백인들 사이에서 살기를 원했다. 하지만 당시의 폭동을 이해하기 위해서는 다층적인 진실들 사이에서 균형을 잡는 것 또한 중요하다. 인종 간 주거 분리의 역사, 제조업 일자리의 외주화, 연방 공적부조 제도의 폐지 등도 LA 폭동으로 이어지는 기다란 도화선이 됐다. 그래서 언론이 흑인 분노의 원인으로 한국 상인들을 지목해 편리하게 희생양으로 삼는 것을 보고 나는 화가 났다. 한국 상인들도 간신히 가난을 모면하는 수준으로 살았다. 흑인과 한국인 사이에도 우정과 문화 교류가 존재했다. 한국 가게 직원들이 동네 사람들을 불러 불고기 파티도 했고, 흑인 단골들이 약탈범들이 오니 당장 피하라고 경고해 한국인들을 돕기도 했다.

✕

내 짧은 스탠드업 코미디 실험이 끝난 후, 나는 1992년 봄 내가 태어난 도시에서 일어난 일을 소재로 소설을 써보려고 시도했다. 하지만 처음 몇 챕터를 쓰다가 성장소설 같은 줄거리에 갇혀버렸다. 만약 충분히 시간을 들여 사전 조사를 했다면 그 소설을 마무리지었겠지만, 무지한 사춘기 소녀의 목소리를 이용하는 데에 한계를 느꼈다. 실제로 내가 무지했기 때문이다. 사건 당시 나는 너무 어렸다. 그 위기는 나를 정통으로 가격한 것이 아니라 내 주변에서 휘몰아쳤을 뿐이다. 그럼에도 그 폭동은 이 나라가 망친 인종 관계가 부과한 시련으로서 내 양심을 무겁게 했다. 실제로 연루되지 않았다고 하더라도, 나는 그때를 죄책감 반, 분노 반의 심정으로 바라본다. 하지만 결국 나는 그 사건을 조리 있게 서술하지 못하고 말았다. 경찰관의 무죄 방면에 절망하는 흑인 공동체를, 약탈자들이 상점에 못 들어오게 입구를 나무 상자로 막고 그 위에 올라가 정신을 놓고 "여긴 **미국**이야"라고 악쓰는 한국 여인을 소설에 담아낼 능력이 내게 없었다.

나는 마조히스트인 만큼이나 사디스트이고, 바로 그런 기질 때문에 스탠드업 코미디에 끌렸던 것이다. 이왕 무안해질 거라면 청중도 나 **때문에** 무안해하길 바랐고, 너무 무안한 나머지 피부를 찢고 튀어 나가고 싶을 정도였으면 했다. 인종에 관해 솔직하게 쓰는 길을 찾는 과정에서, 나는 괴롭힘을 당하는 사람들에게 위안을 주고 싶었으나 그보다 더 원한 것은 안주하는 자들에게 괴로움을 주는 것이었다. 부끄러워 움츠러들게 해주고 싶었다. 아마도 내 정체가 안주하는 무리에 해당하기 때문일 것이다. 그러나 나는 형식 실험에서 실패만 거듭하고 인종에 관해 솔직하게 글 쓸 방법을 찾아내는 작업과 관련해서는 별다른 성과를 내지 못했다.

✕

4월 29일, 경찰은 방관만 하고 있으므로 한인 타운 사수를 도와야 한다며 18세의 아들이 집을 나섰다. 어머니는 아들에게 화재나 약탈 현장에 개입하지 말라고 일렀다. "어머니 같은 사람들 때문에 우리 한국인이 괴롭힘을 당하는 거예요." 그날 밤 그는 돌아오지 않았다. 이튿날 아침 어머니는 작은딸이 울고 있는 것을 보았다. 딸이 말했다. "오빠가 죽은 것 같아요." 딸은 어머니에게 『코리아타임스』 조간을 보여주었다. 신문에는 죽은 남자가 땅에 누워 있는 모습이 담긴 흐릿한 흑백 사진이 실려 있었다. 어느 상점 주인이 그를 약탈범으로

오인해 사살했다고 기사는 보도했다. 죽은 사람은 아들과
비슷해 보였으나 어머니는 단호히 부인했다. 아니야, 그럴 리
없어. 아들은 어젯밤 흰색 티셔츠를 입고 나갔는데 이 사람은
검은색 티셔츠를 입고 있잖아. 그래도 어머니는 시체 안치소를
찾아갔다. 하지만 아들의 신원과 일치하는 사체는 찾지 못했다.
나중에 어머니는 같은 사진을 또 한 번 보게 되는데, 이번 사진은
『로스앤젤레스 타임스』에 실린 컬러 사진이었다. 어머니는
사진 속 남자가 아들인 것을 깨닫고 충격을 받았다. 그가 입은
티셔츠는 검은색이 아니라 흰 티셔츠가 피투성이가 되어 검게
보였던 것이다.

✕

폭동으로 인한 사망자 63명 가운데 한국인은
그가 유일했다. 전체적인 파괴 양상에 비추어 그다지 큰일은
아니라고 나는 냉정하게 생각했다. 특히 그 사건은 우연한
사고였고 같은 동포가 저지른 일이었기 때문이다. 그런데 불에
탄 상점 여주인들을 인터뷰한 다큐멘터리 영화 「4·29」(대실
김-깁슨 감독)를 보다가 희생된 청년의 어머니 이정희 씨가
하는 이야기를 들었다. "그땐 개인이 우리 아들을 쏜 걸로 …
하지만 좀 더 넓게 생각하면 이건 개인이 문제가 아니고 뭔가가
잘못되어 있는 거예요." 영화에서 인터뷰하는 여성마다 하나같이
그때 각자 방치되었던 경험을 이야기했다. 나는 그들을 보면서
또 한 번 각성의 쇼크를 경험했다. 그들은 내 이모들이었다.
그들이 겪은 고통은 수 세기 동안 이어져온 고통이었다. 그들은
고국에서 어두운 권력의 희생자였던 까닭에 미국에서도 그것을

거의 즉각 감지했다. 그들은 분노했으나 한편으로 조심했고, 아무도 그들이 분노하는 소리를 들어주지 않을 거라고 체념하다시피 했다. 한 할머니가 말했다. "데모하다 죽었으면 좋겠어요." 당시 언론이 보도했던 내용과는 달리 이들은 흑인이나 갈색인 약탈자들을 탓하지 않았으며, 자신들이 입은 피해를 더 큰 문제의 일부로 인식했다. "미국에 어떤 구멍이 뚫려 있는 것 같아요."

×

폭동이 끝난 후 한국 이민자 3만 명이 행진 시위를 벌이며 잃어버린 생계 수단에 대해 보상을 요구했으나 상인들은 피해에서 회복하지 못했다. 미국 정부가 아무런 구제책도 제공하지 않고 도외시하는 바람에 그들은 가난과 외상 후 스트레스 장애에 시달렸다. 그들 중 일부는 미국을 떠났다. 도심 복구를 위한 기업 후원 캠페인 "LA 재건"(Rebuild LA)은 결실을 보지 못했다. 사우스센트럴 지역은 전망 있는 일자리도, 병원 시설도, 학생들을 위한 방과 후 프로그램도 없이 방치되었다. 흑인들은 젠트리피케이션 현상에 의해 도시에서 밀려나 한때 20퍼센트에 이르렀던 LA의 흑인 인구 비율은 9퍼센트까지 떨어졌다. 폭동으로 인한 사망자의 30퍼센트 이상이 라틴계였고 피해 상점의 40퍼센트 이상이 라틴계 소유였는데도 이 집단은 잘 언급되지 않는다. 이들은 "착한" 한국 상인 대 "못된" 흑인 동네라는 간명한 공식에 깔끔하게 들어맞지 않았기 때문이다.

✕

인종에 관한 글쓰기는 이제까지 우리를
지워버린 백인 자본주의 인프라에 대항해야 한다는 점에서
격렬한 비판을 담지만, 우리의 내면이 모순들로 뒤엉켜 있다는
점에서 서정시이기도 하다. 나는 손쉬운 극복의 서사에는
저항하지만 우리가 인종 불평등을 극복할 거라는 신념은
있어야 한다고 본다. 이민자가 고생하는 감상적인 이야기들은
짜증스럽지만 한국인은 내가 아는 한 가장 심하게 트라우마를
겪은 민족에 속한다. 내 안에 깃든 의식을 표현하기 위해
고정 관념을 넘어서려고 시도하다 보면 내가 **어떻게**(how)
인식되는지가 내가 **누구인지**(who)에 내재한다는 점이
명확해진다. 인종에 관해 진실한 글을 쓰기 위해, 나는 거의
서사를 **거슬러** 글을 써야 한다. 인종화된 마음은 프란츠 파농이
말한 대로 "지옥 같은 악순환"(infernal circle)이기 때문이다.

✕

우리는 서로 대립한 채 각자 분노하고, 각자
슬퍼하고, 각자 절망한다. 바로 그래서 다큐멘터리 「4·29」는
대단히 소중한 자료이고, 바로 그래서 당시 흑인들의 소수적
감정을 다룬 시인 완다 콜먼과 소설가 폴 비티의 책들은 우리의
시각에 균형을 잡아주는 매우 중요한 문헌이다. 이런 자료가
없다면, 디폴트로 내 기억에 남는 것은 끊임없이 재생되는
로드니 킹의 구타 장면이나 회로 기판 같은 LA 시가지에 작은
화염이 점처럼 박힌 모습을 방송국 헬리콥터가 멀찍이서 촬영한

장면처럼, 언론이 대량으로 쏟아낸 이미지가 전부일 것이다.

　　연기 나는 건물 가까이로 날아가자. 모로 쓰러진 자동차의 새까맣게 그을린 차체, 상점 입구에서 뜯어낸 철문 셔터가 바닥에 아코디언처럼 구겨져 있는 모습이 또렷이 보일 만큼 가까이 가자. 온갖 경보기가 일제히 울리는 소리가 들릴 만큼 가까이 가자. 불타는 가게에서 한 왜소한 여자가 나와 카메라를 향해 손을 흔든다. 무엇을 원하는 걸까? 뭐라고 하는 거지? 여자가 말한다. "멈춰요!" 여자가 말한다. "도와주세요! 911에 전화해도 반응이 없어요. 소방관, 구급대원은 어디 있죠? 경찰은 어디 있죠?" 여자에게 말해주자. 경찰은 웨스트사이드에 가 있다고. 경찰 병력이 거기서 조용한 거리를 지키고 있다고.

백인 순수의 종말

나는 백인 아이들을 동물원의 동물 보듯 구경하며 어린 시절의 대부분을 보냈다. 어떤 때는 친구 집을 방문하는 형식으로 내부 입장이 허용됐으며, 나는 그곳에 존재하는 질서와 놀이의 조화로운 균형에 감탄했다. 친구의 부모는 합리적인 어조로 대화했고, 버릇없는 테리어견이 집 안으로 불쑥 들어와 비스킷을 받아먹었다. 긴장감 돌고, 반려견도 없고, 퀴퀴한 냄새가 코를 찌르고, 엄마는 세탁물을 전부 밖에 내다 걸고, 할머니는 폴저스 커피 통에 당신의 소변을 모았다가 텃밭에 심은 파에 비료로 주던 우리 집과는 전혀 달랐다. 나는 종종 밤늦게 내 이름을 부르는 소리에 잠에서 깼다. 그 소리는 처음에는 희미하다가 점점 커졌고, 그게 엄마의 목소리라는 것을 알았다. 나는 침대에서 벌떡 일어나, 걷잡을 수 없는 부모님의 싸움을 또 한 차례 말리기 위해 안방으로 뛰어갔다.

이튿날 학교에 갔을 때 11월 햇볕이 따스했던 것과 석류나무에 석류가 주렁주렁 매달려 있던 것이 유독 기억에 남는다. 나는 점심시간에 거기에 앉았다. 같은 반 아이들의 웃음소리가 멀찍이 들렸고, 잠을 못 자서 귀가 물 들어간 것처럼 멍멍했다. 만약 현실이 하나의 부조 작품이라면, 나 말고 다른 사람은 모두 양각이고 나는 다른 모든 사람을 돋보이게 하는 음각처럼 느껴졌다. 어렸을 때 좋았던 기억이라고는 서울에서 보낸 여름철밖에 없다. 내 손톱에 봉선화 꽃잎을 묶어 주황색으로 물들여 주시던 할머니. 이모, 삼촌, 사촌들과 함께 마룻바닥에서 자는 동안 습한 열기 속에 느릿느릿 돌아가던 선풍기. 딱딱한 고무 슬리퍼를 신고 벌거벗은 채로 쪼그려 앉으면 이모가 끼얹어주던 정신이 번쩍 들게 차가운 물.

✕

이제 나는 네 살배기 딸내미의 엄마다. 딸을 머리 빗겨주거나 밤에 목욕시킬 때면 불현듯 어린 시절의 기억이 떠오른다. 더 이상한 것은, 그런 기억이 떠오르기를 기대하는 순간에는 오히려 안 떠오른다는 점이다. 우리 부모님은 내게 책을 읽어준 적이 없기 때문에 잠자리에 든 딸에게 책을 읽어주기 시작했을 때 처음 느낀 것은 향수 어린 추억의 물결이 아니라 어떤 무게감의 결핍이었다. 아이에게 책을 읽어주는 일처럼 누구나 애용하는 의례적 행위는 시냅스를 통해 옛 기억의 발화를 유도하지만, 내 정신은 연체동물이 텅 빈 해저를 더듬듯 저장된 기억을 못 찾고 멍하니 더듬는다. 이런 신경학적 감각, 이 기묘한 무중력상태를 지칭하는 용어가 어디 있을 법도 하다.

딸에게 책을 읽어주노라면, 내 어린 시절은 서서히 물러가고 딸의 어린 시절이 이 나라에 단단히 연결되는 것이 보인다. 나는 딸에게 나의 행복한 기억을 물려준다기보다 딸을 위해 행복한 기억을 연출해주고 있다. 부모님도 나를 위해 똑같이 그렇게 하셨지만, 부모님에게 돌봄의 개념은 먹이고 재우고 학교나 보내는 정도의 훨씬 기본적인 것들이었다. 부모님의 미국 이민은 단순한 공간 이동이 아니라 3세대에 걸친 미래로의 시간 여행이었다. 서구를 진보와 동일어로 볼 만큼 몰상식해서 이런 말을 하는 것은 아니지만, 한국전쟁 후 한국은 완전히 폐허였고 서구엔 한국에 없던 선진적인 의료 시설 같은 사회 설비가 있었다. 예컨대 우리 외가 쪽 남자아이들은 살아남지 못했다. 외할머니도 아들들을 잃었고, 이모도 아들들을 잃었고, 내가 아직 태어나기 전에 우리 오빠도 죽었다. 엄마가 생후 6개월 된 오빠를 목욕시키는데 아기의 약한 심장이 멎었다.

╳

나는 어린 시절을 뒤돌아보지 않고 항상 옆으로 곁눈질했다. 어린 시절을 뒤돌아보는 일에 달콤한 영화 같은 향수가 어린다면, 어린 시절을 곁눈질하는 일에는 희뿌연 부러움의 실안개가 서린다. 그 부러움은 백인 친구의 집에서 그 집 식구들과 저녁을 먹을 때, 온갖 광고와 TV 방송에서 아이는 어떤 모습이어야 하고 어떤 가정에서 자라야 하는지 선명하게 보여줄 때 내 속을 갉아먹었다.

퀴어 이론가 캐서린 본드 스톡턴은 퀴어 아동이 어떻게 "옆으로(sideways) 자라는지" 적으면서, 퀴어의 삶이 흔히 결혼과 출산이라는 직선적인 시간의 흐름을 따르지 않기 때문이라고 말한다. 스톡턴은 유색 인종 아동 역시 옆으로 자라는데 그들의 어린 시절도 퀴어 아동과 마찬가지로 소중한 백인 아동이라는 모델에서 벗어나기 때문이라고 설명한다. 그러나 내 경우는 어린 시절을 옆으로 **보았다**고 하는 편이 더 정확하다. 지금도 그때를 돌아보면, 어린 소녀가 내 시선을 피해 숨으면서 나의 기억들을 깜박거리는 환상의 그림자놀이로 유도한다.

옆으로 보는 것은 또 다른 것을 함축한다. "곁눈질"은 의심, 의혹, 심지어 경멸을 암시한다. 나는 사춘기 때 학교에서 온갖 성장 소설을 잔뜩 접했다. 교사가 비타민 풍부한 채소처럼 강권하던 윌리엄 셰익스피어나 너새니얼 호손의 작품과는 달리, 성장 소설은 우리도 이제 주인공과 공감할 수 있을 연령이니 좋아할 것으로 여겼다. 그러나 그것은 특권을 누리는 백인 주인공에게 감정적으로 몰입해야 할 뿐 아니라『호밀밭의 파수꾼』처럼 과대평가된 고전에서 주인공이 소중한 어린 시절을 상실하는 것을 보고 그게 마치 내 일인 양 슬퍼해줘야 한다는 의미였다.

9학년 때 담임 선생님이 너희는 전부『호밀밭의 파수꾼』에 푹 빠져들 거라고 장담했다. 내용을 가늠할 수 없는 적갈색 표지가 신비함을 더해주었다. 나는 샐린저의 답답하고 두서없는 글에 푹 빠져들기를 기다리다가 결국엔 짜증이 치밀었다. 홀든 콜필드는 노인처럼 욕을 해대고, 돈을 물 쓰듯 하고, 택시로 사방을 돌아다니는 사립고등학교 부잣집 도련님에 불과했다. 그는 특권 의식에 젖은 못된 놈이고 그가 "가식적"이라고 부르는 동급생들만큼이나 안하무인이었다.

그러나 그 특권 의식보다도, 나는 홀든이 어린 시절에 집착하는 것이 더 이질적으로 느껴졌다. 나는 어린 시절이 가능하면 빨리 끝나기를 원했다. 홀든은 왜 성장하기 싫었을까? 열쇠로 신발에 고정시켜야 했던 옛날식 롤러스케이트를 신은 순수하고 조숙한 저 아이들은 누구였나? 대체 어떤 10대 소년이 호밀밭에서 노는 꼬마들이 혹시 절벽에서 떨어져 어른이 될까 봐 안 떨어지게 붙잡아주는 상상을 한단 말인가?

※

아동기와 순수함을 동일시하는 것은 영미권의 창조물이며 19세기까지 그런 생각은 일반적이지 않았다. 서구에서는 그전에 아동을 작은 성인처럼 취급했고, 칼뱅교도로

키워질 경우 아동들도 구원을 얻지 못하면 지옥에 간다고 여겼다. 윌리엄 워즈워스는 현재 우리가 감상적으로 다루는 어린 시절을 구축한 주요 인물 가운데 하나다. 시 「영생불멸을 암시하는 노래」에서 워즈워스는 아이의 타락하지 않은 상태가 신에 더 가깝기 때문에 아이를 어른보다 현명하고 경이로운 존재로 본다. "나는 너희의 환희에 하늘도 함께 미소 짓는 것을 본다". 워즈워스는 향수에 관한 주요 구축자 중 한 명이라고도 할 수 있다. 그는 소년을 자신의 실패에 실망한 성인이 몽상을 쏟아낼, 자신을 대리할 그릇쯤으로 보며 시를 쓴다.

홀든 콜필드의 발육 정지의 유산은 스티븐 스필버그, 웨스 앤더슨의 영화에서 조너선 사프란 포어의 소설에 이르기까지 미국 문화산업을 지배했다. 2000년대 중반에는 예술가와 작가들이 느끼는 행위를 급진적인 관념으로 여긴 신순수파(New Sincerity) 운동이 일었다가 단명했다. "느끼는 행위"에는 어린 시절로의 퇴행이 뒤따랐다. 인터넷도 없고 삶이 훨씬 더 순수하고 진정했던 시절 말이다. 그들은 진정성을 다른 무엇보다 소중하게 여겼지만, 정치를 거부하고 신발이나 쳐다보며 자기이익만 추구하는 다소 역겹고 가식적인 순수 미학으로 자신들의 작업을 포장했다.

웨스 앤더슨은 한때 신순수파 영화인으로 분류됐었다. 최근에 그의 영화 「문라이즈 킹덤」을 다시 보았는데, 어느 블로거의 말처럼 그야말로 마카롱처럼 달콤하고 가벼웠다. 빛바랜 엽서 같은 색을 입혀놓은 「문라이즈 킹덤」은 하나의 이야기이면서 또 그런가 하면 하늘색 휴대용 전축과 니켈 소재로 된 윌슨 테니스공 깡통 같은 인상적인 골동품들을 찾아내 모아놓은 향수에 전 기념품들의 전시장이기도 하다. 앤더슨이 갖춘 꼼꼼한 수공예적 작가 정신은 감탄할 만하나, 앤더슨은 수집가이며, 수집가의 취향이란 무엇을 빼놓느냐에서 잘 드러난다. 때때로 백인이 아닌 등장인물이 앤더슨의 다른 영화에 출연하지만, 그들은 대부분 요란한 제복을 걸치고 조수의 역할을 하는 조용한 인도인 배우들이다. 「문라이즈 킹덤」의 안전하게 차단된 팔레트에는 '타자'의 자취가 없다. 등장인물은 전부 20세기 중반의 백인, 즉 「라이프」 잡지 광고에 등장하는 새하얗게 세탁된 백인들이다.

영화의 배경은 1965년 (뉴잉글랜드를 모델로 하는) 뉴펜잔스라는 가상의 섬이다. 거기서 12세의 소년 소녀가 사랑에 빠져 함께 도망친다. 소년 샘은 기발한 동화책 같은 데 등장할 법한 ― 엉뚱하고 산만하고 장난이 심한 ― 고아로, 대리석처럼 고고한 애정 상대인 수지에게 문라이즈 킹덤이라는 멀리 떨어진 해만(海灣)으로 함께 도피하자고 설득한다. 이 천국 같은 해만에서 아이들은 자급 자족적인 성인을 "흉내 낸다". 천막을 치고, 물고기를 잡아먹고, 키스를 연습한다. 수지의 부모와 샘의 보호자가 그들을 찾아 나서고, 둘은 한 번 잡혔다가 또 달아난다. 아동보호기관이 샘을 "소년 쉼터" 시설에 보내려 했기 때문이다. 허리케인이 두 가출 아동의 생명을 위협하지만, 그들은 아슬아슬하게 발견된다. 영화는 해피엔딩으로 끝난다. 수지와 샘은 계속 사귄다. 샘은 동네 경찰관에게 입양되어 자신의 친절하고 소탈한 보호자처럼 나중에 하급 경찰관이 된다.

✕

      1965년은 민권 운동이 격렬하게 펼쳐진 획기적인 해였다. 흑인 시위대가 셀마에서 몽고메리로 두 차례 행진을 시도했으나 앨라배마주 경찰에 의해 난폭하게 저지당했고, 세 번째에야 비로소 성공했다. 린든 존슨이 마침내 투표권법을 통과시켜 투표와 관련해 인종 차별 행위를 금지했으며, 맬컴 엑스가 할렘 지역 오듀번 볼룸에서 있었던 집회에서 연설하다가 암살당했다. 그리고 8월에는 캘리포니아주 워츠(Watts)에서 대규모 폭동이 일어났다. 워츠 시민은 실업, 주거 관련 인종 차별, 경찰의 만행 등으로 여러 해 좌절한 상태였다.

      인종 문제는 그해 미국인 대다수가 가장 우려하던 문제였으며, 그중 다수가 기본적인 민권을 요구하는 흑인에게 위협을 느꼈다. 아티스트 수지 로톨로는 이렇게 말했다. "민권 운동가를 겨냥한 폭력의 수위가 높아지는 가운데 순전히 노골적인 백인 인종주의가 … 온통 언론을 도배했다. 백인들은 제 오줌에 얼굴을 처박은 가축처럼 자신과 백인의 역사가 초래한 결과를 바라보았다."

      또한 존슨 대통령은 1965년에 아시아, 중남미, 아프리카 이민자를 막는 인종차별적인 이민금지법을 폐지하는 하트-셀러법(Hart-Celler Act)을 승인했다. 출신 국가를 기준으로 이민자를 막는 미국의 수치스러운 역사는 1882년 중국인 배척법을 시작으로 아시아와 태평양 제도 출신자 전원의 이민을 금지하는 1917년 이민법으로 확대되었다. 급기야 1924년에 미국

정부는 추악한 우생학을 근거로 서유럽과 북유럽에만 미미한 수준의 할당 비율을 배정하고 나머지 국가로부터는 일체 이민을 받지 않았다. 미국인을 "오염시키는" 열등한 종자라는 것이 그 이유였다. 존슨은 "우리가 오늘 서명할 입법은 혁명적인 입법이 아니다"라며 하트-셀러법의 막대한 중요성을 축소했다. 그는 이 법이 미국의 얼굴을 돌이킬 수 없게 바꾸어놓을 것이라고 전혀 생각지 못했다. 1965년 이후 미국 이민자의 90퍼센트가 비유럽 출신이었다. 퓨리서치 센터는 2050년이면 미국에서 백인이 소수자 집단이 될 것으로 예측한다.

1965년이 그토록 사나운 격동기였는데도 1969년생인 웨스 앤더슨 감독은 자기 영화를 인위적이고, 협소하고, 짜깁기된 향수로 가득 채운다. 이 향수를 이론가 로런 벌랜트는 "전혀 존재한 적 없는 삶을 친근하고 소중하게 여기는 시골 마을 향수, 이전의 약탈적 불평등 상태를 가리기 위해 차폐 기억을 제공하는 향수"로 규정한다. 앤더슨이 이 영화를 개봉한 해가 백인이 마지막으로 이 나라 인구의 85퍼센트를 점했던 연도였던 것은 의미심장하다. 뉴펜잔스라는 네버랜드는 폭풍처럼 몰려드는 소수자들에게 위협받는 최후의 섬이었던 듯하다.

「문라이즈 킹덤」은 영화 자체만 놓고 보면 비교적 무해하다. 그러나 "노골적인 백인 인종주의가 … 온통 언론을 도배"하는 현 상황에 충격받고 있는 우리의 입장에서는 도대체 무엇이 향수에 젖은 "차폐 기억"을 지어내도록 이 나라를 자극하는지 자문하게 된다. 수많은 현대 영화, 문학, 음악, 생활양식에서 순수했던 시절에 대한 그리움이란 누가 남과 다르면 온 국가가 맹렬히 적대시했던 시대에 대한 환상을 의미하고, 앤더슨의

「문라이즈 킹덤」도 그중 하나에 불과하다. 미국뿐만 아니라 전 지구에 기억을 심어주는 할리우드 산업은 백인 향수를 일으키는 가장 수구적인 문화적 주범이며, 무한 반복되는 타임루프에 갇혀 1965년 이후로 미국의 인종 구성이 근본적으로 변했다는 점을 인정하길 거부한다. 할리우드 영화의 출연진을 보면, 유럽 혈통만 조심스럽게 골라 그들만 미국인으로 등장하도록 보장하는 백인 우월주의 법이 아직도 이 나라를 "보호"하고 있는 것만 같다.

╳

흑인 아동은 역사적으로 "아동기에 머물러보지 못하는 것으로 규정되었다"라고 학자 로빈 번스틴은 『인종적 순수: 노예제에서 민권 시대에 이르기까지 미국의 어린이가 아동기를 보낸다는 것』에서 적고 있다. 번스틴은 백인 순수를 상징하는 아이콘으로 해리엇 비처 스토의 『톰 아저씨의 오두막』에 등장하는 어린 소녀 에바를 예로 든다. 금발의 곱슬머리와 파란 눈이라는 후광에 휩싸인 에바는 톰 아저씨의 눈에 고결하게 비치지만, 노예 소녀 톱시는 엄마 없는 짓궂고 삐딱한 아이로 보인다. 에바가 톱시를 포옹하며 애정을 표하자 비로소 톱시는 순수한 아이로 거듭난다.

어린 에바가 이상화된 아이라면, 톱시는 "문제아, 검은 피부, 그리고 결정적으로, 우스울 정도로 고통에 무감각한 상태"에 의해 규정되는 그야말로 궁극의 "꼬마 검둥이"(pickaninny)이다. 스토는 톱시도 **감정이 있지만** 어린 에바의 손길을 통해서야 비로소 아이로 변신하게 된다는 것을 보여주고자 했다. "오로지 백인 아이만 아이"라는 점을 강조하기 위해 백인 아이와 노예 소녀는 자주 대조되었다. "꼬마 검둥이"는 천진하지 않고, 거칠고 무감각하며, 보호나 모성적 돌봄이 불필요하다는 구실을 내세워 노예 소유주는 흑인 아동을 엄마에게서 강제로 떼어내 물건처럼 팔아넘기는 행위를 정당화했다. 이 관념은 오늘날까지도 끈질기게 이어진다. 백인 소년은 언제나 소년이지만, 흑인 소년은 성인 자격으로 재판받고 가석방 없는 종신형을 받을 확률이 백인 소년보다 10배에 이른다.

⨉

번스틴에 따르면 인종적 순수란 단순히 "모르는 상태"가 아니라 "아는 것을 적극적으로 거부하는 상태"로서 "음, 나는 인종이 문제라고 보지 않는데"와 같은 언급 속에 엉켜 있으며, 여기서 '나'는 **보는 일**을 가로막고 있다. 순수는 하나의 특권이자 인지 장애, 즉 잘 보호된 무지의 상태이며, 일단 이것이 성인기까지 오래 이어지면 당연히 누려야 할 권리로 굳어진다. 순수는 성적인 것만 외면하는 것이 아니라, 사람은 굳이 특정해서 "표시되지 않으며"(unmarked) "자유롭게 본연의 너와 나가 될 수 있다"라는 신념에 기대 사회경제적 위계 속에 놓인 자신의 지위를 외면하는 것이다. 이런 순수가 초래한 아이러니한 결과는 백인이 "자신들이 구축한 세계를 이해하지 못하고 있다"는 점이라고 학자 찰스 밀스는 말한다. 따라서 아이들이 인종적 서열 속에서 자신의 위치를 집요하게 상기당하고 그 위치 때문에 심지어 범죄자가 되면 순수할 자격을 박탈당한다. 리처드 프라이어가 농담한 대로다. "나는 여덟 살 때까지 아이였어요. 그 후 깜둥이가 되었지요."

✕

순수를 뒤집으면 수치심이 된다. 아담과 하와가 순수를 잃었을 때 "그들의 눈이 밝아 자기들의 몸이 벗은 줄을 알고 수치심을 느꼈다". 수치심이란 원숭이의 뻘건 엉덩이처럼 훤하게 노출되었다는 것을 매섭고 따갑게 인식하는 것이다. 그것은 스스로 낸 신경증적인 상처. 수치심을 일으킨 공격자가 내 삶에 더 이상 존재하지 않아도, 나는 계속 존재한다고 상상하고 내 그림자를 그자로 착각하여 몸을 움츠린다. 수치심은 파블로프의 조건 반사 같아서, 집 밖으로 잠깐 나왔다는 이유만으로도 수용체가 자극받아 나는 반응한다. 체면을 잃는 것과는 다르다. 수치심은 내 얼굴을 깔고 앉아버린다.

사람들은 흔히 수치심을 아시아적인 속성과 유교적인 명예 체계, 그리고 그와 관련된 불가해한 수치심의 의례와 연결 짓지만, 내가 말하는 수치심은 그 수치심이 아니다. 내가 말하는 수치심은 문화적인 것이 아니라 정치적인 것이다. 그것은 사회적 상호 관계에 영향을 주는 권력의 역학을 뼈아프게 인식하는 것이며, 그 서열에서 내가 피해자—또는 가해자—로서 점하는 위치를 깨닫고 몸이 오그라들도록 느끼는 치욕이다. 나는 개들이 목에 두르는 수치의 깔때기이다. 나는 남자 소변기에 부착하는 수치의 변기 탈취제다. 이 감정이 내 정체성을 갉아먹어 결국 몸은 껍데기만 남고 나는 하얗게 불타오르는 수치심 덩어리로 화한다.

✕

엄마가 건조기에서 하얀 토끼 모양의 실루엣이
찍힌 빨갛고 큼직한 티셔츠를 꺼내던 것을 기억한다. 돌이켜보면
그 티셔츠가 대체 어디서 났는지 모르겠다. 아마 아버지에게
선물로 들어온 옷이었던 것 같다. 여하튼 이민자인 우리 엄마는
그 로고의 의미를 알지 못했다. 이튿날 엄마는 일곱 살이던
내게 그 플레이보이 티셔츠를 입혀 학교에 보냈다. 쉬는 시간이
끝나서 교실에 돌아가려고 줄을 서 있는데 4학년짜리가 내
티셔츠를 가리키며 "그게 뭘 의미하는지" 아느냐고 물었다. 내가
모른다니까 그 여자애가 비웃음을 띠며 친구들에게 뛰어가는 걸
보고, 나는 이번에도 또 뭐가 잘못됐다는 것은 알겠는데 **무엇이**
잘못됐는지는 알 수 없었다. 얼굴이 화끈거렸다. 이 티셔츠가
문제인 것 같은데 뭐가 문제인 거지?
　학교 운동장은 철조망 울타리에 둘러싸여 있고 땅은 회색
아스팔트로 포장되어 있었다. 조르조 데 키리코의 그림처럼
적막한 공터였다. 나무 한 그루 없었고, 그저 핸드볼 골대와
테더볼(기둥에 매단 공을 라켓으로 쳐서 주고받는 경기—옮긴이)
기둥만이 해시계처럼 강렬하게 그림자를 던질 뿐이었다. 나는
테더볼 기둥을 피했는데, 다른 애들은 손 닿을 수 없는 높이에서
공을 휘둘러대는 키 큰 애들 때문이었다. 나는 그 토끼가 왜
나쁜지 알 수 없었다. 왜 나쁜지 아무도 설명해주지 않았다.
그래서 그 토끼는 형체가 흐려지면서 암호화된 마법의 아우라로
변했다. 체온이 오르면서 내 몸이 오염물을 씻어내려고 열기를
뿜어냈다. 그 오염물은 바로 **나**였다.

영어를 배울 때도 내 몸은 똑같이 부글부글 끓었다. 입학하기 전에 영어를 배우지 못해서 영어라면 무조건 어려운 것과 결부 지었다. 칠판에 다이어그램으로 도식화해놓은 문장 구조도, 입안에서 단단하고 미끄러운 구슬처럼 느껴지는 음절도 전부 어렵기만 했다. 영어는 나를 표현하는 수단이 아니라, 살짝만 잘못 디뎌도 내 존재가 노출되는 투명한 인계철선을 쳐두고 나를 **괴롭히려고** 작정한 언어였다. 1학년 때 담임선생님은 열심히 경청하는 학급 아이들에게 책을 읽어주다가 나를 보고 미소 지으며 그 알아들을 수 없는 언어로 뭔가를 말했고, 나는 그것을 "나가"라는 말로 알아들었다. 그래서 일어나 교실 밖으로 나갔다. 그랬더니 갑자기 선생님이 밖으로 따라 나와서 벌게진 얼굴로 나를 야단치고 다시 안으로 데리고 들어갔다.

수치심은 나 자신을 1인칭과 3인칭으로 분리하는 능력을 부여한다. 사르트르가 쓴 대로 "타자가 나를 보는 대로" 나를 인식하는 능력이다. 다 자란 지금에야 나는 어렸던 내가 의도치 않게 저지른 불복종에서 유머를 발견한다. 양반다리를 하고 둥그렇게 모여 앉아 이야기에 열중하는 여섯 살짜리들에게 교사가 책을 읽어주는데 얌전하고 어린 아시아 소녀가 난데없이 이야기 중간에 태연하게 일어나 교실 밖으로 나간다. 이듬해, 그 얌전하고 어린 아시아 소녀는 포르노 티셔츠를 입고 등교한다.

✕

인종주의의 한 가지 특징은 아동을 성인처럼 취급하고 성인을 아동처럼 취급한다는 점이다. 부모가 아이처럼 굴욕당하는 모습을 보는 것은 깊은 수치심을 유발한다. 우리

부모가 백인 성인에게 무시당하거나 놀림당하는 것을 수없이
보았다. 그런 일이 너무 관행처럼 발생해서, 엄마가 어떤
식으로든 백인 성인과 상대할 때면 나는 늘 바짝 경계하면서
중간에 끼어들거나 엄마를 옆으로 잡아끌 준비가 되어 있었다.
미국에서 아시아인으로 자란다는 것은 권위 있는 사람이어야
할 부모의 굴욕을 목격한다는 것, 그리고 부모에게 의지하지
않는 법을 배운다는 것을 뜻한다. 부모가 아이를 보호할 수 없기
때문이다.

　　이 나라에서 아시아인으로 사는 굴욕은 잘 알려져 있지
않다. 우리는 아시아인은 좋은 처지에 있다는 거짓말에 주눅이
들어 있다. 근면성을 발휘하면 존엄성으로 보상받으리라 믿고
묵묵하게 열심히 일하지만, 근면은 우리를 보이지 않는 존재로
만들 뿐이다. 우리가 목청을 높이지 않으면 우리의 수치심은
억압적인 아시아 문화와 우리가 떠나 온 나라가 초래한 것이
되고 미국은 우리에게 오로지 기회를 주었을 뿐이라는 신화를
영구화하게 된다. 아시아인이 좋은 처지에 있다는 거짓말은
너무나 은근히 퍼져 있어서, 지금 이 글을 쓰면서도 나도 남들에
비하면 나쁜 처지가 아니었다는 의심에 시달린다. 그러나 인종적
트라우마는 누가 앞서고 뒤지는 스포츠 경기가 아니다. 문제는
내 어린 시절의 트라우마가 이례적이 아니라 실은 오히려
전형적이었다는 데 있다.

　　미국의 대다수 백인은 인종적 트라우마를 구경거리로만
인식한다. 트럼프 당선 직후 언론은 증오 범죄의 증가를
보도하면서, 백인 고등학생들이 남부연합기를 망토처럼
두르거나 스와스티카를 그린 옷을 입고 학교 복도를 행진하는

모습같이 뻔하고 몰상식한 증오 표출에 초점을 맞추는 경향을 보였다. 보도하기 어려운 부분은 그런 사건 자체가 아니라 그런 사건을 예상하는 데서 오는 스트레스다. 백인의 공포 정치는 눈에 보이지 않고 누적적이며, 자기혐오 외에는 아무것도 남지 않을 때까지 사람의 자존감을 갉아먹는다.

시인 바누 카필은 다음과 같이 적었다. "극우파가 득세하면 어떻게 될지 상상하려면 그냥 눈만 감으면 된다. 그리고 내 어린 시절을 회상하면 된다." 친구들도 그 심정에 똑같이 공감했다. 트럼프 대통령 때문에 어린 시절의 기억이 촉발되었다고 했다. 아이들은 잔인하다. 아이들은 집에서 부모에게 들은 인종차별적인 개소리를 상상할 수 있는 가장 직설적인 방식으로 앵무새처럼 재생한다. 트럼프 행정부 밑에서 요즘 인종주의가 "노골적으로 드러나는" 것처럼 아이들 사이에서 인종주의는 "노골적으로 드러난다". 그러나 이 기억의 촉발은 꼭 특정한 인종차별 사건을 되살리는 것이 아니라 어떤 감정을 되살린다. 한 오라기의 두려움과 수치심, 동물처럼 바짝 긴장한 경계심 같은 것 말이다. 순수한 상태로 향수에 젖어 회귀하는 것이든 불안과 걱정을 갑작스럽게 떠올리는 것이든 간에, 어린 시절은 하나의 정신 상태다. 어린 날의 순수가 보호받고 위안받을 때의 정신 상태라면, 어린 날의 불안은 그 사람이 **최소한으로만** 보호받고 위안받는다고 느낄 때의 정신 상태다.

✕

엄마가 동생과 나를 키울 때 도움이 필요해서 외할머니가 서울에서 와서 우리와 함께 사셨다. 한국전쟁 당시

할머니는 먼저 남하한 외할아버지와 합류하기 위해 북에서 아이들을 데리고 피난길에 올랐다. 할머니는 그때 두 살이던 엄마를 등에 업고 썰물일 때를 기다려 해안가를 따라 위험한 여정에 나섰다. 엄마는 하마터면 뒤에 남겨질 뻔했다. 할머니는 엄마를 일단 이모에게 맡겼다가 나중에 데리러 갈 계획이었으나 마음을 바꿨다. 남북이 영구히 장벽으로 가로막히고, 북에 두고 온 부모님과 형제자매의 소식도 다시는 듣지 못하고, 그렇게 간단히 당신이 살던 세상이 사라져버릴 것이라고는 할머니는 생각지도 못했다.

할머니는 계속 꿋꿋하고 억세고 사교적인 여인으로 살아가셨다. 할아버지가 살아계실 적에, 두 분이 인천에서 살던 집은 실내 화장실이 있는 몇 안 되는 집에 속했다. 전쟁이 끝난 뒤 할머니는 집을 무료급식소처럼 운영하면서 누구든 — 노숙자, 고아, 과부, 홀아비 할 것 없이 — 먹을 것이 필요하면 집에 와서 저녁을 먹게 했다.

교외 백인 주거지역의 새 집에서 우리와 함께 살던 할머니는 외로워하셨다. 한참 산책하러 나갔다가 어떤 때는 남의 집 쓰레기통에 버려진 커피포트나 고장 난 전등을 들고 오시기도 했다. 그 시절 엄마는 매일 진공청소기를 돌렸다. 마치 피부병을 앓는 온 가족의 몸에서 떨어진 죽은 세포가 집 안의 모든 표면을 뒤덮고 있는 것이 눈에 보인다는 듯, 하루에 세 번씩 돌릴 때도 있었다. 엄마가 그렇게 광적으로 청소에 돌입하는 날이면, 나는 할머니의 산책길에 따라나섰다.

그렇게 할머니와 산책하러 나간 것이 여덟 살 무렵이었다. 할머니가 우리와 같이 살게 된 지 얼마 되지 않은 때였다.

캘리포니아 교외의 인도는 깨끗하고 다니는 사람이 없었다. 집집이 스프링클러가 잘그락거리며 잔디밭에 물 주는 소리를 빼면 우리 동네는 고요했다. 할머니는 어느 집 앞뜰에서 레몬이 달린 가지 하나를 꺾어 집으로 가져가다가, 막다른 골목에서 노닥거리던 한 무리의 백인 아이들을 만났다. 할머니는 아이들에게 인사를 하기로 마음먹었고, 나는 불안해졌다. 할머니는 아이들 속으로 무턱대고 걸어 들어가 악수를 하기 시작했다. 그게 미국식이니까. 아이들은 깜짝 놀랐지만 차례로 할머니와 악수를 했다. 걔들이 할머니의 손을 조금 지나치게 세게 잡는다는 것을 알 수 있었다. 할머니가 "헬로"라고 하자, 아이들이 "헤로" 하고 응수했다. 그중 한 아이가 할머니 얼굴에다 대고 엉터리 수화 동작을 흉내 냈다. 그러더니 갈색 머리카락을 축 늘어뜨린 키 크고 마른 여자애가 슬그머니 할머니 뒤로 가서 온 힘을 다해 할머니의 엉덩이를 발로 찼다. 할머니가 땅에 넘어졌다. 애들이 전부 웃음을 터뜨렸다.

✂

할머니는 아버지에게 그 이야기를 했고, 아버지는 우리가 다 함께 차로 이동할 때 길에 그 여자애가 보이는지 살피라고 강조했다. 한번은 정지 신호에서 멈췄는데 그 아이가 보였다. 저 애라고 아버지에게 말했다. 아버지는 창문을 내리고 그 애에게 소리 지르기 시작했다. 나는 아버지가 백인 아동은 말할 것도 없고 다른 백인에게 그토록 격분하는 모습을 본 적이 없었다. 아버지는 아이에게 사과를 요구했으나 그 아이는 거부했다. 걔는 우리를 본 적이 없다고 잡아뗐다.

"내가 너를 발로 차면 어떻겠냐?" 아버지가 소리 질렀다. "어떻겠냐고!" 아버지는 안전벨트를 풀고 날쌔게 차에서 내렸다. 그 여자애는 언덕 위로 유유히 달려가더니 사라져버렸다. 아버지는 휘청거리며 몇 걸음 뒤쫓다가 소용없는 일이라는 것을 깨닫고 멈춰 섰다. 차가 도로 한가운데에 서 있었다. 시동도 여전히 걸려 있고 운전석 차 문도 활짝 열린 채. 나는 넋을 잃고 아버지를 바라보았다. 나는 아버지가 두려웠고, 동시에 아버지에 **대한 걱정으로** 두려웠다. 나는 가족을 지키려는 아버지의 시도를 우리 동네 이웃들이 보낼지 모르는 눈길로―즉 나대는 행동, 과민 반응으로―보면서 아버지가 그렇게 분노하다가 벌이라도 받을까 봐 심히 두려웠다.

✕

　　　　　이런 일도 있었다. 동생이 아홉 살이고 내가 열세 살일 때였다. 쇼핑몰에 갔다가 밖으로 나가려고 하는데 어느 백인 부부가 안으로 들어오려고 유리문을 열었다. 나는 우리를 위해 문을 열어주는 줄 알고 남자가 마지못해 문을 붙잡고 있는 동안 재빨리 그리로 나왔다. 문이 닫히기 전에 그가 고함쳤다. "난 중국놈들한테는 문 안 열어줘!"

　　동생이 왈칵 울음을 터뜨렸다. 그 남자가 왜 그렇게 못되게 구는지 동생은 이해하지 못했다. "이런 일은 처음 당해봐." 동생이 울었다.

　　나는 쇼핑몰로 되돌아가 그를 죽이고 싶었다. 나는 어린 여동생을 보호하지 못했으며, 증오 때문에 우리를 아이로 인식조차 하지 못하는 성인 남자에게 살인적인 분노가 솟구치는 것을 어쩌지 못했다.

✕

　　　　　내가 그 일을 언급하는 것은 훗날 겪은 다른
체험과 비교하기 위해서다. 20대 초반에 브루클린에 살던
때였다. 참기 어려운 폭염으로 뉴욕 사람들이 전부 더럽게
성질을 부리던 7월의 어느 날이었다. 친구 커플과 나는 2번가
지하철역으로 걸어 내려갔다. 플랫폼을 향해 계단을 내려가는데
한 남자가 우리 옆을 지나가다가 나를 보더니 "칭총딩동" 하고
흥얼거렸다. 야구모자를 쓴 목이 아주 짧은 백인 남자였다.
전형적인 스태튼 아일랜드 출신 운동선수처럼 보였다. 그런데 잘
보니 옆에 흑인 아내와 혼혈인 유아를 동반하고 있었다.
　　백인인 내 친구들은 무슨 말을 해야 할지 몰라 했다. 나는
그들을 불편하게 하고 싶지 않아서 그냥 무시했다. 우리는 F선
지하철을 탔는데 그 남자도 같은 칸에 타고 있었다. 지하철이
한 정거장씩 지나며 굴러가는 동안 나는 그를 쳐다보며 점점 더
화가 치밀었다. 이런 상황에서 아무 말도 안 하고 지나치는 것이
도대체 몇 번째인가, 하는 생각이 들었다.
　　"가서 한마디 해야겠어." 그렇게 말하자 친구들이 가서
맞서라고 격려했다. 나는 붐비는 차량에서 사람들을 하나씩
비켜 가며 그가 앉은 자리로 다가가 그 앞에 버티고 섰다. 그리고
조용히 그를 핀잔했다. 그를 인종주의자라고 불렀을 뿐만
아니라 그가 아이 앞에서 아주 몹쓸 본보기를 보여주는 거라고
쏘아주었다. 친구들 있는 데로 돌아오는데 머리가 지근거렸다.
돌아보니 그 남자가 일어나 우리 쪽으로 오고 있었다. 그는

내 룸메이트의 남자친구를 가리키며 위협적으로 말했다.
"저 자식이 네 남자친구가 아니어서 다행인 줄 알아. 저게 네
남자친구였으면 나한테 처맞았어." 그러더니 자기 자리로 돌아가
앉았다. 나는 기가 막혔으나 폭력이나 더 심한 인종차별적 욕설
없이 상황이 끝나서 안도했다. 룸메이트 남자친구가 되풀이해
말했다. "내가 뭐라고 했어야 했는데." 이윽고 우리가 내릴
정거장이었다. 내리는데 그 남자가 붐비는 승객들 사이로 내게
고함을 쳤다. "씨발 중국년!"
    "백인 쓰레기 개썅놈!" 내가 악쓰며 응수했다.
    지하철에 타고 있는 동안 별말 없었던 친구가 플랫폼에서
울음을 터뜨렸다.
    "이런 일은 처음 당해봐." 친구가 울먹거렸다.
    그렇게 간단히, 나는 뒷전으로 밀려났다. 친구를 달래주려다
그런 충동이 얼마나 부조리한지 깨닫고 그만두었다. 내 모든
분노와 상처가 친구에게로 옮아갔으며, 이 글을 쓰는 지금도
그놈보다 그 친구에게 더 화가 난다. 우리는 말 없이 집을 향해서
걸었고, 친구는 계속 울었다.

                                ✕

            2016년도는 이른바 백인 눈물의 해였다. 흑인,
갈색인, 또는 아시아인 여성이 "백인의 눈물"이라고 인쇄된 하얀
머그잔에 든 물을 천천히 마시는 밈이 인터넷에 돌아다녔다.
유색인종은 백인의 눈물에 지극히 무심하다고 암시하는
밈이었다. 그뿐 아니라 유색인종은 백인의 눈물에 모종의
고소함을 느낀다고 암시했다. 물론 여기서 "백인의 눈물"이란

백인이 겪는 모든 고통을 지칭하는 것이 아니라, 백인이 인종과 관련해 받는 스트레스를 참을 수 없어서 극도로 예민해지고 방어적으로 되어 그 스트레스를 자신의 상처받은 자존심으로 집중할 때 체험하는 특정한 감정적 취약성을 가리킨다.

2011년 새뮤얼 R. 서머스와 마이클 I. 노턴이 조사한 바에 따르면, 인지된 반흑인 편견이 감소했다고 대답한 백인 응답자들은 반백인 편견은 증가했다고 응답했다. 인종주의를 제로섬 게임처럼 여기는 것이다. 이 관점은 너에 대한 적대감이 줄어들면 나에 대한 적대감이 늘어난다는 제프 세션스 전 법무장관의 말에 잘 압축되어 있다. 이 연구가 진행되던 당시 미국 백인들은 실제로 반백인 편견을 반흑인 편견보다 **더 큰** 사회문제로 여겼다. 오로지 한 명을 제외한 미국 대통령 전원이 백인이고, 역사적으로 의석의 90퍼센트를 백인이 차지해왔고, 백인이 보유하는 평균 순자산이 비백인보다 10~13배 높은데도 그렇게 믿었다. 사실 인종 간 소득 격차는 오히려 심화하고 있다. 30년 전 중위 흑인 가구의 보유 자산은 6,800달러였으나 지금은 불과 1,700달러이며, 이에 반해 중위 백인 가구의 자산은 같은 기간 10만 2,000달러에서 11만 6,800달러로 증가했다. 자원의 축적이 너무 불균형해서 백인성이라는 인종 프로젝트는 실질적으로 백인 과두체제를 뜻한다고 철학자 린다 마틴 앨코프는 표현한다.

그런데도 백인이 핍박받고 있다는 그릇된 인식은 애비게일 피셔(일명 "성적 나쁜 베키") 사건에서도 볼 수 있듯 오히려 심해지기만 했다. 피셔는 성적이 나빠서 텍사스 대학교 오스틴 캠퍼스에 불합격했는데 자기가 백인이어서 입학을 거부당했다며 소송을 제기했고, 2016년 연방대법원에서 이 사건을 심리했다. "흑인의 생명은 소중하다"(Black Lives Matter)라는 구호에 대한 반격으로 흔히 들을 수 있는 "모든 사람의 생명은 소중하다"(all lives matter)라는 구호에도 저들의 망상이 암묵적으로 내재해 있다. "모든 사람"(all)은 포용적이라기보다는 방벽을 둘러친 대명사, 즉 "그것을 인종 문제로 만들지 못하도록 해" 눈에 보이지 않는 백인성의 헤게모니가 도전받지 않고 지속되게끔 하는 방어 장치이다.

✕

2018년, 나는 뉴욕 현대미술관의 두 벽면을 여성이 출산하는 사진 2,000점으로 뒤덮은 미술가 카먼 와이넌트의 설치작품을 보았다. 와이넌트는 지난 30년간 책과 잡지에 실린 사진들을 잘라 테이프로 벽에 붙였다. 사진 속 여성들은 쪼그리고 앉거나 네발로 기는 자세로, 아니면 수중 분만용 욕조에 들어가 있거나 부인과 의자 발 받침대에 발을 올려놓고 다리를 벌린 자세로 모두 출산의 진통을 겪고 있었다. 어떤 사진은 신생아의 거무스름한 두피가 엄마의 곰 같은 질을 가르고 일부 밖으로 드러난 모습을 보여준다. 한 사진은 네발로 기는 자세를 취한 산모의 등을 보여준다. 그녀가 입은 가운은 겨드랑이까지 밀려 올라가 있고, 그녀의 항문 근처로 쑥 빠져나온 신생아의 찡그린 얼굴이 보인다. 그 날것 그대로의 장관 속에서 기쁨, 고통, 경배, 그리고 안도의 감정들이 드러난다.

사진은 거의 전부 백인 여성을 담고 있다. 하나씩 따로 보면 엄마들의 탈진과 기쁨에 감동받지만, 한 걸음 떨어져서 보면 그 벽의 백인성을 부인하기 어렵다. 와이넌트는 중고 책방에서 찾아낸 사실적인 분만 사진을 전부 붙여놓았으며, 그런 철저한 과정은 이 이미지들의 같음(sameness)을 주장할 뿐이다. 평론가들은 이 설치 작품이 "보편성을 지녔다", "벅찬 감동을 일으킨다"라고 묘사했다. 하지만 내 눈에 들어오는 것은 본능을 건드리는 출산 장면의 "급진적 노출"보다도 사진에 담긴 백인성이었다. "모든 사람"을 환기하고자 하는 와이넌트의 집착적인 시도에, 오히려 나는 벽에 가로막힌 느낌을 받았다.

백인성을 인종적 범주로 인식하지 못하는 백인 평론가들과는 달리 나는 백인성이 **보인다**고 주장할 수 있다. 하지만 최근에는 하얀 공간을 인지하는 내 습관이 다른 즐거움을 전부 망치는 것은 아닌지 자문하는 중이다. 나는 자명한 것, 또는 자명해야 하는 것을 끝없이 지적하는 잔소리꾼이 되고 말았다. 주제 사라마구의 소설 『눈먼 자들의 도시』에서는 등장인물들의 눈이 멀 때, 시야가 캄캄해지는 것이 아니라 마치 "눈을 뜬 채로 우유의 바다에 빠진 것처럼" 하얗게 변한다. 나는 어디를 가든 백색을 본다. 나는 그 백색의 간계를 감지한다. 심지어 내 생각마저도 엑스선 찍을 때 쓰는 방사선 불투과성 조영제를 주입한 것마냥 백색으로 얼룩졌다는 것을 안다. 그 얼룩은 나의 삶을 남한테 끊임없이 사과하도록 만든다. 나는 더 이상 내 삶을 기대에 못 미치는 삶이라고 생각하지 않는다. 그러나 이전과 반대되는 상황에서도 나는 여전히 내 삶을 백인성과 결부시켜 바라본다.

최근에 시인 내털리 디아즈의 트윗을 봤다. 그는 묻고 있었다. 왜 유색인종 작가들은 항상 백인성을 논해야 하죠?

이미 다른 모든 것의 중심을 차지하는 백인성을 왜 우리 작업의 중심에 갖다 놓죠? 미술관에서 나와 지하철을 타고 집에 오면서 나는 열여덟을 채우지 못한 자식을 셋이나 잃은 우리 할머니를 떠올렸다. 만일 내가 할머니의 경험담을 풀어놓으면, 그것도 그냥 저 벽의 백인성을 강조하는 일개의 슬픈 이야기로 변질되고 말 것인가?

내가 백인성 문제를 거론해야 하는 이유는 우리 아시아계 미국인들이 이 나라의 자본주의적 백인우월주의 위계질서 속 어디쯤에 위치하는지 명명백백하게 따져봐야 하는데 여태 그래보지 못했기 때문이다. 꼼꼼히 따져보기는커녕, 일부 아시아인은 인종이 자신의 삶과 무관하고 "문제되지" 않는다고 생각한다. 그런 생각은 백인들이 하는 똑같은 소리 못지않게 잘못된 것인데, 왜냐하면 우리가 우리의 인종 정체성 때문에 차별만 받은 것이 아니라 혜택도 누렸기 때문이다. 인종을 나와 무관하게 여기는 이 아시아인들이 바로 내 사촌이고, 내 옛 남자친구이며, 브루클린에 안락하게 틀어박혀 맑고 포근한 날 불현듯 나는 인종에 영향받지 않아도 되고 그저 **자진해서** 그 문제를 생각할 뿐이라고 여기는 나 자신이다. 나 또한 오로지 나와 내 직계 가족만을 위해서 살 수도 있다. 다른 사람을 전부 누르고 앞서가라는 이 나라의 신자유주의 정신과 일치된 생존 본능을 갖춘 부모님의 기대에 부응하느라 자신을 옥죄는 수치심은 묻어버린 채 말이다. 정도는 조금씩 달라도 미국에서 자란 아시아인은 모두 내가 묘사한 수치심을 익히 알고 있으며, 그 기름진 불길을 느껴봤다.

✕

2016년은 몇 가지 요인 때문에 백인성이 가시화된 해였다. 미국에서 백인이 머지않아 소수자가 되는 인구학적 전환이 닥쳐오고 있고, 평생고용이 줄어 무력감을 느낀 일부 백인이 이민자에게 화풀이를 했으며, 퍼거슨 판결(분리하되 평등하다는 인종 분리 원칙을 확립한 1896년 연방대법원 판례로 1954년 브라운 대 교육위원회 판례에 의해 폐기되었다－옮긴이) 이래로 사법제도, 교육, 문화 등 각 분야에서 인종적 불의에 항거해온 흑인과 갈색인 운동가들에 대해 언론의 관심이 높아졌다. 미국 백인은 옛날과는 달리 이제는 자기들도 피부색으로 표시된다고 느꼈고, 그런 방식의 노출에 대해 그들이 느끼는 바는－수치심이었다.

수치심은 내면을 향한 고역스러운 감정이지만 자기반성을 촉구하기 때문에 생산적인 결과로 이어질 수도 있다. 자기들이 삶에서 얼마나 특권을 누리는지 스스로 평가해온 백인 진보 세력이 바로 그런 경우다. 몇 년 전만 해도 내가 가르치던 백인 학생들은 인종 얘기만 나오면 어색해하면서 입을 다물었다. 지금은, 적지 않은 백인 학생들이 열심히 경청하고 인종 관계의 복잡성과 그 관계 속에서 자신들의 역할을 이해하고자 열의를 보여서 내게 희망을 준다. 앨코프는 이런 자기 성찰을 가리켜 "백인의 이중 자각"이라고 일컫는데, 거기에는 "자신을 지배적인 렌즈와 비지배적인 렌즈로 동시에 바라보고, 후자를 비판적이고 제대로 교정된 진실로 인정하는 일"이 뒤따른다.

그러나 수치심은 생산적인 자기반성으로 이어질 수도

있는 반면 경멸로 이어질 수도 있다. 『정동 이미지 의식』에서 정신분석학자 실번 톰킨스는 경멸과 수치심이 사회에서 어떻게 구분되는지 규명한다.

> 민주주의 사회에서 경멸은 결속을 저해하지 않도록 드물게 사용되는 반면, 위계적으로 조직된 사회에서는 개인, 계급, 국가 사이에 간격을 유지하기 위해 암묵적 동의 아래 빈번하게 사용될 것이다. 민주주의 사회에서 경멸은 흔히 비판자가 타인이 저지른 일에 수치심을 느끼는 것으로 대체된다. 또는 비판자가 타인이 저지른 일에 괴로움을 표출하는 것으로 대체된다. 또는 타인이 저지른 잘못에 시정을 요구하며 분노하는 것으로 대체된다.

수치심을 일으키는 요인을 벌하고 그것과 지속적으로 관계 맺기를 거부함으로써 수치심을 물리치려는 것은 인간의 본성이기도 하다. 대다수의 미국 백인은 다른 인종과 분리된 환경에서 살고, 그것은 앨코프의 표현대로 "인종에 근거한 스트레스로부터 그들을 보호하고 막아준다". 그 결과, 어떤 식으로든 소수자와 거리가 좁아지면 — 히스패닉 가족이 자기들 동네로 이사 오거나 그랜드 센트럴역에서 흑인 시위대가 "숨을 못 쉬겠다"고 연호하는 뉴스 장면을 보면 — 참을 수 없는 불편함이 촉발된다. 갑자기 자신의 백인 정체성이 의식되고, 그 자의식은 자기들의 정체성이 **위협**받고 있다는 오해를 일으킨다. 뭔가 부당하다고 느끼면, 자기들이 **부당함을 당한** 것으로 느낀다.

인종적 억압을 인식하라는 촉구를 받으면, 자기들이 억압받는 것으로 느낀다. 우리는 백인의 눈물을 비웃지만, 백인의 눈물은 위험하게 변질될 수 있다. 데이먼 영이 웹진 『더 루트』(The Root: 2008년에 창간한 흑인 독자층을 겨냥한 온라인 잡지―옮긴이)에서 설명하듯, 백인의 눈물이야말로 전쟁에서 패배한 남부인들이 흑인 노예의 자유를 인정하기를 거부하고 쿠 클럭스 클랜(일명 KKK단)을 결성한 원인이다. 백인의 눈물이야말로 백인 남성 63퍼센트, 백인 여성 53퍼센트가 몸만 성인이고 정신은 어린애인 악질적인 인물을 대통령으로 뽑아놓은 원인이다. 역사의 인식에는 책임이 불가피하게 뒤따르므로 저들은 그런 수치를 직시하기보다는 무슨 수를 동원해서라도 역사를 외면한 채 무죄를 주장하려고 든다.

✕

2017년 2월 1일, 5세의 이란계 아이가 워싱턴 DC 덜레스 공항에서 수갑이 채워진 채로 다섯 시간이나 억류됐다. 미성년자임에도 "위협 가능성이 확인되었다"는 이유에서였다. 무슬림이 다수인 7개국 여행자의 입국을 금지한 트럼프 행정명령의 직접적인 결과였다. 그 소년은 메릴랜드주에 사는 미국 시민이었는데도 당국은 상관하지 않았다. 공보 비서는 "단지 연령과 성별을 이유로 그들이 위협을 가하지 않는다고 상정하는 것은 잘못되고 그릇된 판단"이라고 말했다. 트럼프 행정부에 대한 분노는 그날따라 더욱더 생생하고 선명했다. 뉴욕 시민 수천 명이 JFK 공항으로 몰려가 무슬림 입국 금지에 반대하는 시위를 했다. 소년이 마침내 엄마와 상봉하자 시위대는 그들의 포옹에 환호했다. 뉴스를 보면서 나는 모자의 상봉에 안도했다. 하지만 그날의 경험은 아이의 성장에 어떤 영향을 미치게 될까?

✕

가족이 과테말라에서 왔건, 아프가니스탄에서 왔건, 한국에서 왔건, 1965년 이후의 이민자들이 공유하는 역사는 미국을 넘어서 각자의 출신국으로 확장된다. 그곳에서 우리의 동족들은 서구 제국주의, 전쟁, 그리고 미국이 세우거나 지원한 독재 정권에 의한 대량 살상을 겪었다. 미국의 일원이 되기 위해서 애쓰느라고 우리는 인생에서 제2의 기회를 선사받은 양 황송해한다. 그러나 이민자들이 공유하는 뿌리는 이 나라가 우리에게 부여한 기회가 아니라, 백인 우월주의의 자본주의적 확장이 우리의 조국의 피를 빨아 부를 챙긴 방식이다. 우리가 이것을 잊어서는 안 된다.

글을 쓰는 사람으로서 나는 백인 순수의 유아론을 뒤집어, 우리의 국민 의식이 그 이란계 미국인 소년 같은 아이들의 정신과 더 비슷한 모습이 되도록 일조할 작정이다. 그 아이의 정신은 글도 깨치기 전에 벌써 이 나라가 어떤 폭력을 가할 수 있는지를 인지하는 무방비 상태의 의식이며, 역사에 시달리는 아이의 의식이 언젠가 다수를 차지할 때 새하얀 이미지들을 퇴색시킬 것이 틀림없다.

서투른 영어

어렸을 때 나는 문구류에 대해 특별하다 못해 거의 에로틱한
관계를 맺었다. 다른 애들이 인형이나 액션 피규어를 모을 때
나는 문구를 모았다. "정말로 연필을 꼭 사야만 해." 버지니아
울프는 난데없이 그렇게 말하고서 급히 밖에 나가 겨울의 런던
거리를 헤매기 시작했다. 나는 울프의 다급함에 공감할 수 있을
것 같다. 나도 연필을 열렬히 좋아했지만, 내가 좋아한 것은 그냥
연필이 아니라 꽁지에 얇은 은사슬로 헬로키티 장식을 매단
날씬한 연보라색 샤프였다. 그리고 산딸기나 바닐라 향기가 나는,
파스텔색의 통통하고 눈동자 커다란 산리오(Sanrio) 캐릭터
모양의 지우개도 좋아했다. 그 지우개들을 너무 좋아한 나머지
지우개 머리통 부분을 물어뜯고 싶은 충동을 억제해야 했다.
처음에는 조심조심 캐릭터 발 쪽으로만 살살살 글씨를 지웠다.
그러나 일단 지우개가 연필 얼룩으로 더러워지면, 잘못 필기한
것을 가차 없이 벅벅 지워 나중에는 지저분한 회색 얼굴에
눈동자 하나만 서글프게 남았다.
　무슨 이유에서인지 나는 교회 캠프에서 다른 아이들의
표적이 되었고, 내 또래의 한국 여자애들이 빈 침대가 분명히
있는데도 없다고 우기며 나를 자기들 방에서 내쫓는 바람에
옆방에서 더 어린 소녀들과 자야 했다. 어느 이른 아침, 나는
친애하는 내 문구에 배신당했다. 미처 잠가 두지 않았던
헬로키티 일기장을 펼쳤더니 누군가가 샤프로 쓴 것이 분명한
단정한 필기체로 첫 페이지에 이렇게 적어놓았다. **케티, 집에 가라.**

　　　　　✕

　내가 알던 한국 여자애들은 기분 변화가 너무

극심해서 그에 비하면 실비아 플라스의 우울증은 국회방송처럼
밋밋해 보일 정도였다. 그중 일부는 LA 한인 타운에 살았고,
짝퉁 쥬시꾸뛰르 트레이닝복을 입고, 히스패닉 갱단 소녀처럼
화장했고, 이민 온 지 얼마 안 된 억양, 갱단 억양, 밸리 억양(LA
교외 중상류층 주거지 샌퍼넌도밸리의 10대 소녀들이 쓰는
특유의 억양―옮긴이) 등 각자 자기 정착지에서 얻은 말씨를
썼다. "이 넌아, 뭘 봐? 너 레즈보야?" 그레이스라는 이름의
여자애가 입술을 유령처럼 하얗게 칠하고 검정 립펜슬로 입술에
아웃라인을 그렸길래 내가 얼빠진 듯 한참 쳐다보는데 그렇게
물었다. 나중에 나는 사전에서 레즈보가 뭔지 찾아봤고, 사전에
없어서 안도했다.
    서투른 영어를 들으며 자란 까닭에 내 영어도 서툴렀다.
나는 LA에서 태어났지만, 창피하게도 여섯 살이 다 지나도록,
심지어 일곱 살 때까지도 영어가 유창하지 않았다. 학교에
입학하는 것이 마치 다른 나라로 이민 가는 느낌이었다. 그
전까지 나는 한국어 환경에서 살았다. 한인 타운의 교회, 친구,
식구 들의 영어는 짧고, 거칠고, 깨진 영어였다. 주어와 목적어가
야릇하게 결합하고, 동사는 주어와 일치되는 법이 없고, 정관사는
도무지 찾아볼 수 없었다. 10대들은 한국어 사이사이에 걸핏하면
퍽(fuck)을 끼워 넣었다. "퍽 힘(Fuck him)! 오빠는 개새끼야."
    이민자에게 영어로 생존하기 위한 최초의 진정한 입문은
비속어이다. 사촌들이 미국에 왔을 때 나는 당장 욕을 한바가지
전수해주고 학교에 갈 일을 준비시켰다. 우리 삼촌 말로는
자기가 한때 말끝마다 "마더퍼커"(motherfucker)를 갖다 붙이던
버릇은 뉴욕에서 의류 도매업을 할 때 흑인 고객들에게 영어를

배웠기 때문이라고 했다. 말이 거칠고 원기 왕성한 삼촌은
나중에 한국으로 돌아갔지만, 나와는 지금도 여전히 영어로
대화한다.

　　삼촌: 그게 영어로 뭐지? 왜 아래 거시기에 이가 옮았을 때
쓰는 단어.

　　조카: 크랩스(crabs)요?

　　삼촌: 그래 맞아! 크랩스. 영어 단어 새로 하나 배웠네.
크랩스! 내가 그게 생겼었어.

　　조카: ….

　　삼촌: 네가 생각하는 거랑 달라. 창녀에게 옮은 게 아니야.

　　조카: 그럼 어쩌다가 옮았는데요?

　　삼촌: 군대에서. 그땐 툭하면 이가 생겼어. 화장실도 따로
없이 땅에 구덩이만 파놨었거든. 우리는 거시기 털을 면도해야
했어. 끔찍한 시절이었지. 한 녀석을 나무에 묶어놓고 버려두고
온 적도 있고.

　　　　　　　　✕

　　　　　　영어는 힙합이나 스팽글리시, 『심슨 가족』에
이르기까지 항상 어디선가 빌려다 쓰는 것이었다. 우리
아버지는 미국에서는 감정을 드러내 보여야만 성공할 수 있다는
것을 일찌감치 배워서 딸들이건, 직원이건, 고객이건, 항공기
승무원이건 상대를 가리지 않고 "사랑해"를 무차별 남발하는
습관이 있었다. 어떤 세일즈맨이 다른 세일즈맨의 등을 정답게
툭툭 치며 "사랑하네, 이 사람아, 만나서 반가워!" 하는 모습을
아버지가 어디서 눈여겨본 것이 분명했다. 하지만 형제 같은

친근감을 주는 "이 사람아"(man)라든가 등을 툭툭 치는 몸짓이
없다 보니, 아버지의 사랑한다는 말에는 난처한 친밀함이 담긴다.
특히 아버지는 그 애정 표현을 뜨거운 고백처럼 조용히 털어놓기
때문에 더욱더 그러하다. "주문 넣어줘서 고마워요." 그러고는
전화를 끊으면서 이러신다. "참, 그런데 커비, 사랑해요."

×

나는 샤프를 실제로 쓰기보다는 나란히
줄 세워놓고 흠모했다. 내가 갖고 있던 연두, 보라, 꽃분홍색
샤프들은 나중을 위해 고이 모셔두어야 하는 숭고한 여성성의
마술 지팡이였다. 오래 모셔두면 둘수록 그것들을 써보고 싶은
욕구를 참기가 더 힘들어졌다. 하지만 갈망의 충족보다는
갈망의 증가야말로 절묘한 희열이었기 때문에 나는 계속
자제했다. 시앤 나이의 표현대로 사람은 귀여운 것을 먹고
싶어 하는 강렬한 욕망이 있으며, 따라서 그 소구력 때문에
귀여움은 대중적으로 상품화하기에 이상적이다. 귀여운 물건은
여성적이고 무방비적이고 아담하여, 내가 입 없는 산리오 캐릭터
지우개에 그렇게 했듯 부둥켜안고 부비대고 싶은 모성적 욕망을
일으킨다. 그러나 귀여운 물건은 그것을 지배하고 훼손하고 싶은
가학적 욕망도 촉발한다. 아마 그래서 내가 나의 어두운 본능을
억제하느라고 문구를 쓰지 않고 버틴 것인지도 모른다.
궁극적으로 나는 욕망에 굴복했다. 샤프의 꽁지를 딸각딸각
누르자 샤프심이 조금씩 밀려 나왔다. 어렸을 때는 글쓰기에는
관심이 없어서 그림을 그렸다. 나와는 전혀 다르게 생긴 소녀를
그렸다. 처음에는 솜씨가 서툴러서, U자로 얼굴선을 그리고

찌그러진 물방울 모양의 눈을 그려 넣은 다음, 침대 스프링처럼 굵은 곱슬머리로 얼굴 상단을 덮었다. 그러나 해를 거듭할수록 실력이 늘어서 내가 좋아하는 만화에 나오는 소녀들을 곧잘 그릴 수 있게 되었다.

나도 다른 애들처럼 만화 캐릭터의 눈동자에 페티시가 있어서 눈 그리기를 좋아했다. 눈송이가 내려앉은 사파이어 같은 홍채가 그득하고 칠흑 같은 속눈썹이 촘촘히 박힌 그 요염한 안구 말이다. 만화 캐릭터의 눈은 얼마나 크고 천진한가. 칼집 낸 듯 가느다란 내 눈은 얼마나 빈약한가. 반면에 코는 잘 그려지지 않았다. 뾰족한 코를 제대로 그리기란 아무리 열심히 연습해도 어려웠다. 나는 불행히도 아버지의 큰 코를 물려받아서 옆에서 보면 숫자 6처럼 보였다. 내가 코에 대해 불평하면 엄마는 양반 코인데 뭘 그러냐고 반박했지만, 교회 아이들은 기초 영어로 진실을 말했다.

"너는 왜 그렇게 코가 커?"

"코쟁이."

나는 완벽한 코를 정확하게 그려낼 수 있도록 엄청난 양의 종이를 소모해가며 뾰족코를 그리고 또 그렸다. 한번은 꿈에서 만화 속의 소녀들이 스카이콩콩을 타고 콩콩 뛰었다. 양 갈래로 묶은 머리가 구름처럼 굽실거리고, 체크무늬 치마가 소용돌이치고, 거대한 눈동자가 빛을 받아 번쩍였다. 공중으로 방금 맹렬히 튀어 오른 한 소녀를 올려다보는데 소녀가 로켓처럼 나를 향해 하강했다. 스카이콩콩이 내 코를 단추가 되도록 내려 찍었다.

✕

요즘 나에게는 미숙한 영어 표현을 수집하는 습관이 생겼다. 동아시아 국가에서 자국 언어를 영어로 잘못 번역한 것을 사진으로 찍어 올리는 유머 사이트 Engrish.com도 가끔 둘러본다. 이 사이트는 이미지들을 간판("대화 금지, 침 금지 Please No Conversation, No Saliva"), 티셔츠("나는 그를 빨아줄 때 어떤 행복을 느낀다 I feel a happiness when I eat Him"), 메뉴("구운 남편 roasted husband") 등으로 분류해놓는다. 최다 조회 이미지는 달콤하고 인기 많은 타피오카 버블티의 광고 만화 캡션이었다. "나는 버블티! 내 불알을 빨아 봐!"(I'm Bubble Tea! Suck my Balls!)

나는 그런 문장을 내 시에 차용한다. "나는 그를 빨아줄 때 어떤 행복을 느낀다"라는 구절을 예로 들어보자. 이 문장은 놀라울 만큼 시적인 표현의 모든 요소를 갖추고 있다. 우연이 '에러'를 '에로스'로 바꾸는 바람에 익숙한 감정은 이제 낯설어진다. 행복이라는 단어 앞에 불필요하게 부정관사 "a"(어떤)가 들어간 것이 절묘한데, 이것이 어조를 다소 불길한 로봇 말씨처럼 바꾸어놓으면서 이 말을 하는 애인이 행복에 겨워하는 것이 아니라 어떤 거리감을 두고 행복을 느낀다고 암시하고 있기 때문이다. 여자가 자신의 행복에 대해 숙고하는 동안, 문장에 들어간 "a"는 마치 덤으로 난 치아처럼 불확실성을 불러오거나 냉정한 성찰을 촉발한다. 여자는 자기가 왜 행복한지 잘 모르지만, 그를 빨아주는 동안 행복하다.

하루는 그 사이트에서 티셔츠 이미지들을 둘러보다가

"Poontang"(여성의 성기나 성행위를 뜻하는 비속어. 또는 여성을 성적 대상으로 비하하는 표현—옮긴이)이라고 인쇄된 티셔츠를 천진하게 입고 있는 어린 중국 소년의 사진과 마주쳤다. 이 사진이 초등학교 때 플레이보이 버니 로고가 들어간 티셔츠를 입고 등교했던 기억을 촉발시켰다. 나는 그 일을 까맣게 잊고 있었다. 그 기억에 관해 곰곰이 생각하다가, 이런 사진을 찍는 사람들에 대한 날카로운 깨달음이 왔다. 그들은 한국, 대만, 일본, 중국 등지를 여행하는 배낭여행족, 그러니까 바로 백인과 아시아계 미국인 여행자들이었다. 현지인을 스스럼없이 외부자 취급하는 외부자들이었다.

영어는 끝없이 확장되는 신자유주의적 만국 공통어, 즉 브랜드를 읽는 소비자의 언어이자 외주화된 노동의 언어다. 나라가 발전할수록 영어를 바로잡을 교정 교열 편집자에 대한 수요도 커진다. 나도 서울에서 1년 살이를 하던 2005년에 엉터리 영어가 가게 앞을 질 나쁜 벽지처럼 뒤덮고 있는 모습을 사진으로 찍었다. 하지만 세계화의 심화로 한국어가 얼마나 영어에 오염되었는지 보면서 마음이 언짢기도 했다. 한글 표지를 읽으며 나는 천천히 낯선 단어를 발음해보다가 그게 **리포-석-션** 이라는 것을 깨달았다. 친구는 10대 커플들이 한국어보다는 영어로 "아이 러브 유"라고 하기를 선호하는데 그것을 더 진정한 애정 표현으로 생각하기 때문이라고 했다.

보아하니 비속한 내용이 담긴 티셔츠를 잘 모르고 입은 아시아 아동들의 이미지가 한때 인터넷 밈으로 인기를 끌었던 모양이다. 미키마우스가 가운뎃손가락을 들고 있는 스웨터를 입은 어린 소녀, "네가 맥주였으면 좋겠다"라고 쓰인 민소매

티셔츠를 입은 유치원생, "대체 어떤 새끼가 예수야"라고 쓰인
스웨터를 입고 경기장 관람석에 쓸쓸히 앉아 있는 소년 등의
이미지가 검색되었다.

나와 동류인 인간들을 찾아냈구나, 하는 생각이 들었다.

✕

서투른 영어는 한때 부끄러움의 원천이었지만,
이제 나는 자랑스럽게 말한다. 서투른 영어는 나의 유산이다.
나는 완벽한 영어에서 일부러 멀어질 것을 외치는 작가들과―
영어를 탈취해 도망자의 언어로 비틂으로써 영어를 어지럽히고,
뒤흔들고, 난도질하고, 괴랄하게 만들고, **타자화하는** 작가들과―
문학적 계보를 공유한다. 영어를 **타자화하는** 것은 듣는 사람이 그
언어에 박힌 제국주의 권력을 알아차리도록 하는 것이며, 영어를
절개하여 그 어두운 역사가 비어져 나오게 하는 것이다.

시인 너새니얼 매키는 에세이 「타자: 명사에서 동사로」에서
타자라는 명사는 사회적 의미를 띠고, **타자화하다**라는 동사는
예술적 의미를 띠는 것으로 구분한다.

> 예술적 타자화는 문화적 건실성과 다양성 증진의 기반인
> 혁신, 발명, 변화와 관계 있다. 사회적 타자화는 권력,
> 배제, 특권과 관계 있다. 즉 한 명사를 중심에 놓고 그것을
> 기준으로 타자성을 측정, 배분, 주변화하는 것이다. 나는
> 후자에 예속되는 사람들에 의한 전자의 실천에 초점을
> 둔다.

매키의 에세이 제목은 아미리 바라카에게서 빌려온 것이다. 바라카는 백인 음악가들이 흑인 음악으로 이득을 취한 역사를 가리켜 "동사를 명사로" 변질시켰다고 타당한 정의를 내린다. 예컨대 스윙은 음악에 반응한다는 의미의 동사로서 흑인들이 탄생시킨 혁신의 산물이었으나, 백인 음악가들이 이를 탈취하여 거기에 스윙이라는 상표를 갖다 붙였다. 매키는 식민정복자의 영어에 "침입하여" 식민지 토착어로 새 말을 빚어냄으로써, 백인의 명사를 되찾아와 동사로 되돌려놓자고 촉구한다. 내가 영어를 타자화하는 방식은 영어가 나를 집어삼키기 전에 내가 먼저 영어를 집어삼키는 것이다. 그 과정에서 우리는 박찬욱 감독의 영화 「올드보이」의 한 장면처럼 서로 먹고 먹히는 상태가 될지도 모른다. 그 장면에서 한 남자가 횟집에 들어가 산 낙지를 주문하는데, 통째로 나온 낙지가 접시 위에서 꿈틀거린다. 그는 그 낙지를 한꺼번에 입에 밀어 넣지만, 너무 커서 다 안 들어간다. 낙지의 다리가 그의 머리를 죄고 머리를 뒤덮어 기도가 막힌다. 결국 그는 졸도한다.

　　글이 잘 써지는 날에는 내가 바로 그 낙지가 된다.

　　　　　　　✕

　　　　　　미국에서 40년 넘게 살았어도 우리 엄마의 영어는 여전히 초보 수준이다. 엄마는 한국어로 말할 때는 생각하는 바를 터놓고 말한다. 예리하고, 유머 있고, 남을 흉보며 자신을 추어올리기도 한다. 하지만 엄마가 백인에게 말할 때 쓰는 영어는 잘못 누른 피아노 건반같이 나를 민망하게 만들곤 했다. 엄마가 말할 때, 백인들이(대체로 여자) 부자연스러운 아량의 가면을 쓰는 것을 나는 주시했다. 억지로 인내심을 끌어올려 크게 뜬 그들의 눈은 굳어 있었고, 미소는 우월감으로 함지박만했다. 그러다가 어린애한테나 쓰는 목소리로 엄마를 상대하기 시작하면 내가 끼어들었다.

어렸을 때부터 나는 엄마를 대변하여 최대한 권위 있게 발언하는 법을 배웠다. 그 백인 여자의 눈에 서린 비웃음을 물리치고 싶었고, 정신이 번쩍 들게 유창한 내 영어로 그 사람이 지녔던 생각을 부끄럽게 만들어주고 싶었다. 이제 깨닫지만, 내가 글쓰기에 끌린 것은 우리 가족을 부당하게 재단했던 사람들을 재단하고, 내가 그 상황을 내내 지켜보고 있었음을 입증하려는 목적도 얼마간 있었다.

가엾은 아시아 억양. 아시아 억양은 심하게 굴욕당하는 억양이며, 놀려도 되는 최후의 억양에 속한다. 아시아 억양으로 의사를 전달하기란 얼마나 어려운가. 부끄럽지만 나도 때때로 그 백인 여자처럼 행동한다. 중국 식당에 전화로 주문할 때 종업원이 못 알아들으면, 참을성 없이 주문을 되풀이한다. 타임워너사에 전화할 때 인도 억양을 지닌 상담원과 연결되면, 인도 콜센터들이 직원을 거의 훈련하지 않는다는 소리를 들었기 때문에 미리부터 짜증이 솟는다. 온라인 주문배달 서비스업체 '심리스'가 생긴 것도 미국인들이 귀찮게 이민자 억양을 알아들을 필요가 없도록 하려는 의도가 아니었나 하는 의심이 든다. 바로 그래서 앞으로 자동화가 인도 콜센터를 대체할 것이다. 이미 영어에 의해 납작해진 각국 출신들의 억양을 기계가 더욱 납작하게 눌러버릴 것이다.

나는 새로운 TV용 아시아 억양, 즉 TV에 나오는 아시아계 미국인 배우들 말고 다른 아시아인은 안 쓰는 억양이 등장한 것을 알아차렸다. 이 억양은 부드럽고, 시트콤에 알맞고, 듣기에 부담이 없다. 그나마 드물게 선보이는 아시아계 미국인 시트콤은 시청자가 원하는 것을 충족하기에 바쁘고 귀염 떠는 농담으로 가득해서 보기가 영 괴롭다. 하지만 어차피 한국 가정 – 적어도 내가 자란 가정 같은 부류 – 에 관한 현실적인 드라마를 TV로 내보내기는 불가능하다는 것이 내 극단적인 의견이다. 미국인들은 아마 지루해하면서도 질겁할 것이다. **세상에, 누가 아동보호기관에 알려야 하는 거 아니야?** 화면에다 대고 그렇게 소리칠 것이다.

※

나는 진지하게 시를 쓰기 시작한 이래로 부정확한 영어를 이용했다. 마치 아마추어 연주자가 전문 오케스트라에 들어가 엉뚱한 부분에서 심벌즈를 울리거나 도입부보다 먼저 플루트 연주에 들어가듯 용어 선택을 실험했다. 고상해야 할 때 저급한 어휘를 쓰고, 가벼운 대화에 고귀한 웅변을 사용했다. 나는 판매원이 구매를 권유하는 어조로 새뮤얼 테일러 콜리지의 시 「쿠빌라이 칸」과 짝이 되는 시를 지었으며, 내가 직접 고안한 피진어로 장편 서사시를 썼다. 나는 모든 외부의 영어를 안으로 들이고 내부의 영어를 밖으로 끌어내고 싶었다. 시라는 기둥에 흠집을 내고 싶었다. 흠집만으로는 모자랐다. 맹렬하게 훼손하고 싶었다. 하지만 그렇게 훼손해서 무엇을 얻을 수 있을 거라 기대했을까? 영어를 깨부수어 그 언어가 얼마나 부적합한지 지적하는 것으로 충분했을까?

우리 할머니는 데이트 상대를 고르는 옛날 TV 방송 「러브 커넥션」을 열심히 시청하셨다. 영어를 전혀 못 알아들어도 두 사람이 소파에 앉아 서로 대화하는 모습을 굉장히 재미있게 보셨다. 웃음 트랙을 따라 같이 웃으시다가, 고개를 돌려 내가 웃는지 확인한 다음 다시 TV를 보며 웃음을 보태셨다. 할머니가 따라 웃으시던 미리 녹음된 웃음 사운드트랙은, 우리 집의 칙칙한 긴장감을 더욱 선명하게 드러내는 공허한 소리의 동굴이었다. 나는 할머니가 방송을 보는 동안 그 귀 따가운 소리에 바짝 경계하며 앉아 있다가, 자꾸만 너도 웃으라고 귀찮게 요구하는 웃음 트랙에 점점 짜증이 솟았다. 우리 집은 미래에 대한 불길한 예감으로 매일을 소진하는, 현재가 보이지 않는 공간이었다. 정확히 언제 폭발할지는 알지 못해도 엄마가 기분이 안 좋은 순간을 나는 한시도 놓치지 않았다. 눈치를 채고 한참 기다리다 보면 이윽고 엄마가 고래고래 내 이름을 부르는 소리가 들렸다. 그게 신호였다. 나는 벌떡 일어나 집 안에서 나는 소리가 밖으로 새어 나가지 않도록 모든 창문을 꽉 닫았다.

시인으로서 나는 지금까지 시종일관 영어를 권력 투쟁을 위한 무기로 취급해왔고, 나보다 더 힘센 자를 상대로 그 무기를 휘둘렀다. 그래서 영어로 애정 표현을 하는 데에 서투르다. 집에서 나는 소리가 바깥에 들리지 않도록 늘 조심하다 보니 바깥에서 나는 소리를 안으로 들이는 법을 알지 못한다. 나는 고통과 불가분하게 뒤얽힌 사랑으로 양육된 나머지, 그 사랑을 공기 중에 일단 노출해버리면 그것이 산화되어 괜히 내가 영어로 내 가족을 배신하는 꼴이 될까 봐 두렵다.

✕

　　　　서리꾼이라는 비난을 받지 않고 서투른 영어를
채취하는 작업을 얼마나 멀리까지 밀어붙일 수 있을까? 과거에는
하와이 피진어와 스팽글리시를 차용한 적도 있지만, 이제는
그 언어들을 쓰기 전에 한 번 더 신중해진다. 영화 「크레이지
리치 아시안」이 개봉됐을 때 거기에 출연한 아콰피나의 흑인
억양이 "블랙페이스"(흑인이 아닌 연기자가 흑인을 연기하기 위해
과장되고 희화된 방식으로 얼굴에 검은 칠을 하던 일을 일컫는
용어로 지금은 모욕적이고 인종주의적인 행위로 간주한다—
옮긴이) 행위에 해당한다는 비난이 트위터에 확산됐다.
아콰피나의 억양은 내가 LA에서 들으며 자란 한인 타운 억양과
크게 다르지 않다. 하지만 그 한인 타운 여자애들이 블랙페이스
행위를 하고 있다고 생각해본 적은 없다. 그저 주변의 다른
10대들이 쓰는 말투를 따라 하는 거라고 여겼다.
　　　　내가 이 글을 쓰는 동안 이 나라는 좌우 양편에서 정체성의
축소를 겪었다. 백인 국가주의가 발흥하자 수많은 비백인이
분노와 자존심으로 자신의 정체성을 방어하는 한편 수 세기에
걸친 백인의 비서구 문화 착취에 대해 보상을 촉구했다. 그러나
이 정당한 분노에서 초래된 한 가지 부작용은 예술가와 작가에게
오직 자신의 개인적인 인종적 체험만을 근거로 발언하라고
요구하는 "자기 차선 지키기" 정치였다. 그런 정치는—인종
집단이 깔끔히 나뉘지 않고 중첩되는 삶의 복잡한 현실을 무시한
채—인종 정체성의 순수성을 가정할 뿐만 아니라 인종 정체성을
지적 재산권으로 전락시킨다.

우리가 시나 소설에서 영감을 얻을 때 느끼는 인간적인 충동은 그것을 남들과 공유하여, 루이스 하이드의 표현처럼 "그에 따라 서로 연결된 관계"의 자취를 남기는 것이다. 그러나 시장경제에서 예술은 상품이어서 유포가 차단되고 개별적으로 보관된다. 영리를 목적으로 예술작품을 유통하는 과정에서 엄청난 수익을 챙기는 것은 백인 저작자들이다. 이 주제와 관련해 아미리 바라카가 귀중한 인용구를 선사한다. "모든 문화는 서로 배운다. 문제는 뭐냐 하면 비틀스는 자기들이 아는 모든 것을 블라인드 윌리에게 배웠다는데 왜 블라인드 윌리는 아직도 미시시피 잭슨시에서 승강기 운전원으로 일하고 있느냐는 것이다."

우리는 이 불공평한 분배를 반드시 바로잡아야 하지만, 그러면서도 하이드가 "선물 경제"로 일컬은 체계에서 일어나는 문화 교류의 무궁무진한 가치를 잊지는 말아야 한다. 우리는 시장경제에 반발하는 과정에서 오히려 시장 논리를 내면화하여, 공유하면 가치가 저하되는 상품이라도 되듯 문화를 비축하고, 영어를 탈식민화하는 대신 적대적인 국민국가들끼리 영어의 몫을 나누어 챙겼다. 혁신의 영혼은 문화 교차가 주는 영감 속에서 활짝 피어난다. 우리가 각자 자기 차선에만 머무르면 문화는 죽어버릴 것이다.

※

영화감독 트린 T. 민하는 내 체험 바깥에 있는 문화에 "관해 말하기"(speaking about)보다 그 "근처에서 말하기"(speaking nearby)를 제안한다. 「아트포럼」과의 인터뷰에서 트린은 이렇게 말한다.

무엇에 관해 말하기보다 근처에서 말하기로 했을 때 제일
먼저 해야 할 일은 당신과 영화에 등장하는 사람들 사이에
놓인 잠재적 간격을 인정하는 겁니다. 다시 말해 대표성의
공간을 남겨두는 거죠. 그리하여 당신이 대상자와 아주
가깝다고 하더라도 그들을 대표하거나, 대신하거나, 그
위에 군림하여 발언하지 않겠다고 다짐하는 것입니다.
당신은 오직 근처에서, 즉 가까운 거리에서 말할 수
있을 뿐이며(그 타자가 물리적으로 현존하든 부재하든),
그러려면 의미 규정을 의도적으로 멈추어 의미가 간단히
봉쇄되지 않게 하고 의미가 형성되는 과정에 여백을
남겨두어야 합니다. 그러면 타자가 그리로 들어와 그
자리를 원하는 방식으로 메울 수 있게 됩니다. 이 접근
방식은 양자 모두에게 자유를 주며, 아마 이런 이유에서
이 방식의 강력한 윤리적 견지를 알아본 영화인들이 이
방식을 채택하고 있는 것 같습니다. 타자와의 관계에서
권위자의 위치를 점하려고 시도하지 않음으로써,
전지전능의 주장과 지식의 위계에 따라 생성되는 무수한
판단 기준으로부터 당신은 사실상 자유로워집니다.

내가 모듈 형식의 에세이를 쓰게 된 것도, 아시아계 미국인의
상태가 너무 복잡하게 뒤엉켜 있어서 내가 아무리 전력을 다해
봤자 그 전반을 다룰 수는 없고 그저 "근처에서 말하기"만 할
수 있기 때문이다. 정확히 규명하려고 애를 쓰면 쓸수록 더

포착이 안 된다. 이 주제로 서정시를 써보려고도 했지만, 내게 서정시란 나는 어떤 존재가 아니라고 목청을 높이기 위해 올라가는 무대이고 받침돌이다(비백인이 겪는 저주는 나는 어떤 존재가 아니라고 주장하기에 바빠서 내가 어떤 존재라는 말은 미처 해보지도 못한다는 것이다). 인정하건대 미국의 아시아인이라는 주제는 지금도 종종 창피할 정도로 미지근하게 느껴져서 그 점을 바꾸고 싶은 마음이 간절하다. 옆길로 새도 되는 이런 에피소드 형식을 택한 것은 바로 그 때문이다. 그러나 나는 옆길로 샜다가도 다른 각도로 항상 되돌아온다. 그것이 주제를 향해 조금씩 가까이 다가가는 나만의 방식이다.

그러나 아시아계 미국인의 상태를 근처에서 쓰려면 다른 인종의 체험도 근처에서 써야만 한다고 느낀다. 학생들이 내게 이렇게 물은 적이 있다. "어떻게 하면 백인성에 늘 반응하지 않고 인종 정체성에 관해 쓸 수 있을까요?" 대답은 자동으로 나온다. "네 얘기를 써." 하지만 백인 출판업자들이 "무슬림의 체험"이나 "흑인의 체험"을 원한다는 점에서 자기 얘기를 쓰는 것 또한 백인성에 대한 반응일 수 있다. 백인 출판업자들은 인종을 서로 단절시켜 취급하고 싶어 한다. 그래야 이해하기 쉽고 유형화하기 쉽기 때문이다. 글쓰기를 시작한 이래 나는 내 이야기를 하는 일뿐만 아니라 백인성을 탈중심화하는 글쓰기 형식—표현 방식—을 찾아내는 일에 관심을 두었다. 내가 서투른 영어를 그 형식으로 택한 것은, 미술가 그렉 보도위츠가 급진적 예술과 관련해 언급한 대로 그것이 일반적으로 같은 범주로 분류되지 않는 집단들을 한데 모음으로써 소셜미디어 알고리즘과 소비자 인구 통계를 우회하기 때문이다.

서투른 영어는 잘 트윗 되지 않는다. 내 시에서 한 구절을 트윗 하면 아마 납으로 만든 풍선처럼 가라앉을 것이다. 서투른 영어는 오프라인으로, 책이나 라이브 공연으로 공유하는 것이 가장 좋다. 서투른 영어는 소리 내서 읽어야만 이해되는 대화형 어휘이지만, 혹시 잘 이해가 안 되더라도 그 질겅거리는 음절들은 어떤 문화에서 비롯된 것이든 상관없이 내게 익숙하게 느껴지고, 바로 그래서 서투른 영어는 백인 이외의 인종 집단들을 한자리에 모아놓는다. 그러나 서투른 영어는 멸종되어가는 예술이다. 인터넷이 우리에게 화면 스크롤 절반 정도면 끝나는 길이로 명료하고 간결한 시를 쓸 것을 요구하기 때문이다. 억양이 들어간 영어로 누가 말하는 것을 진정으로 알아듣고 싶다면, 속도를 늦추고 온몸으로 들어야 한다. 귀를 훈련하고 온전하게 주의를 기울여야 한다. 인터넷은 그럴 시간을 주지 않는다.

나는 스팽글리시 음절을 캐러멜처럼 잡아 늘이는 로드리고 토스카노("tha' vahnahnah go-een to keel joo"[그 바아나아나아가 당시인을 주욱일 거어야])의 근처에서, 또는 흑인 은어, 일어, 스페인어, 차모로어, 타갈로그어 등을 뒤섞어 흑인 미래주의 노래로 재연출하는 라타샤 N. 네바다 딕스("… 풍선껌 페티시 / 아랍 족장의 침입자. / 1979년 이래로 급진주의자. / 마법사. 톰슨 기관단총. 늑대 인간.")의 근처에서 가능하면 오래도록 글을 쓰고 싶다. 내가 라틴계 사람들의 체험을 대변할 수는 없지만, 토스카노의 서투른 영어 근처에서 나의 서투른 영어에 관해 쓰면서 구절 사이사이에 여백을 남겨 독자가 우리를 연결 지을 수 있도록 할 수는 있다.

✕

  우 창(Wu Tsang)은 부모 중 한쪽이 중국인인
트랜스젠더 작가로, 길고 여성적인 얼굴에 따스하고 인정이
느껴지는 갈색 눈을 지녔다. 그는 현대무용가처럼 정수리에
머리를 틀어 올리고 매끈한 근육질 어깨가 드러나는 헐렁한
탱크톱을 입는다. 그의 외모는 별세계에서 온 것 같으면서도
세속적이어서, 숲속의 요정처럼 보이기도 하고 소수자가
안심하고 소통할 수 있는 안전 공간(safe space)의 중요성을
설명하는 진지한 기숙사 조교처럼 보이기도 한다.
  우 창의 2012년 다큐멘터리 「와일드니스」는 하루 중 가장
매혹적인 시간인 황혼 녘에 LA를 이동 촬영한 장면과 함께
시작된다. 해방된 그림자들이 혹독한 태양 아래 납작해졌던
도시에 심도를 더한다. 타는 듯한 핑크빛 하늘을 배경으로
가로등이 켜진다. 처음에는 부드럽게 반짝이다가, 어둠이 깔리면
가로등에서 뿜어 나오는 하얀 광선이 너무도 괴이하게 눈부셔서
텅 빈 거리가 UFO라도 착륙할 것 같은 활주로처럼 보인다.
길가에 늘어선 쇼핑몰도 어둠에 자리를 내어주고, 헬베티카
폰트로 쓰인 상점 간판, 호텔 꼭대기를 우아하게 장식하는
아르데코 상형문자 간판 할 것 없이 온갖 네온사인이 소생한다.
한인 타운 바로 외곽에 위치한 유명한 벌록스 윌셔 건물에
왕관처럼 씌워진 청록색 테라스가 광채를 발하는 모습이 보인다.
엄마는 친구가 그 백화점 보석 코너에서 일해서 거기에 자주
들렀고, 때때로 나도 데리고 갔다. 엄마가 오픈형 탈의실에서
바지를 입어보는 동안, 주위에서 백인 여자들이 다양한 수위로

탈의 중이었던 것을 기억한다. 그러다가 1992년에 약탈범들이 건물에 침입했고, 깨진 유리 조각이 행사용 색종이처럼 트래버틴석 바닥에 흩뿌려졌다. 이후 백화점은 영구히 문을 닫았다.

우 창이 UCLA 미대에 입학해 LA로 옮겨온 지 얼마 안 됐을 때였다. 오자마자 그는 술집 '실버 플래터'에서 한 공동체를 알게 됐다. 차가운 청색 네온 간판이 번쩍거리는 이 바는 라틴계 미국인 동네인 웨스트레이크 구역 7번가에 있다. 이 지역 라틴계 트랜스젠더 공동체는 지난 수십 년간 실버 플래터에 모여서 장기자랑 행사를 열고, 카우보이모자를 쓴 멕시코 시스젠더 남성들과 춤을 추고, 4달러짜리 샴페인을 마셨다. 바 자체는 흠집 난 체스판 무늬 바닥에 플라스틱 의자를 놓은 평범한 분위기이다. 그러나 밤이 되어 트랜스 여성들이 가장 화려한 드레스로 치장하고 노래할 때, 바는 변신한다. 그들 중 일부는 슬펐던 어린 시절의 얼굴을 지녔고, 마스카라와 샹들리에 귀걸이로 그 얼굴을 감춘다. 이 다큐멘터리에서 인터뷰 대상자로 나오는 에리카는 멕시코에 있을 때 너무 여성적이라는 이유로 아버지에게 장화로 두드려 맞았다고 했다. 그러나 정말로 상처받은 부분은 공공장소에서 두드려 맞는 수치심이라고 했다. 결국 그는 가출해 화물열차 지붕에 올라타고 북쪽으로 향했다. 그 화물열차는 "야수"라는 별명으로 불렸는데, 무수한 밀입국자들이 열차 지붕에서 떨어져 불구가 되거나 목숨을 잃었기 때문이다. 이윽고 그는 국경을 넘어 LA에, 그리고 실버 플래터에 이르렀다. 거기서 그는 가정 폭력, 국경 순찰대, 그리고 혐오로부터 멀리 떨어진 피난처를 발견했다.

에리카와 우는 특별히 친하다. 에리카는 영어를 못 하고 우는 스페인어를 못 하지만, 그래도 서로를 이해한다고 우는 주장한다. "아빠가 내게 중국어를 가르쳐주지 않았지만, 그 잃어버린 조각이야말로 내가 사람들과 가까워지는 열쇠였다"라고 우가 말했다. 다시 말해서 사랑에는 꼭 언어가 필요하지 않고 촉각, 음식, 또는 밤의 유흥을 함께 나누며 사랑을 표현할 수 있다는 것을 배우며 자랐다는 뜻이며, 그럼으로써 우와 에리카도 「백조의 호수」 오데트처럼 진정한 자기를 드러낼 수 있다는 뜻이었다.

실버 플래터는 너무 특별해서 우는 많은 이들에게 이곳을 소개하고 싶어 했다. 그래서 화요일 밤마다 자기가 파티를 열어도 될지 바 주인들에게 허락을 구한다. 그들은 동의하면서 우의 다른 친구들을 환대한다. 우 창 일행은 대다수가 흑인과 갈색인이지만, 그곳에 오는 트랜스 여성들이 보기에는 잘 교육받고 동화된 "다양한 피부색을 지닌 그링고"(gringo: 중남미인들이 외국인, 특히 미국인을 가리켜 부르는 비속어―옮긴이)들이다. 그 화요일 파티는 '와일드니스'로 명명되고, LA 전역에서 퀴어와 예술가들이 모여든다. 우와 그의 친구 애쉴랜드는 엄청나게 우스꽝스러운 드랙쇼 라이브 공연을 진행한다. 이를테면 소프라노 가수가 다른 사람 엉덩이 사이에서 구슬 묶음을 잡아당겨 빼면서 아리아를 부르는 식이다. 그곳 트랜스 여성들은 드랙쇼를 전통적인 호화 쇼가 아니라 전위 예술로 여기는 이 쿨한 퀴어들에게 압도되어 처음에는 거리감을 느끼지만, 이윽고 와일드니스에 푹 빠져든다. 우가 바란 대로 새로운 가족이 형성된다.

✕

2016년 대통령 선거 이후로, 나는 노는 것도 저항의 한 형태일 수 있다는 것을 잊고 있었다. 트랜스젠더의 삶이 지닌 불안정성도 드러내야 하지만, 그들의 흥청거리는 삶에 담긴 체제 전복성도 알려져야만 한다. 『이상향을 유람하다: 퀴어한 미래의 바로 그 순간』에서 호세 에스테반 무뇨스는 이렇게 적었다. "우리는 새롭고 더 나은 유흥을 벌이고, 다른 방식으로 이 세상에 존재하기를 실행해야 한다. 퀴어스러움은 현재 우리가 겪는 비관과 고역의 낭만을 넘어 전진하도록 추동하는 어떤 열망이다." 예술은 이처럼 아직 도래하지 않은 상태를 잠시라도 꿈꾸는 일이다. 그렇지만 소셜미디어가 그런 비밀스러운 유토피아를 거의 즉시 뿌리 뽑아 표면에 드러내고 첨단기술 기업의 알고리즘이 예술과 시가 공유되는 영역을 감독하는 이 시대에, 우리는 어떻게 해야 그 감춰진 세계를 창조할 수 있을까?

와일드니스 행사는 멍청한 힙스터들이 침입하는 바람에 너무너무 혼잡해진다. 『LA 위클리』는 실버 플래터에 관해 트랜스젠더 혐오적이고 거만한 리뷰를 싣는다. 실버 플래터의 젠트리피케이션에 기여했다는 우 창의 죄책감, 모든 고결한 의도를 망치는 죄책감이 영화의 분위기를 압도한다. 결국 우는 그 바의 취약한 생태계를 보호하기 위해 파티를 그만둔다. 마지막 장면은 트랜스 여성들과 우가 소풍을 즐기는 모습이다. 우의 와일드니스 파티가 실버 플래터의 안식처 역할을 거의 망치다시피 했어도 그들의 우정은 계속된다는 것을 증명하기 위한 장면이다. 그러나 우의 죄책감을 일단 감지하고 나자, 내 시각은 혹독하게 비판적으로 변했다. 아티스트의 죄책감은 전염성이 있어서 내게 전염되지 않도록 물리치고 싶어진다는 점에서, 나의 혹독하게 비판적인 시각은 일종의 이기심에서 비롯된 것임을 시인한다. 에리카와 우의 우정은 영화 제작이 완료된 후에도 지속되었을까? 우가 라틴계 트랜스젠더 공동체를 위해 무료법률상담소를 세운 것은 진정으로 변화를 이뤄내기 위해서였나, 아니면 자기 죄책감을 씻기 위해서였나? 영화 「와일드니스」의 성공 덕택에 우는 큰 명성을 얻고 맥아더 천재 장려금도 받았다. 그 상금을 트랜스 여성들과 나눠야 하는 것 아닐까?

✕

내가 자랄 때 흑인 아이, 갈색 아이 들은 별생각 없이 인종을 차별했다. 한국 아이들 역시 별생각 없이 인종을 차별했다. 비백인 아이들이 내게 찢어진 눈 어쩌고 해도 별로 상처받지 않았던 것은 나도 맞받아치며 욕할 수 있었기 때문이다. 우리 중에 흠 없는 피해자는 찾기 어렵다. 그렇지만 우리가 다 똑같은 처지였다고 말하는 것은 옳지 않으며, 그렇기 때문에 내가 그저 '너의 서투른 영어 곁에서 나의 서투른 영어에 관해' 쓰기만 할 수는 없다. 근처에서 말하고자 노력할 때는 우리 사이의 간격도 직시해야 하는데 이것이 쉽지 않다. 왜냐하면 일단 나 자신을 연루시키면, 그렇게 연루시키는 일을 도저히 적정한 선에서 멈출 수가 없기 때문이다. 우리 사이의 간격은 계급이다. 한인 타운에서 한국인은 앞에 나와 손님을 상대하고 멕시코인은 뒤에서 보조하는 일을 한다. 한번은 내가 친구를 사귀었는데 엄마가 그 아이와 놀면 안 된다고 해서 왜냐고 묻자, 엄마는 그 아이가 멕시코 사람이기 때문이라고 했다. 경악할 일은 내가 친구에게 그 얘기를 했다는 것이다. "네가 멕시코 사람이라서 너랑 놀면 안 된대." 그러자 걔가 말했다. "나는 푸에르토리코 사람이야."

✕

　　　작가 제스 로는 『백인 탈출』에서 "어쩌면 파국적일 수 있는 미국의 대실패는 함께 살아간다는 것의 의미를 상상하지 못한 점"이라고 말한다. 로는 이 통찰의 맥락을 설명하기 위해서 전후 백인 작가들이 자기 작품 속 백인 등장인물이 자신만의 "창의적 자아"를 어려움 없이 성취할 수 있도록 "불편하게 이질적인 얼굴들"이라는 설정을 삭제한 점을 돌아본다. 나 자신의 아시아 정체성을 놓고 생각해봤을 때 나라면 오로지 나와 닮은 사람만 존재하도록 내가 상상하는 세계를 봉쇄하지 못할 것 같다. 왜냐하면 그랬다가는 백인들이 품는 인종 분리의 환상에서 탈피하기는커녕 따라 하는 꼴이 되기 때문이다.

　　말을 이렇게 하지만, 전례도 별로 없는데 우리가 함께 살아가는 일에 관해 내가 어떻게 쓸 수 있을까? 다문화적 합일성이라는 안이한 환상이나 도덕성을 과시하는 살균된 언어에 기대지 않고서 쓸 수 있을까? 솔직하게 쓸 수 있을까? 내가 받은 상처뿐만 아니라 내가 남에게 준 상처에 관해서도 쓸 수 있을까? 그러면서도 죄책감에 시달리지 않을 수 있을까?

죄책감은 상대에게 용서를 요구하고 따라서 이기적이다. 바꿔 말해서 나는 상대에게 용서를 요구하지 않고 사과할 수 있을까? 대체 어디서부터 시작하면 좋을까?

어떤 배움

내가 에린을 처음 만난 것은 메인주에서 열린 고등학교 미술 캠프에서였다. LA의 가족과 처음으로 떨어져 지내게 되어, 모범생 지위에서 벗어나 늘 바라던 대로 불량 소녀가 되어볼 수 있으리라 기대했다. 내 비장의 무기는 군화, 록밴드 푸가지와 페이브먼트의 카세트테이프, 그리고 말보로 라이트 한 갑이었다. 그러나 캠프 장소에 도착하자마자 나는 거기 온 애들의 상대가 못 된다는 것을 깨달았다. 뉴욕 아이들은 래리 클라크 감독의 90년대 영화 「키즈」에 나오는 애들처럼 허무주의적으로 힙했다. 에린은 그중에서도 가장 인상적이었다. 머리를 비대칭 보브컷으로 자른 장신의 타이완계 고스족 여자애였는데, 발목까지 덮는 암회색 빈티지 네글리제를 입고 방한 부츠처럼 육중한 무릎 높이의 전투화를 신었다. 나는 기가 눌려 그 애를 피해 다녔다.

그러나 우리는 소묘 시간에 어쩌다 머뭇머뭇 친구가 되었는데 그 애가 내 그림을 좋아했기 때문이다. 우리는 이젤을 곁에 나란히 놓고 그림을 그렸다. 우리는 서로 그림을 칭찬했다. 그 애가 내 드로잉 펜을 빌리기도 하고, 내가 그 애의 마스킹 테이프를 빌려 쓰기도 했다. 하지만 수업이 끝나면 걔는 나보다 훨씬 쿨한 친구들과 어울렸고, 나는 침울한 지하 기숙사 방으로 돌아와, 미국 동부의 오만함에 도전하는 행위로써 벽에 거대한 성조기를 걸어놓은 남부 출신 백인 룸메이트와 시간을 보냈다.

한번은 토요일 밤에 에린이 내게 그림 그리러 가겠냐고 물었다. 기숙사 조교가 빈방을 사용해도 된다고 했고 같이 그릴 사람이 있으면 좋겠다고 했다. 나는 당장 좋다고 했지만, 수업 시간 외에 다른 사람과 함께 그림을 그려본 적은 한 번도 없었다. 내게 미술은 완전히 사적인 작업이었다. 나는 일상에서 도피하려고 주말 밤에 집에서 홀로 그림을 그렸다.

　카세트 플레이어에서 뉴 오더의 음악이 흐르고 클립 조명등으로 밝힌 빈방에서, 친구와 나란히 틀에 매지 않은 캔버스 천을 핀으로 벽에 고정하는 일은 너무나 친밀하게 느껴졌다. 사생화가 아니라 상상화를 그리는 것이라 더 그랬다. 혼자서는 자연스럽게 느껴졌던 행위가ㅡ스케치를 하고, 한 발 물러서서 내가 그린 그림을 응시하는 등ㅡ마치 오로지 에린을 위해 연기하는 의식적인 행위처럼 느껴졌다. 아예 베레모에 화가용 작업복까지 착용해도 될 뻔했다. 한편으로는 그 순간에 내가 미술가의 역할을 수행하고 있다는 점을 강렬하게 의식했던 까닭에, 미술가로서의 내 정체성을 처음으로 실감했다.

　서로 이야기를 나누다 보니 에린의 위협적인 아우라는 사라졌다. 에린은 뉴욕시 출신이 아니라 롱아일랜드 교외에 살았고 그 동네 공립학교를 다녔다. 부모님은 컴퓨터 프로그래머였다. 에린은 워낙 이언 커티스의 이마에서 튀어나온 것 같은 이 세상 사람이 아닌 것 같은 분위기여서 에린의 부모님이 나의 부모님처럼 엄격한 이민자라는 것을 알고 놀랐다. 게다가 에린이 딱히 이 세상 사람이 아닌 듯 행동한 것도 아니어서, 어느 순간 걔가 방귀를 뀌었다. 깜짝 놀란 내 얼굴을 보더니 걔가 웃었다. "왜 우리가 항문을 꽉 조이면서 돌아다녀야 하지? 참는 건 건강에도 안 좋아." 우리는 대체로 조용히 일했다. 에린은 막스 에른스트의 영향을 받아 인간 같기도 하고 새 같기도 한 형상을 그렸고 내게는 으스스하게 보였다. 나도 에린을 본떠 인간의 모습을 한 어떤 형체를 내 방식으로 그리기 시작했다. 몇 시간이 흘렀고, 나는 평소처럼 조심스럽게 그리기보다는 맹렬하게 그려댔다. 기숙사에서 사람들이 하나둘 잠들자 배경에서 희미하게 들리던 대화와 웃음소리가 잦아들었다. 끝까지 감긴 테이프가 끽 소리를 내며 멈췄다. 이제 들리는 거라곤 황소개구리의 저음에 맞춰 우는 귀뚜라미 소리가 전부였다. 그 소리가 점점 커져서 우리 방만 기숙사 건물에서 떨어져 나와—마치 제4의 벽이 없는 인형의 집이 되어—어느 울창한 숲의 심장 속으로 흘러 들어가는 것만 같았다.

✕

2013년 에린과 나는 아티스트 짐 쇼의 뉴욕 첼시 전시회 개막식에 참석했다. 짐 쇼는 중고품 가게에서 사 모은 아마추어 그림 수백 점을 호화로운 고급 갤러리에 전시하는 개념미술 작가로 LA를 기반으로 활동했다. 그는 아마추어 화가들이 주로 선호하는 소재인 어릿광대, 고양이, UFO, 기타 조잡한 소재에 따라 그림을 분류했다. 다른 관람객처럼 우리도 타블로이드 신문같이 야단스러운 그 초상화들을 얼빠진 듯 구경하며 전시장을 돌아보았다. 이 전시는 대단한 호평을 받았다. 한 평론가는 쇼가 "포스트모던 사회의 탈중심적 주체와 분절화된 정례를 인정함으로써 인물이나 특정 스타일 중심의 전시라는 관념을 파괴했다"라고 평했다.

그러다가 우리는 눈에 익은 초현실주의풍의 작품 한 점과 마주쳤다. 새처럼 생긴 형체를 그린, 아크릴 물감으로 두껍게 임파스토 작업한 그림이었다. 이 그림은 여러 해 전에 우리가 참가한 미술 캠프에서 에린이 그렸던 미완성 작품이었다. 키치로

157

가득한 이 전시장에서 에린의 그림은 작위적이지 않고 천진해
보였다. 그 으스스함이 계산된 효과를 위해 고안된 스타일이
아니라 훈련받지 않은 정신에서 나온 우연한 결과로 보였다.
에린의 어머니가 롱아일랜드 중고품점에 처분한 딸의 고등학교
시절 포트폴리오를 쇼가 발견한 것이 분명했다. 고아 신세였던
이 그림은 그에게 발견되자마자 값어치 나가는 수집품으로
변했다.

　　에린은 그 그림을 창피하게 여겼다. 유치하고 아무 가치도
없는 쓰레기라고 했다. 나는 유명한 미술가들이 젊었을 때
작업한 그 모든 형편 없는 작품들이 오늘날 수백만 달러를
호가한다는 사실을 떠올렸다. 조금 끼적거린 것도 전부 소중한
물품이 되어 기록보관소에 모셔진다. 그 미술가의 초기 스타일을
보여주기 때문이다. 나는 에린에게 짐 쇼에게 가서 그게 네
그림이라고 말하라고 부추겼다. 에린은 싫다고 했다. 2013년
당시 에린은 유럽에서는 이미 전시회를 했지만 뉴욕에서는
아직 데뷔하지 않은 상태였다. 내가 자꾸 떠밀자 에린이 그만 좀
하라면서 덧붙였다. "이런 식으로 첼시에서 데뷔할 생각 없어."

╳

　　20대에 알고 지내던 조라는 친구가
있었다. 그는 미술가였고, '치즈버거'라는 밴드에서 노래도
불렀다. 그는 모리스 샌닥처럼 땅딸막했지만, 무대 위에서는
로버트 플랜트처럼 몸부림치고 울부짖었으며, 너무 헐렁한
청바지를 입어서 엉덩이 갈라진 틈이 한 뼘 길이나 보였다.
그런 식의 조명을 받은 것이 그에게 유리하게 작용했다. 나는

2008년에 갤러리 '캐나다'에서 그의 단독 전시회를 보았다.
뉴욕 로어이스트사이드에 있는 그 갤러리는, 요금 15달러에
보스턴까지 가는 차이나타운 버스 정류장 바로 옆에 있었다.
서늘한 갤러리 공간에 입장했을 때 나는 아직 전시 설치를
하지 않은 줄 알았다. 벽은 젯소 칠이 안 된 더러운 캔버스 몇
점 말고는 거의 텅 비어 있었다. 한 캔버스에는 스마일리 얼굴
형상이 희미하게 휘갈겨져 있었다. 또 다른 캔버스에는 슈퍼맨
S 로고가 유치하게 그려져 있었다. 심지어 같은 밴드 멤버들마저
그 전시회에 짜증을 냈다. "조가 이 행사를 완전히 막판에
급조했어요."

그의 단독 전시회는 큰 인기를 얻었다. 그 후로 조에게는 이
세대의 "미적 관례, 사회 규범, 또는 그 둘 다에 맞서 남성성을
과시하는 악동 전위주의자"라는 별명이 붙었다. 그의 회화
작품은 "원시주의적"이면서도 어딘가 "우리 디지털 시대의
무시간성"을 포착해낸 것으로 묘사되었다. 비평가들은 그가
그렇게 최소한의 노력만 들이고도 크게 호평받으면서 "교묘히
넘어간" 것을 신기해했다. 최근에 화가 겸 작품 설치가로 일하는
에린의 파트너를 만났는데, 그날 무슨 일을 했는지 묻자 "조
브래들리 한 점을 옮겼어요"라고 했다. "아니 언제부터 조를
그렇게 물건처럼 부르게 됐어요?" 내가 물었다. 그가 말했다.
"조 브래들리 한 점을 이방카 트럼프의 펜트하우스로 옮겨주고
나서부터요."

전위예술의 계보는 남자 소변기에 서명하고 그것을 예술로
일컬은 뒤샹을 필두로 "교묘히 넘어간" 백인 악동 예술가들의
일화를 통해 추적된다. 그 계보는 표준을 거부하고 궁극적으로

159

예술을 예술로부터 해방하는 선례를 확립한 일과 관련된다. 예술가는 예술작품을 숙달된 기교라는 규칙에서 해방하고, 그런 다음 내용 면에서 해방하고, 그런 다음에는 마르틴 하이데거가 말한 그 자체의 **사물성**으로부터 해방하여 예술작품이 삶 자체에 감싸이도록 한다. 예술작품을 박탈당한 우리에게 남는 것은 예술가의 행위뿐이다. 문제는 예술가의 규칙 위반을 역사가 "예술"로 인정해주어야 한다는 점이며, 이것은 그 예술가가 권력에 접근할 수 있느냐에 달려 있다. 여성 예술가는 좀처럼 "교묘히 넘어가"지 못한다. 흑인 예술가는 좀처럼 "교묘히 넘어가"지 못한다. 뺑소니치고도 교묘히 넘어가는 사립학교 부잣집 아이처럼, 교묘히 넘어간다는 것은 그 사람이 무법자라는 뜻이 아니라 법보다 우위에 있다는 것을 뜻한다. 악동 예술가가 뭐든지 원하는 대로 할 수 있는 것은 그의 신분 때문이다. 규칙을 위반하는 악동 예술은 사실 가장 위험 회피적이며, 돈 있는 수집가라는 단 한 명의 관객을 위해 무한 반복되는 재탕 묘기이다.

✕

미술 운동은 백인 남성 악동들의 브로맨스를 기반으로 이루어졌다. "공동 작업에 들뜬" 남자들, 이제 신성한 성지가 된 술집에서 "수십 년 진탕 퍼마신" 남자들의 위업은 빠짐없이 기록되었다. 젊었을 때부터 이 남자들은 자신들이 남길 유산을 미리 예상하고 행동했으며 평론가들은 그 미술가들이 원숙한 경지에 이르기 전에 미리 그들의 작품을 열렬히 사들였다. 반면에 여성 미술가들은 중요성을 늦게 인정받는다.

여성 미술가의 명성은 사후에 소급하여 주어진다. 고고학자들이 지하묘지를 파헤쳐 생전에 과소평가된 또 한 명의 천재를 발견했다고 선언해야만 비로소 주목받는다.

마이크 켈리, 폴 매카시, 짐 쇼의 우정이나 데 쿠닝과 폴록, 베를렌과 랭보, 브르통과 엘뤼아르의 우정에 관해 읽을 때면, 나는 여성, 더 절실하게는 유색인종 여성이 우정을 통해 미술가와 문인으로 성숙기를 맞은 이야기를 간절히 읽고 싶어진다. 지난 몇십 년 동안 수많은 페미니스트 문인과 미술가가 등장했지만, 그들이 함께 미적 원리를 기반으로 우정을 맺는 이야기를 글로 접하기란 여전히 흔치 않은 일이다. 문학사와 미술사를 깊이 파면 팔수록 나는 더욱더 고독해졌다. 하지만 삶에서는 혼자가 아니었다. 나는 에린과 헬렌과의 우정을 통해 이미 그런 종류의 유대감을 체험했다는 것을 깨달았다.

✕

에린과 나는 우연히 같은 오벌린 대학교에 입학했지만, 실망스럽게도 에린이 롱아일랜드에서 사귀던 타투이스트 남자친구를 대동하고 신입생 오리엔테이션에 나타나는 바람에 우리는 2학년이 되어서야 친해졌다. 대학에서 다시 만난 에린은 턱과 비중격에 새로 피어싱을 하고 팔에 가시 모양의 문신을 잔뜩 새겨서 이전보다 더 기괴하고 장식적인 고스족이 되어 있었다. 남자친구도 마찬가지로 피어싱과 문신을 했다. 게다가 그는 피부도 너무 하얀데 드레드 머리까지 하얀색이었다.

이 남자친구는 옷장만 한 기숙사 방에서 종일 시간을

보냈다. 에린이 친구도 안 사귀고 학생 식당에서 우리와 밥 먹는 대신 좁은 기숙사 부엌에서 비건 커리를 전자레인지에 데워 먹고 있는 것은 다 그 남자친구 때문이라고 나는 생각했다. 미술 작업이나 공부를 하지 않을 때 에린은 그게 낮이든 밤이든 먼지막이 보자기처럼 조그만 검정 벨벳 담요를 덮어쓰고 잠만 잤다. 지금 돌아보면, 조용조용 말하고 항상 졸려 하던 그 시절의 에린과 지금 내가 아는 목소리 크고 자기 의견이 강한 에린이 도무지 일치가 안 된다.

나는 에린의 수동성이 남자친구와 관련이 있다고 생각했다. 그가 에린을 조종하고 있고 정신적인 문제가 있는 것으로 의심했다. 아마 나도 에린에 대해 약간 소유욕이 있었던 듯하다. 에린은 친구들에게 그런 부러움, 그런 독점욕을 일으켰다. 특히 나중에 헬렌이 그런 경향이 심해졌다. 하지만 그 남자친구가 좀 재수가 없기는 해도 그 사람 때문에 에린이 수면 발작에 시달리고 수동적으로 굴었던 것은 아니었다. 사실 그 남자친구는 에린이 슬픔에 젖어 있을 때 옆을 지킨 유일한 사람이었다.

헬렌은 2학년 때 '화학과 범죄'라는 학점 따기 쉬운 과목을 수강하면서 내게 처음으로 관심이 갔다고 했다. 담당 교수가 O. J. 심슨 사건에 대해 끝도 없이 지겹게 늘어놓던 과목이었다. 헬렌이 말했다. "아침마다 코카인 하려고 강의실에서 몰래 빠져나가던 여자애가 바로 너였지." 강의가 너무 지루해서 일부러 화장실에 가서 5분 동안 앉아 있다 오던 내 버릇에 대한 얄궂은 해석이었다. 나는 그 애가 그 과목을 들은 것을 알았으면서도 몰랐다고 말했다. 헬렌은 긴 머리를 노르스레 염색하고 한국 유학생들의 지위 과시용 필수 액세서리인

베이지색 버버리 스카프를 두르고 다녔다. 혼란스러운 차림이었다. 비싼 사립대 음대생이 예술적으로 보이려고 애쓰는 용모였다.

헬렌이 어쩌다 나와 에린의 삶에 등장했는지 잘 기억나지 않지만, 헬렌을 만나자마자 우리 세 사람이 서로 오래 알고 지냈던 것 같은 기분이 들었던 것은 기억난다. 헬렌은 시간이 가면서 점점 에린과 비슷하게 검은색 옷을 입고, 투박한 신발을 신고, 강렬한 검정 테 안경을 끼다가, 4학년이 되어서야 비로소 자신만의 화려한 부치 스타일을 구가하게 되었다. 아버지가 해외 근무를 해야 하는 직업이어서 헬렌은 6개국을 돌아다니며 살다가 클래식 바이올리니스트가 되려고 오벌린 대학교 음대에 입학했다. 그러다가 연주의 압박에 지쳐 종교와 미술로 전공을 변경했다. 얘는 뭐든지 열정적으로 전력을 다하다가 결국 완전히 포기하기를 거듭했다. 친구, 애인, 자기가 사는 나라도 그런 식으로 대했다. 헬렌은 5개 국어를 했고 귀가 좋아서 억양도 잘 따라 했다. 런던에 살다가 가족이 볼티모어로 이주한 지 일주일 만에 억양이 미국식으로 바뀌었다.

헬렌은 아무것도 오래 지속하지 못했다. 오직 하나님과 미술만 지속되었다. 그거랑 몸이 앙상해지도록 굶는 일도 지속되었다. 리튬을 먹으면 몸무게가 불어난다고 약도 끊었다. 부활절 주간의 어느 쌀쌀하고 맑고 눈부시던 날, 헬렌은 아버지의 연청색 링컨을 몰고 캠퍼스를 돌면서 좋아하는 친구들에게는 분홍색 부활절 마시멜로 캔디를 던지고 싫어하는 사람들에게는 리튬 알약을 던졌다.

✕

　　우리 부모님이 내게 주신 최고의 선물은 어떤 공부를 하고 어떤 직업을 고를지 스스로 선택할 수 있게 해주신 것이다. 빚과 일주일 내내 일하는 고된 처지에서 부모님을 구제해야 한다는 의무를 느끼던 다른 한인 타운 아이들은 나와 같은 처지였다고 말하기 어렵다. 자녀의 도움이 필요 없는 부유한 한국 부모들도 오로지 자랑할 권리를 누리고 싶다는 이유로 자식들의 경력과 결혼을 가차 없이 관리했고, 그러다가 애들의 인생을 망쳤다. 내가 운이 좋았던 것은, 아버지도 한때 시인이 꿈이었기 때문이다. 아버지는 내가 오벌린 대학에서 시 과목을 수강하기 시작하자 처음으로 그 사실을 밝히셨다.

　　아버지의 사업이 잘 풀려서 내가 10대가 됐을 때 우리 가족은 교외 백인 거주지 내 수영장 있는 집에 살았다. 나는 참새가 염소 소독제 섞인 수영장 물을 한 모금 마시러 휙 내려왔다가 다시 휙 올라가는 모습을 창문으로 내다보곤 했다. 거기로 이사했다고 해서 우리 집에 감돌던 불행이 지워지지는 않았지만, 우리의 그런 고립된 생활 환경이 모종의 안도감을 주었다. 내 사춘기 불행의 원인을 분석하려면 엄마에 관해 써야 하는데, 이 책에서 그 작업을 하는 것이 힘들었다. 엄마 이야기를 하지 않고서 내 안으로 얼마나 깊이 파고들 수 있을까? 아시아계 미국인의 내러티브는 **항상** 엄마로 귀결되어야 하나? 시인 호아 응우옌을 만났을 때 그가 내게 제일 먼저 물은 것이 "엄마에 대해 말해봐요"였다.

　　"좋아요." 내가 말했다. "어색함을 깨주는 질문이군요."

"엄마가 아시아인이잖아요." 그가 말했다. "흥미로운 분일 것이 틀림없어요."

엄마 얘기는 일단 미루자. 그보다 아시아 여성들과 맺은 우정에 대해 먼저 쓰려고 한다. 안 그러면 엄마가 책을 아예 장악하고 이 에세이들을 전부 관통하여, 결국에는 오로지 엄마에 관한 책이 되어버릴 것이다. 그 전에 나는 먼저 원한부터 풀어야겠다. 이 나라에 대해서, 이 나라가 우리에게 어떤 식으로 미리 정해진 대본을 안겼는가에 대해서 말이다. 엄마가 당시 망가진 상태였다는 것만 말해두겠다. 어쩌다 그리됐는지는 나도 모른다. 병이 병으로 명백히 진단되지 않으면 자식이 그 멍에를 짊어진다. 이를테면 엄마가 우리 같이 죽어버리자며 차선을 급변경해서 다른 차를 받을 뻔했을 때 나는 조수석에 앉아 있었던 것만으로도 죄책감을 느꼈다.

당시 나는 마음이 멍한 상태였다. 엄마도 피해 다니고 내가 다니던 고등학교의 못된 부잣집 애들도 피해 다녔다. 나는 미술 속으로 도피했고, 학교 미술실에서 나오면 통학 버스에서는 아예 작정하고 투명인간이 되려고 애썼다. 통학 버스는 내 친구들과 나를 개처럼 못생겼다며 매일 같이 괴롭히던 양아치 때문에 숨이 막혔다. 집이 아무리 풍족해도 우리 가슴에 박힌 못을 빼주지는 못했다. 그 폭력의 얼룩은 어디든지 우리를 따라다녔다. 오하이오로 진학하면 피할 수 있을 줄 알았는데 거기까지도 따라왔다.

✕

에린, 헬렌과 나는 튀긴 농어를 화요일마다

특별 메뉴로 내놓는 'J. R. 발렌타인스'라는 식당에 가곤 했다. 그 식당은 알프스식 녹색 지붕이 덮여 있었고 주차장에는 주차한 차보다 지저분한 눈덩이가 더 많았다. 캠퍼스에서 몇 마일 떨어진 식당이어서 대학생 손님은 으레 우리가 유일했다. 우리는 맛없는 커피를 계속 리필 받고 메뉴판에도 없는 이상한 요리를 시켜가면서 몇 시간씩 식당에 머물렀다. 그때 나를 따라다니며 대화를 받아 적는 속기사가 있어서 그 일상적인 순간들의 기록이 남았더라면 좋았을 뻔했다. 전반적으로 그 순간들이 첫 성 경험이나 연애가 깨져 상심했을 때보다 더 크게 인생을 바꿔놓았기 때문이다. 프로이트는 요제프 브로이어에게 보낸 서한에서 "창의성은 남자들의 뜨거운 대화 속에 가장 강력하게 방출된다"고 했다. 우리 우정의 기반은 뜨거운 대화였고, 그 대화는 우리의 미술과 시 속으로 녹아들었다. 나 혼자 작업하는 예술은 하나의 공상이었으나 에린, 헬렌과 함께하면 하나의 사명으로 변했다.

헬렌은 상대방에게 그 사람 작품이 없으면 세상이 망할 것 같은 느낌이 들도록 해주었다. 그렇게 남을 후하게 칭찬했지만, 그것은 단순한 과찬이 아니었다. 그 애는 상대방을 능가할 때까지 그 사람으로부터 배워나갔다. 헬렌이 시에 대해 궁금해해서, 내가 전화번호부 크기의 20세기 시 선집을 빌려주고는 쟤가 좀 넘겨보다 지루해서 그만두겠거니 했는데, 두 장에 한 장꼴로 모서리를 접어놓고 밑줄을 친 것을 보고 약이 올랐다. 또 한 번은 얘를 헬스장에 데리고 가서 러닝머신 쓰는 법을 알려주었다. 내가 3킬로미터를 천천히 뛰는 동안 헬렌이 러닝머신 속도를 확 높이더니 죽기 살기로 전력 질주했다. 내가 다 뛰고서 헬렌에게 "살살 뛰어! 그러다 근육통 생긴다"라고 일렀건만, 헬렌은 땀에 푹 젖은 채 헉헉거리며 16킬로미터를 더 뛰었다.

헬렌은 도무지 잠을 안 잤다. 다른 사람 다 잘 때 얘가 뭘 했느냐고? 자기 침대에서 못 자서 툭하면 친구들 방에 불쑥 찾아갔다. 하루는 밤에 한 친구가 자다 깨서 헬렌이 자기 방 의자에 앉아 어둠 속에서 멘톨 담배를 피우고 있는 것을 보고 기겁을 했다.

헬렌은 기분이 좋으면 아이처럼 굴기도 하고 엄마처럼 굴기도 했다. 아침에 내 침대로 뛰어올라 어린애 같은 목소리로 "아침 먹으러 가자"고 조르기도 하고, 어떤 때는 내 담요 냄새를 맡아보고는 확 잡아당겨서 둘둘 말아 세탁기에 던져 넣었다. 나는 잠이 덜 깬 채 항상 하자는 대로 같이 아침을 먹으러 갔다. 나중에 나는 헬렌이 에린에게 더 자주 그랬다는 것을 눈치챘다. 자는 에린을 깨운다. 밖에 나가 그날을 체험하라고 명한다.

✕

2학년 때 에린은 미대에서 스타가 됐다. 에린이 만든 조형물과 설치 작품은 언제나 가장 창의적이고 독창적이었다. 헬렌은 미술에는 아직 신참이라 처음에는 에린이 하는 모든 것을 모방했다. 에린이 설치 작품에 흙을 사용했더니 헬렌도 흙을 사용하고, 에린이 화첩을 만들었더니 헬렌도 화첩을 만들었다. 하지만 에린은 전혀 개의치 않고 그것을 칭찬으로 여겼다.

궁극적으로 그 둘은 미대에서 불굴의 실력자로 우뚝

섰다. 미술 비평 시간에는 번개처럼 날카로운 공세를 펼치면서 동급생들의 못난 조형물을 무시무시한 감각으로 신랄하게 비판했다. 게스트로 온 유명 미술가들에 대해서도 예외가 없었다. 어느 게스트 사진가가 임신한 자기 아내의 나체를 담은 애정 어린 사진을 보여주었다가, 여성 주체를 생물학적으로 대상화했다고 에린과 헬렌에게 혹평을 들었다. 교수들은 그들을 예뻐했다. 동급생들은 그들을 두려워했다. 그리고 그들에게 분개했다. 인종적으로 몰이해한 짓이어도 상관하지 않고 다들 수동적 공격성을 드러내며 에린을 헬렌으로, 또는 헬렌을 에린으로 뒤바꿔 불렀다. 별명도 붙였다. 쌍둥이라고.

한번은 내가 가르친 시 워크숍에 페르시아인 여학생 세 명이 등록했다. 강의 첫날 출석을 부를 때 내가 그들 중 한 명을 호명하자, 그 학생이 어색하고 도전적인 목소리로 "네, 제가 **또 다른** 페르시아인입니다"라고 반응했다. 수강생의 절반이 백인이었지만 백인 학생들은 강의실에 그렇게 많은 백인이 있다는 사실을 아무도 민감하게 의식하지 않았다. 그러나 나는 그 학생이 어떻게 느끼는지 알고 있었다. 어디 가서 나처럼 생긴 사람이 너무 많으면 늘 그것을 의식하게 되는데, 아시아인이 많은 레스토랑은 쿨하지 않고, 아시아인이 많은 학교는 균형이 깨져 보이기 때문이다. 아시아인이 너무 많으면 그 공간은 아시아인으로 **들끓는** 느낌이다. 여기서 "너무 많으면"이라는 것은 겨우 세 명쯤일 때도 그렇다. 에린, 헬렌과 어울리다 보면 내 자아가 그들에게로 분간하기 어렵게 합쳐지는 느낌이 들었지만, 에린과 헬렌은 상관하지 않았다. 그들은 공격적으로 존재감을 과시하는 옷을 입었다. 크고 묵직한 신발을 신었다. 그들은 상대의 기를 제압하고 싶어 했다.

에린과 헬렌은 미대에 스며든 침입자였다. 앞서 미대를 지배한 백인 남학생들은 아이러니 데스 메탈 밴드에서 활동하면서 캠퍼스 밖에서 열리는 파티 포스터를 실크스크린으로 인쇄하다가 음악에 전념하겠다고 시카고로 떠났다. 그들에게 미술은 가식이었고, 기대 이하의 성취를 안기는 라이프스타일이었다. 반면에 에린과 헬렌은 당당하게 야심만만했다. 그들에게 미술은 위험을 질 만한 것이어야 했다.

로버트 스미스슨 같은 대지미술가들의 영향을 받기는 했으나 그 음울한 미니멀리즘은 온전히 에린만의 스타일이었다. 에린은 흙으로 완벽한 미니 정육면체를 만들어 해부용 고정핀으로 일일이 표시하고, 그것들을 갤러리 바닥에 일정한 패턴으로 늘어놓는 대지미술 작업을 했다. 또 한 번은 낡은 의자를 수목원에 가져가서 그 의자에 앉아 신발로 밤새 땅을 팠다. 당시 나는 에린을 놀렸지만(그게 **전부야? 구덩이?**) 지금 돌이켜보면 아침에 습지를 따라 산책하다가 하얀 안개 속에 덩그러니 버려진 의자 한 점과 보일 듯 말 듯한 옴폭한 구덩이가 황금빛 느릅나무에 둘러싸인 풍경을 보면 아름다울 것이라고 상상이 된다.

✕

내가 여름 미술 캠프에서 에린을 처음 만나고 오벌린 대학교에서 재회할 때까지 그사이에 에린은 비극적 가족사를 겪었고 지금도 그 얘기는 꺼내지 않는다. 에린에게 일어난 일은 최종 교정 때까지도 이 책에 언급되어 있었으나,

우리가 로어이스트사이드에서 저녁을 먹던 날 에린이 제동을 걸었다. 내가 헬렌과 다시 친구로 지내는 꿈을 꿨다고 에린에게 얘기하던 참이었다. 헬렌을 다시 만나 반가워하다가 내가 책에 헬렌에 관해 쓴 일을 알려줘야 한다는 생각이 나서 긴장하는 꿈이었다.

"말이 나와서 말인데, 너 내 가족에 관해 쓰지 않았지?" 에린이 물었다.

"무슨 일이 있었는지 언급했어." 내가 말했다. "딱 한 문장으로. 그뿐이야."

"절대로 안 돼. 전에도 얘기했잖아."

"자세한 사항만 빼면 언급은 해도 된다고 했잖아!"

"그건 내가 한 말을 너 편한 대로 해석하는 거야."

"그 일은 너의 대학 시절 작품에서 핵심이었어. 네 작품에 관해 쓰면서 그 일을 어떻게 전혀 언급하지 않고 넘어갈 수 있겠어."

"내 얘기 들어봐. 이번 여름에 상하이에 갔더니 지켜야 할 규칙이 너무 많았어. 어떤 장소에 출입하거나 필요한 장비를 쓰려고 허가 신청을 하면, 그때마다 관련 당국이 '불허'한다는 거야. 그 사람들도 규칙을 잘 모르면서 혹시 허가했다가 문제가 생길까 봐 자기들 편하려고 무조건 불허하는 거지. 이런 환경에서 사람들이 도대체 어떻게 일을 진행하나 궁금했는데, 어느 미술가가 그러는 거야. 중국은 허가가 아니라 용서의 문화라고. 일단 규칙을 깨고 나서 용서를 빌면 된대."

"일단 내가 그 얘기를 쓰고 나중에 너에게 용서를 빌면 된다는 뜻으로 하는 말이야?"

"아니, 내 말은 우리가 지금 중국에 살고 있지 않다는 거야. 네가 그런 식으로 용서를 빌 수는 없다는 뜻이지. 난 널 용서하지 않을 거야. 우리 우정이 걸린 문제라고."

"알았어. 뺄게."

"고마워."

"다만—"

"뭔데?"

"빼기는 할 텐데, 그리고 맹세코 안 빼려는 구실로 이 얘기를 하는 건 아니야, 그래도 나는 아시아인들이 자신의 트라우마를 애써 감추는 건 문제라고 생각해. 너도 알다시피, 바로 그래서 아무도 아시아인이 불의로 고통을 겪는다는 생각을 못 하는 거야. 우리를 그냥 무슨 로봇으로 여기잖아."

"내가 사생활을 지키려는 건 아시아적인 것이 아니라, 내가 예술가인 것과 관계 있어."

"그게 예술가랑 무슨 관계야?"

"모든 예술가는 자기 사생활을 지켜. 커리어를 보호하려고 그러는 거야."

"그건 **엄청난** 일반화야."

"그렇게 따지면 아시아인에 대한 너의 언급도 마찬가지잖아? 내 말은 사실이야. 특히 여성 유색인종 예술가일 경우에는 더 그래. 일단 뭔가를 밝히면 작가의 사생활이 작품을 완전히 압도해버려. 그리고 나는 내 개인사가 내 예술을 장악하기를 원치 않아. 어쩌면 그 시절에는 내가 겪은 상실이 내 깊숙한 부분이었을 수도 있지만, 그 후로는 그 상실로 형성된 내 정체성과 내 작품을 분리하려고 정말 열심히 노력했고, 앞으로 또다시 쓰러지지 않을 거야."

"내가 책에서 네 실명을 쓰지 않는 거 알잖아."

"그래도 마찬가지야." 에린이 말했다.

"헬렌이랑은 이제 친구가 아니어서 이런 문제가 없으니
다행이네."

"그것도 생각해볼 문제야. 친구였으면 어땠을까? 걔는
어떻게 생각했을까? 그 에세이에 그런 배려가 있느냐는 거지. 꼭
남들의 삶을 소재로 삼아야 해?"

"에린, 넌 내 에세이를 읽어보지도 않았잖아. 많이 배려했어.
그리고 작가로서 내가 타인의 삶에서 소재를 얻지 **말아야 한다**는
것은 비현실적이야. 내가 친구도 없는 고아도 아니고 말이야. 내
삶이 타인의 삶과 중첩되니 타인으로부터 글감을 얻을 수밖에
없고, 그래서 작가들이 엄청 신경 쓰는 거야. 솔직히 약간
잔인하기도 해."

"다시 말하지만 우리 우정이 걸린 문제야."

"빼다니깐!"

✕

　　　　　　　나는 대학교 1학년 때 기초 실기를 수강하기에
내 실력이 너무 좋다고 생각해서 중급 드로잉 과목을 들으려고
단신에 부엉이처럼 생긴 그리스인 담당 교수 아테나 타카를
찾아가 고등학생 때 제작한 미술 포트폴리오의 슬라이드를
보여주고 수강을 허락해달라고 설득했다. 나는 내 포트폴리오에
자부심이 있었다. 고등학교 때 AP 과정(대학 수준 과목을 미리
수강하는 고급 교과 과정—옮긴이)으로 미술 실기 과목을 들으며

제작한 포트폴리오였다. 교수는 내 슬라이드를 들고 빛에
비추어보았다. 내가 최고점인 5점을 받았다고 하자 교수가
슬라이드를 내려놓았다.

　"테크닉은 상급이네요. 하지만 미적인 측면에서는 아직
갈 길이 멀어요." 아테나가 고음의 그리스어 억양으로 말했다.
그러고는 교무처에 제출할 수강 신청 번호 스티커를 내게 건네는
대신 스티커 뒷면을 벗기더니, 고갱에게서 영감을 얻은
내 자화상 파스텔화 슬라이드에다 철커덕 붙였다.

　작품 비평 시간에 다들 3, 4학년인 것이 분명한 수강생들이
형편없는 솜씨로 그린 드로잉을 접착테이프로 벽에 붙였는데,
아무도 픽사티브(연필, 목탄, 파스텔 등으로 그린 그림의
표면을 고정하는 분무 코팅제-옮긴이)를 사용할 생각을
안 해서 화지들이 손자국으로 얼룩져 있었다. 어느 4학년
여학생은 자기가 수업에 데려오는 핏불테리어만 그렸다. 비평
시간에 수줍어서 말은 안 했지만, 나는 다른 학생들의 그림을
비판적으로 바라봤다. 그들의 드로잉이 게으르고 기교가
부족하다고 생각했다. 나는 왜 내 드로잉이 항상 무시당하는지
이해할 수 없었다. 나도 남들처럼 기교 없는 추한 심미성을
시도해봤으나 성공하지 못하고 무의식적으로 계속 여성스러운
작품을 그렸다. 한번은 아테나가 내장을 그리라는 과제를
내주었다. 나는 난소를 부드러운 느낌으로 그렸고, 너무 예쁘게
그린 것 같아서 복사기로 인쇄한 달걀 이미지를 오려 그림에
붙였다. 비평 시간에 다들 말이 없었다. 아테나가 내 드로잉을
보더니 말했다. "색이 예쁘네요. 하지만 왜 그림을 이렇게 달걀로
가려놨죠? 꽤 유치해요, 안 그래요?" 한때 금발이었던 머리를

낡은 1센트 동전 색깔로 바꿔 염색한 어느 3학년생이 킁킁거리며 웃었다.

나는 처음으로 작품의 성패가 주관적으로 결정된다는 현실에 직면했다. 내가 훗날 좋아한 영화 중에 전미 철자법 경연대회를 다룬 2002년 작 다큐멘터리 「스펠바운드」가 있다. 대회 참가자 가운데 여러 명이 이민자 아동이나 노동계급 아동이었고, 그 아이들이 투지와 노력으로 결승에 올랐다. 너무 마음 아프고, 너무 희망찼다! 남아시아계 소년 하나가 다르질링 홍차의 철자를 못 맞추고 쩔쩔매는 것을 보고 나는 눈물이 나도록 웃었다. 그 아이러니라니! 미국을 실력주의 사회로 홍보하는 다큐멘터리가 있다면, 그게 바로 이 영화였다. 나는 재능과 더불어 옛날식으로 땀을 쏟는 노력이 있으면 그것이 작품의 성공과 비례한다고만 믿었지, 아무리 열심히 노력해봤자 작품이 좋은지는 내가 좌우하는 것이 아니라는 사실을 몰랐다. 다른 사람들이 작품을 좋게 평가해줘야 하는데, 그들이 무엇을 좋게 평가하느냐는 작품 그 자체와는 거의 무관했고, 그보다는 연출, 타이밍, 운, 그리고 내가 미술가로서 어떻게 처신하느냐와 같은 요소들이 합쳐져서 작용했다. 결국 나는 시큰둥하고 따분해하는 모습을 연출하는 법을 배웠다. 내 코르덴 작업복은 점점 더러워졌고 머리도 안 감았다. 진지한 기법으로서가 아니라 그냥 무심하게 싸구려 신문지 지면에다 사방으로 자유롭게 선을 그어댔더니, 마침내 아테나가 내 드로잉을 인정해주었다.

✕

추함에 탐닉하는 캠퍼스에서 헬렌은

174

아름다움을 최고의 찬사로 여겼다. 헬렌은 확고한 칸트파이고 키츠파였다. 아름다움은 어떤 더 고상한 철학적 진실을 가리는 가면도 아니고 그 시녀도 아니었다. 아름다움은 자명했으며, 생각과 시간을 멈추게 하는 능력이 있기에 지고의 가치였다. 자신의 실존으로부터 시간이 멈추는 것, 헬렌은 바로 그것을 갈망했다.

헬렌은 90년대에 맹위를 떨친 설치 미술가 앤 해밀턴의 집착에서 영감을 얻었다. 해밀턴은 구리 소재의 꼬리표 수천 개를 바닥에 못 박거나 도축장에서 기부받은 말 털로 8,000제곱피트(약 743제곱미터) 크기의 카펫을 엮어내 갤러리 바닥이 야생의 대양처럼 보이도록 했다. 학자이자 시인인 수전 스튜어트는 거의 터무니 없을 정도로 과대한 해밀턴의 설치 작품을 가리켜 "동화에 나오는 완수하기 불가능한 과제를 암시"하는 것으로 풀이했다. 물론 해밀턴은 수많은 조수를 거느렸지만, 헬렌은 혼자였다.

2학년 조소 과목 기말 과제로 헬렌은 동파이프를 납땜하고 그 파이프 사이를 상당한 양의 섬세한 흰색 섬유로 엮었다. 잠도 안 자고 며칠 동안 밤낮으로 그렇게 엮는 작업을 했다.

헬렌의 조형 작품은 언제나 하얗고 탐스럽고 순수했으며, 어느 위치에 서서, 얼마나 가까이에서 보느냐에 따라 미적 인식이 달라지도록 실험했다. 비평 시간에 다들 헬렌의 완성된 작품을 보고 좋아했다. 하얀 들것이 죽 늘어선 것처럼 보이는 조형물이었으나 가까이에서 보면 하얗게 엮은 세밀한 실 작업이 정교해서, 아주 작은 거미가 한 가닥씩 짜놓은 것만 같았다. 작업 완성 후 헬렌은 탈진했다. 우리는 가서 좀 자라고 재촉했다.

헬렌은 그러겠다고 하고서 기숙사 방으로 돌아가 수면제 한 통을
삼켰다.

╳

        헬렌이 병원에서 퇴원한 후 우리는 이
아이를 살린다는 합의로 묶여 더 가까워졌지만, 특히 에린이
책임감을 강하게 느꼈다. 에린은 헬렌이 비밀을 털어놓는
상대이자 동조자, 자매가 되었다. 그러나 한편으로 헬렌에 대해
다른 누구보다 체념한 사람도 에린이었다. 첫 번째 시도 이후
헬렌이 자살한다는 소리를 너무 자주 해서 에린과 나는 그 애를
불치병에 걸린 셈 쳤다. 한번은 내가 헬렌은 다시 입원해야
한다고 했더니 에린이 잠시 침묵하다가 이내 말했다. "어차피
걔는 죽을 거야."
        그 위험이 헬렌과 내 사이를 벌려놓았다. 나는 말실수라도
해서 얘를 화나게 할까 봐 두려웠다. 나는 내 성격을 꾹
누르고 영화 「위대한 레보스키」에 나오는 울상의 스티브
부세미처럼 유약한 들러리가 되었다. 반대로 헬렌의 불안정한
상태는 극심해졌다. 얘가 발작적으로 터뜨리는 분노는 대학
생활에 부적합한 수위였다. 의사들은 조울증이랬다가 경계성
인격장애랬다가 하며 계속 진단을 변경했다. 무슨 병이 됐든
나는 학교가 헬렌을 다시 받아준 것에 분노했다. 이제 그 애를
돌보는 것은 에린과 나의 몫이었기 때문이다. 나는 이기적이었고
겁쟁이였다. 헬렌이 피해망상에 사로잡혀 내가 우정을
저버리려고 한다고 비난할 때면 나는 소리 지르고 싶었다.
그래 맞아! 넌 미친년이고 내 삶에서 꺼져주면 좋겠어! 하지만

실제로는 그러는 대신, 내가 너를 얼마나 사랑하는지, 너와의 우정이 내게 얼마나 축복인지 웅얼거렸다.

　　그리고 나는 정말로 그 아이를 사랑했다. 친구가 된 초기에 처음으로 밤늦도록 대화한 내용이 각자의 엄마에 관한 거였다. 헬렌의 엄마는 헬렌의 어린 시절 대부분을 정신 병원을 들락거리며 보냈고, 헬렌은 여러 나라뿐만 아니라 여러 친척 집을 전전했다. 아마도 조울증을 앓았던 듯하지만, 그것만으로는 헬렌이 겪은 고통의 원인이 완전히 설명되지 않는다. 그 애의 기질은 확실히 내게 익숙했다. 만약 내가 피부를 지퍼 열 듯 열어 모든 분노를 표출할 수 있었다면, 헬렌은 나일 수도 있었다. 에린이 내 안의 지성(과 알량한 부러움)을 자극했다면, 헬렌은 내 안의 원초적인 부분을 자극했다. 그러나 나는 그 아이에 대한 내 기억도 신뢰하지 않는다. 그때를 하나하나 세세히 기억하지 못하기 때문에 그 애를 나쁘게 또는 낭만적으로 묘사하기 쉽다. 그 애를 관념화해버리기 쉽다는 말이다. 헬렌이 갖고 있는 다섯 살 때 사진을 보면, 춤추고 있는 네 개의 실물 크기 핑크 팬더 로봇 사이에 놓인 벤치에 얘가 앉아 있다. 놀란 표정으로 미루어, 걔가 그 벤치에 앉자 핑크 팬더들이 갑자기 움직이기 시작한 듯했다. 겁난 동시에 화난 얼굴이었다. 이 사진은 헬렌을 잘 포착하고 있다. 내가 지금 여기서 뭐 하는 거지? 무슨 인생이 이래? 날 당장 내려줘.

　　헬렌이 자살을 시도한 이후 걔의 룸메이트는 헬렌과 거리를 두었는데 그건 좋은 생각이 아니었다. 왜냐하면 헬렌은 누가 자기에게서 멀어지는 것을 감지하면 그 사람을 불구대천의 원수로 여겼기 때문이다. 어느 날 저녁 에린과 내가 아래층에서

헬렌을 기다리는데 말다툼 소리가 들렸다. 헬렌의 룸메이트가
방에서 나오면서 "나가 뒈져, 헬렌" 하고 구시렁거렸다. 그러자
위층에서 헬렌이 "너야말로 뒈져버려!"하고 건물이 뒤흔들리도록
고함치는 소리가 들렸다. 헬렌이 방에서 튀어나와 계단을
내려오던 룸메이트를 바닥에서 세 단 남은 지점에서 떠밀쳤다.
내 심장이 목구멍 속에서 펄떡거렸다. 나는 저 분노를 알고
있었다. 어쩌다가 나는 오하이오까지 와서 저것과 또 만나고
말았을까?

※

　　　　헬렌이 수면제를 삼킨 그해 여름에 서울에서
헬렌과 만났다. 우리는 어느 지하철 출구에서 만났다. 헬렌은
주위의 한국 여자들보다 키가 10센티미터는 더 컸고, 차림새도
오벌린 대학교에서 하고 다니던 그대로여서 서울 어디에 가도
눈에 띄었다. 남자처럼 짧게 깎은 머리에 검은 안경을 끼고
브라 끈이 드러나는 탱크톱 차림이었다. 그때는 공공장소에서
여자가 담배를 피우면 안 된다는 불문율이 있었지만 걔는
담배를 피웠다. 나는 헬렌과 포옹한 뒤 브라 끈을 탱크톱 안으로
넣어주었다. 헬렌의 옷차림을 부끄럽게 여기는 내가 부끄러웠다.
친척들이 하도 잔소리를 해대서 나는 여성스러워 보이려고
노력했다. "얘 봐라, 미스 코리아 다 됐네." 헬렌이 휘파람을
불었다.
　　우리는 노래방, 열쇠 가게, 오징어 튀김 노점이 늘어선
골목을 지나 어느 조용한 지하 카페에 들어갔다. 차와 케이크를
주문했지만 나는 케이크만 먹었다. 스펀지 같고 맛이 없었다.

헬렌은 아무것도 먹지 않았다. 얘가 안경을 벗으니 익숙한 다크서클이 보였다. 헬렌은 2학년을 마치고 여름에 서울 부모님 댁에서 회복 중이었다. 그때 우연히 나도 친척 방문차 서울에 가 있었다.

헬렌이 말하기를, 부모님이 서울에서 자신을 위해 심리치료사를 구했다고 했다. 그 치료사는 헬렌의 아버지 연배였다. 부모님이 그를 고른 것은 그가 서구식 정신분석가였기 때문이라고 했다. 헬렌은 그를 일주일에 세 번 찾아갔다. 만화에 나오는 프로이트식 정신분석가처럼 그는 말이 없었다. 헬렌이 말하는 동안 그는 반응하거나 질문하지 않고 오로지 클립보드에 메모만 했다. 몇 주 동안 이런 식으로 이어지자 결국 헬렌이 그에게 무슨 말 좀 해보시라고 요구했다. 놀랍게도 그가 요구에 응했다. 그는 지난 면담 내내 많이 참았다는 듯 40분 동안 일장 연설을 늘어놓았다. 그 분석가에 따르면 헬렌은 제 잘못을 모르는 자아도취자였다. 이것은 대체로 부모의 잘못이며, 외동딸이고 너무 여러 나라를 돌아다니며 살아서 부모가 딸에게 절도를 지키는 훈육을 소홀히 했기 때문이라고 했다. 그 결과 헬렌은 버릇이 없어지고 이기적으로 되었으며, 자살 시도는 관심을 끌기 위한 한심하고 위험한 행동이고 어머니에게 큰 고통만 안겼다고 했다.

"세상에." 내가 말했다. "여기서 다들 자살 충동을 느끼는 것도 당연하네."

헬렌이 어깨를 으쓱했다. 연약해 보이는 모습이 다친 암사자를 연상시켰다. 나는 헬렌이 취약해졌을 때 제일 애정을 느꼈다. 얘가 심하게 가라앉으면 내가 얘를 위해서 강인해질 수 있는 기회가 주어졌기 때문이다. 카페에서 나와 우리는 헬렌의 부모님이 사시는 아파트까지 걸어갔다. 벽 한 면이 책으로 가득한, 깔끔하고 모던한 방 두 개짜리 아파트였다. 헬렌의 어머니가 집에서 라디오로 설교를 듣고 계셨다. 만나 뵙기 전에는 어떤 분인지 짐작이 안 갔으나 만나보고 놀랐다. 길고 가는 목, 희고 우아한 얼굴에 파마머리를 한 젊어 보이는 분이었다. 얼굴에서 가장 강렬한 인상을 주는 부분은 풍성하고 검은 눈썹이었고, 그 눈썹은 걱정으로 생긴 미간 주름으로 이어졌다. 어머니는 헬렌이 자기 방에 간 사이에 나를 옆으로 잡아끌며 고맙다고 했다.

"뭐가요?"

"헬렌의 친구가 되어줘서." 어머니가 말했다.

"아유," 내가 희미하게 말했다. "헬렌과 친구여서 제가 운이 좋죠."

"힘든 거 알아." 어머니가 말했다. "내 탓이야. 저 아이는 자전거도 배우기 전부터 나를 돌봐주었어."

헬렌이 내게 보여주려는 책을 방에서 들고 나왔다. 그게 무슨 책이었는지 기억나지 않는다. 적절한 시간이 됐다는 생각이 들었을 때, 딱히 갈 데도 없었으면서 가봐야 한다는 핑계를 대고 나왔다.

✕

대학교 3학년 때 에린과 나는 알루미늄 외장재가 붙고 판자 지붕이 아래로 처진 집에서 월세 150달러를 내고 살았다. 리놀륨 장판이 깔린 부엌 바닥은 움푹 꺼져 있었다.

내가 쓰는 푸톤 침대도 가운데가 푹 꺼져서 아침마다 푸톤 사이에 타코처럼 끼어 잠에서 깼다. 우리는 재능 있고 말씨가 조용조용한 흑인 미술 전공생 폴과 함께 살았는데, 그는 술도 담배도 안 하고 끊임없이 무언가를 만드는 일에만 지독하게 탐닉했다. 앉아서 하루를 어떻게 보냈는지 얘기할 때도, 나무 조각을 엮어 잡지꽂이를 만들거나 황마를 이어 그물이라도 만들지 않고는 못 배겼다. 거실은 그의 작업실로 둔갑했다. 나무 판재, 강철 골판지, 톱밥이 사방에 널렸다. 에린의 방은 위층 내 방의 건너편이었다. 에린은 징두리 판벽이 쳐진 아담한 방에 최소한의 물건만 놓고 1990년경 무단 점거된 동베를린 아파트 분위기로 연출했다. 수도자의 방처럼 백열전구가 전등갓도 없이 걸려 있고, 바닥에는 검은 시트를 끼운 푸톤 침대가 있고, 난방기 옆에는 책이 잔뜩 쌓여 있었다. 집에 거대한 개미들이 노상 출몰해서 에린은 가야트리 차크라보르티 스피박의 저서 『교육기계 안의 바깥에서』로 목판 틈에서 기어 나오는 개미를 때려잡았다. 탁! 탁! 탁! 온종일 그 소리가 주기적으로 들렸다.

그 직전 학기에 나는 오벌린 대학 교환학생 프로그램으로 런던에 갔다. 그 학기는 재미도 있었고 극적인 일도 겪지 않았다는 점에서 바로 내가 갈망하던 대학 생활이었다. 수업도 수월했다. 로열 셰익스피어 극장에서 연극을 보고 강의 시간에 토론했다. 수업이 없으면 런던을 돌아다니며 펍에서 맥주를 마시는 평범한 영국식 관습을 즐기거나, 템스강 강변의 야외 책 시장을 둘러보며 종이가 버터색으로 누렇게 바랜 체호프의 단편집을 사거나, 아니면 제비고깔, 튤립, 국화가 넘쳐나는 컬럼비아 거리 꽃 시장을 거닐었다. 모든 사물에 문화가 짙게

배어 있었다. 심지어 점심으로 먹은 렌틸콩 커리 통조림마저
그랬다.

대학 와서 처음으로 남자친구도 생겼다. 그는 뉴욕주 유티카
출신의 융통성 없고 유머 없는 재즈 피아니스트였지만, 그래도
그 교환학생 프로그램에서 두 명뿐이던 이성애자 남학생 중에
하나여서 그를 낚은 것이 나는 사실 흐뭇했다. 당시 나는 런던
매릴번 지하철역에서 얼마 멀지 않고 마담 투소 밀랍 인형
박물관에서 한 블록 거리에 있는 아파트의 지하층에 살았는데,
같이 사는 백인 룸메이트 세 명은 다들 거침없고, 유쾌하고,
대놓고 성생활을 즐겼다. 그들은 무척 대담해서 뭐든지 기분
내키는 대로 행동했다. 룸메이트 소니아는 우리 중에 제일
향락적이면서도 또한 가장 절제심이 강했다. 소니아는 런던에서
섹스를 안 하겠다고—마치 섹스가 자칫 폭식할 우려가 있는
고열량 초콜릿이라도 되듯—맹세했다. 하지만 지하철에서 만난
낯선 사람을 집에 데려와 섹스만 안 했지 다른 것은 다 했다. 무슨
술이든 마시기만 하면 룸메이트들은 쇼라도 연출하듯 티셔츠를
벗고 서로 거침없이 애무했다. 내가 제일 수줍어했다. "캐시는
역시나 티셔츠를 입었네." 그들이 말했다. "그러지 말고 젖을
보여줘."

╳

오벌린 대학에 복귀해서는 도서관 맨 위층
개인 열람석에 숨어 리포트를 쓰거나 시를 지었다. 가끔은
캠퍼스 밖에 사는 친구들의 난잡한 집에서 된통 취하도록
퍼마셨다. 어떤 친구들은 너무 게을러서 휴지도 사지 않아

182

스웨터 한 벌과 가위를 변기 옆에 갖다 두고 잘라 썼다.

돌아오니 우울했다.

헬렌은 3학년 때 최악의 상태였다. 헤로인을 시작하고 시큼한 스키틀즈 사탕 말고는 아무것도 먹지 않았다. 헬렌은 특히 새로 남자친구가 생긴 에린을 질투했다. 에린은 의존적인 관계에 빠지는 버릇이 있었고, 바로 그래서 헬렌과도 그렇게 격렬하게 가까워진 것이었으나 그래도 삶에 남자가 있어야 했다. 에린의 새 남자친구 제이크는 굉장히 창백하고 몸 냄새가 났으며, 레코드판을 수집하는 것 말고는 할 줄 아는 것이 없었다. 헬렌은 기회만 있으면 그에게 에린을 사귈 자격이 없음을 상기시켰다. 헬렌이 옳았다.

영진 리는 풍자극『용비어천가』에서 이렇게 말했다. "수많은 백인 남자가 아시아 여자를 사귀는 이유는 백인 여자보다 용모가 더 나은 아시아 여자를 사귈 수 있어서이다. 우리는 사귀자는 말에 쉽게 응하고 자존감도 낮기 때문이다. 저급 브랜드를 택함으로써 더 호화로운 사양을 누리는 것과도 같다. 게다가 아시아 여자는 백인 여자가 거들떠보지도 않는 백인 남자와도 데이트할 의향이 있다."

에린은 매력적이고 재능 있고 똑똑했지만, 칠면조 샌드위치 하나도 반드시 에린이 만들어줘야 할 정도로 무력한 남자를 사귀었다. 겉보기에는 그 관계에서 에린이 우위에 있는 것처럼 보였으나 무력한 척하는 남자들은—오벌린 대학에는 이런 부류가 특히 많았다—무능력을 핑계 삼아 하찮은 일을 여자에게 떠넘긴다는 점에서 상남자만큼이나 여자 조종에 능했다. 제이크는 종일 에린의 침대보에 몸을 파묻고 나올 생각을 안

했고 에린은 그를 무슨 결핵 환자 간호하듯 보살폈다. 그가
자신의 감정 부족에 대해 감정을 토로하는 동안 에린은 그
얘기를 몇 시간이고 참을성 있게 들어주었다. "그 감정을 글로
적어봐." 에린이 달래듯 조언했다. 하루는 헬렌이 에린의 방에
불쑥 들어와 제이크의 머리에 과자 상자를 던졌다.

"내 과자 먹지 마!"

"헬렌, 나 안 먹었어—"

"과자를 반만 잘라 먹고 다시 상자에 넣을 사람은 너밖에
없어!"

제이크는 학교에서 포모(PoMo: 포스트모던) 보이로
지칭되던 전원 백인인 인싸 무리와 간접적으로 연결되어 있었다.
사실 헬렌이 그중 한 명과 사귀었는데, 그 희멀건 얼굴의 문인
지망생은 훗날 35세가 되어 대형 표절 논란에 휘말린다. 그는
헬렌을 차버리고 라파엘 전파(Pre-Raphaelite) 분위기의 비쩍
마른 인디걸과 사귀었고, 이 일 때문에 헬렌은 자기는 백인도
아니고 충분히 날씬하지 않다는 수치심에 휩싸였다. 그 남자
때문이든, 지난 몇 년 사이에 커진 남자에 대한 불신 때문이든,
아니면 그저 당해도 싸다고 생각했기 때문이든, 헬렌은 그
포모 보이들을 가만 놔두지 않았다. 그들이 캠퍼스 식당에 모여
앉아 펠멜 담배를 피우며 토머스 핀천이나 크리스 마르케르를
논하고 있으면, 헬렌은 발을 삐었을 때 썼던 나무 지팡이를
짚고 그들 옆을 절룩거리며 지나가면서 "잘난 척하는 새끼들"
하고 소리 질렀다. 그 지팡이가 사악하고 위풍당당한 분위기를
연출해주었다. 절룩거리며 다가오는 헬렌을 보면, 그들은 비둘기
흩어지듯 뿔뿔이 흩어져 달아났다.

✕

하루는 헬렌이 우리가 사는 집에 찾아왔다.
걔가 친구 헤더와 헤로인을 진탕 즐기느라 바빠서 우리는 여러
날 그 아이를 보지 못했었다. 헬렌이 안락의자에 몸을 깊숙이
파묻었다. 초조한 얼굴 위로 머리칼이 흘러내렸다. 잿빛 초저녁의
음울함 속에서 에린과 나는 꽃무늬가 있는 갈색 소파에 앉아
1.75리터 들이 플라스틱 용기에 든 싸구려 테킬라를 마셨다.
2월이었고 밖에서 칼바람이 윙윙거렸다. 헬렌이 안락의자에
앉아 저리 의기소침해하는 것을 보고 있자니 런던에서 같이 살던
친구들과 서로 면도용 크림으로 발 마사지를 해주며 대마초를
피우던 일이 문득 그리워졌다. 룸메이트였던 소니아는 내가
한 번도 바이브레이터를 써본 적이 없다는 것을 알고 자기
딜럭스급 래빗형 바이브레이터를 꺼내 내 앞에서 까딱까딱
흔들더니 빨리 방에 가서 써보라고 부추겼다. "다 쓰고 나서
칼라에게 넘겨. 그 전에 꼭 먼저 닦아주고." 걔네들은 너무나
다정하고 태평했다. 몸에 대해서도 너무나 긍정적이었다.
　"우리 셔츠 벗자." 내가 말했다.
　"왜?" 에린이 의심스럽게 물었다.
　"안 될 거 뭐 있어?" 내가 일부러 쾌활하게 말했다. 나는
테킬라를 한 모금 들이키고 티셔츠를 확 벗었다. 에린은
주저하면서 셔츠 단추를 풀었고, 헬렌은 놀랍게도 아무 말 없이
몸을 비틀어 터틀넥을 벗었다. 나는 티셔츠를 벗자마자 그
사실이 의식되었다. 피부에 돋은 소름 하나하나가 소파 천에
닿는 것이 느껴질 정도였다. 우리는 2월의 음울함 속에서 그렇게

브라 차림으로 조용히 쪼그라든 채 앉아 있었다. 헬렌은 너무 멍해서 검정 터틀넥을 벗다가 안경이 찌그러진 것도 모르고 있었다.

"복근 멋진데, 캐시." 에린이 드디어 입을 열었다. "그동안 운동했나 봐?"

헬렌이 몸을 움직였다. 안락의자에서 자세를 바꾸고 안경을 바로잡았다. 헬렌이 두려움을 느낀다고 말했을 때 내 심장 박동이 빨라지기 시작했다. 환청이 들린다고 했다. 악몽이 멈추지 않는다고 했다. 넌 혐오스럽고 살아갈 가치가 없다고 말하는 목소리가 들린다고 했다. 윗옷을 벗은 줄 몰랐다가 처음 깨달은 사람처럼 헬렌이 자기 몸을 쳐다보며 말했다. "나는 뚱뚱해."

"헬렌." 에린과 내가 동시에 똑같이 말했다. "너 말랐어."

"나 뚱뚱해." 헬렌이 다시 말했다. 그러더니 나를 노려보았다. 그 노려보는 시선을 나는 잘 알고 있었다.

"너 날 속였어."

"무슨 소리야?"

"내 뚱뚱한 몸을 비웃으려고 일부러 내 옷을 벗게 만들었어. 네가 날 속였다고."

"캐시는 취했어." 에린이 조용히 말했다. "자기가 뭘 하고 있는지 몰라."

"나 안 취했어!" 내가 취해서 말했다. "너 예뻐! 왜 그걸 몰라! 그걸 좀 알라고! 네 몸은 아름다워! 네 몸은 섹시해! 제발 너 자신을 사랑했으면 좋겠다고!"

헬렌이 달려들어 나를 때리기 시작했고, 나는 몸을 움츠리고 팔로 얼굴을 가렸다. 헬렌은 내가 괴물이라고 소리 질렀다.

에린이 헬렌을 잡아당겨 내게서 떼어놓자, 헬렌이 이번에는 에린에게 있는 힘을 다해 주먹을 날리고 발길질을 해댔다. 나는 거실이 어두워서 헬렌과 에린이 서로 레슬링을 벌이는 두 개의 그림자로 보였던 것을 기억한다. 에린이 헬렌의 공격을 받다가 마침내 헬렌을 바닥에 쓰러뜨렸다. 그렇게 폭력적인 증세를 보일 때 헬렌은 가히 초인적인 힘을 발휘했지만, 에린의 힘이 더 셌다. 에린이 헬렌을 한참 동안 꽉 붙들고 걔의 이름을 반복해서 불렀다. 그 둘은 숨이 차서 헐떡였다.

⨯

　　　　나는 2학년 때부터 진지하게 시를 쓰기 시작하면서 미술에 흥미를 잃었다. 아테나의 수업을 들은 후로 내 미술 쪽 재능을 의심하게 되었다. 에린과 헬렌이 나보다 훨씬 월등했던 것도 한몫했다.

　나는 최근에 에린과 술을 마시다가, 어떻게 반응할지 보려고 너와 헬렌 때문에 미술을 포기했다고 말했다.

　"그 사실을 인정하기가 아직도 힘들어." 내가 말했다. "하지만 질투가 났어. 너는 너무 출중한데 나는 별로 뛰어나지 못해서. 나는 끊임없이 너희와 나를 비교했어. 그렇지만 지금은 그때 그렇게 느낀 것을 감사하게 생각해. 안 그랬으면 시를 발견하지 못했을 테니까."

　에린이 의심스럽게 나를 쳐다보았다. "별말씀을."

　"하지만 사실은 시도 명미가 너의 시를 더 좋아했던 것 같아." 내가 대학 시절 시 과목 교수를 언급하며 혼잣말처럼 중얼거렸다.

"그건 아니야." 에린이 말했다. "교수가 우리 시를 둘 다 좋아했어. 네 시는 굉장히 감정이 풍부했어."

나는 에린의 칭찬을 어떻게 받아들여야 좋을지 몰랐다. 얘는 작품과 관련해 내가 조금이라도 마음이 약해지는 것을 감지하면 그것을 대차게 물리쳤다.

"아무튼, 헬렌을 좀 더 균형 있게 묘사할 필요가 있어서 그러는데," 내가 노트와 펜을 꺼내며 말했다. "걔가 대학 시절에 혹시 우스운 소리 한 것 기억나는 거 있어? 나는 황당했던 일만 기억나거든."

"그건 걔가 황당한 애였기 때문이지." 에린이 말했다.

"응, 그래." 내가 말했다. "그래도 너는 눈만 뜨면 종일 걔와 시간을 보냈잖아. 너희가 그냥 평범하게 어울려 지낸 기억이 분명히 있을 거야. 아니면 미술에 관해 심오한 대화를 나눴다든가. 그런 게 있으면 좋겠는데."

"나 기억력 나쁜 거 알잖아." 에린이 말했다. "우리가 하이데거 독립 연구 모임에 들어갔었지. 그거 생각나?"

"끔찍했지." 내가 신음했다.

"나는 그렇게 생각하지 않아. 우리가 얼마나 진지하게 지성을 높이려고 했나 생각하면 아름다워."

헬렌, 에린, 그리고 내가 캠퍼스 식당에 앉아 『존재와 시간』을 공부하며 고전하던 기억이 난다. 그때 나는 불안감과 밀실 공포증을 느꼈다. 헬렌과 에린이 **현존재**(dasein)에 관해 거만하게 논해도, 나는 우리가 그게 다 무슨 뜻인지 전혀 모르고 하는 소리라고 생각했다.

"다른 건 기억 안 나?" 내가 물었다.

"모르겠어." 에린이 말했다. "너도 나만큼이나 걔랑 시간을 보냈잖아."

"아니야. 나는 언제나 너희의 들러리였어."

"아닌 것 같은데. 헬렌이 너한테 기죽어 했었어."

"그럴 리가."

"너와 나는 우리가 뭐가 되고 싶은지 알고 있었지만," 에린이 말했다. "걔는 자기가 누구인지도 몰랐어."

"워낙 많이 돌아다니며 살았잖아."

"걔는 문화가 없는 애였어." 에린이 말했다. "그래서 다른 사람들의 문화를 취했던 거야."

"너도 알다시피 걔 백인 친구들 앞에서는 성질 부린 적 없을걸."

"그거야 뭐," 에린이 씁쓸하게 말했다. "우리는 가족이었으니까."

✕

진실을 말하자면, 나는 미술을 하기에 너무 신경과민이었다. 머리에 떠오른 이미지를 작품으로 옮겨내지 못해 좌절했다. 시로는 그 이미지를 다른 어떤 것으로가 아니라 그 생각 그대로 종이에 써서 구현하기만 하면 되었다. 사실 내가 시를 쓰기 시작한 것도 미술로 재현할 수 없었던 모든 것을 생생하고 극적으로 묘사하기 위해서였다. 내게 미술품만이 아니라 세계를 창조할 만한 무한대의 자원이 있었다면 이룩될 수도 있었을 내 미술 세계의 순수한 가능성 그 자체가 바로 시구절에 있었다.

에린과 나는 명미 킴이 가르치는 시 과목에 등록했다. 킴은 짧게 친 머리에 긴 검정 치마를 입어 성직자처럼 보이는 30대 후반의 객원교수였다. 첫날 교수가 침묵에 관해 강의했는데 그것이 문학사에 대한 나의 인식을 완전히 박살 냈다. 교수는 어떻게 해서 시형(poetic form)이라는 회로가 우리가 말하는 것보다는 우리가 말하지 않는 것에 의해 충전되는지 논했다. 시라는 것은 완벽하게 형성된 구절보다는 더듬거림, 주저함을 잡아내는 그물이라고 했다. 침묵에 주의를 기울이는 것 자체가 하나의 심문이라고 했다. 홀로코스트로 가족을 잃은 유대계 시인으로서 독일어로 작품 활동을 한 파울 첼란의 경우 "그는 말을 입 밖으로 내는 일의 불가능성과 말을 입 밖으로 낼 수단을 찾는 작업 사이에서 방향을 잡아갔다"라고 킴은 설명했다.

명미 킴은 백인 시인의 말투를 닮을 필요도 없고 백인 청중이 알아듣기 쉽도록 내 체험을 "통역할" 필요도 없다고 내게 말해준 최초의 시인이었다. 그 후 다른 어떤 멘토도 명미 킴만큼 그런 생각을 단호하게 강조한 사람은 없었다. 판독하기 어렵게 쓰는 것은 하나의 정치적 행동이었다. 그전에도 아시아인으로서 겪는 체험에 관해 쓰라는 독려를 받긴 했으나 여전히 백인 시인이 쓰는 식으로 썼어야 했다. 그래서 나는 백인 시인을 흉내 내는 대신 백인 시인이 아시아 시인은 이럴 거라고 상상하며 흉내 내는 방식을 흉내 냈다. 킴이 내 시를 처음 읽고 말했다. "왜 다른 사람의 말투를 모방하죠?" 내가 말했다. "모르겠어요." 킴이 말했다. "언어에 관한 최초의 기억이 무엇이었나요? 그 기억을 시로 써보세요."

친구이자 시인인 유진 오스타셰브스키는 "영어를 한참

두드리다 보면 다른 언어로 통하는 문으로 변한다"라고 했다. 바로 그 점을 명미 킴이 내게 최초로 가르쳐주었다. 내가 눌변으로 여기는 부분―내가 이중언어 사용자라는 점, 어렸을 때 영어 때문에 고생한 점―을 역이용해 영어를 두드리고, 그것을 나의 갈등하는 의식에 가장 근접한 나만의 어휘소 목록 속으로 녹아들게 하라는 가르침이었다.

✕

나는 다문화주의가 절정에 달했던 90년대 중후반에 대학 교육을 받았다. 내가 아는 가장 재능 있는 친구들과 교수들은 다 유색인종이었다. 강의 도서목록에 다양성이 반영되어야 하는 것이 내게는 당연했다. 당연히 미술 실기 시간에는 브루스 나우만과 나란히 에이드리언 파이퍼 같은 흑인 개념 미술가들에 대해 배웠다. 당연히 시 과목 시간에는 윌리엄 카를로스 윌리엄스와 나란히 학경 차에 대해 배웠다. 기예르모 고메스-페냐의 행위예술을 공부한 것은 무슨 비타민 보충하듯 "치카노 경험" 맛보기가 필요해서가 아니었다. 내가 그 문인과 미술가 들을 공부한 것은 그들이 대단히 흥미로운 사상가였기 때문이다.

에린, 헬렌, 그리고 나는 서로 아이디어를 주고받았고, 그런 다음 우리가 작업하는 매체가 무엇이든 거기에 그 아이디어들을 적용했다. 작업실에서, 도서관에서, 노트 위에다, 무대와 거리에서 우리가 한 작업은―장소를 불문하고―예술이었다. 우리는 전공 분야를 따로 구분해야 한다고 생각하지 않았다. 에린은 명미 킴의 강의에서 영감을 얻어 책을 제작했는데, 낡은

공학책 표지를 재활용하고 거기에 자신의 미니멀리즘 시를
담았다. 나는 에린과 헬렌의 작업에서 영감을 얻어 "장소 특정적"
설치예술로서 시 낭독 공연을 하기로 했다. 내가 기숙사 건물
지하에서 발견한 아무도 안 쓰는 오래된 농구장은 비에 침수된
상태였다. 곰팡내가 요란하게 풍겼고 녹색 빗물로 15센티미터쯤
잠긴 바닥에 농구대 그물이 반사되었다. 아무것도 따로 꾸밀
필요가 없어서 거저먹는 기분이었다. 그 공간 자체가 너무나
신비롭고 **결핍**으로 충만했다. 나는 관람객이 빗물로 걸어
들어갈 때 발에 씌울 비닐백을 마련하는 등 공연을 준비했다.
그런데 공연 하루 전, 황당하게도 초대형 펌프가 그 물을
전부 빨아올리고 있는 것이 아닌가. 내가 기겁하자 헬렌이
말했다. "다시 채우자." 그날 밤늦게 헬렌이 호스로 지하를 다시
침수시키는 일을 도와주었다.

　　우리는 미술사학자 로절린드 크라우스가 **확장된 영역**이라고
일컬은 작업의 실행자들이었다. 여기에는 우리가 미술과 시를
논의한 방식도 포함되었다. 기법에 관해서만 이야기하기는
지루했다. 우리는 미술과 시를 인종, 젠더, 계급과 관련지어
논의했다. 우리의 정체성은 우리의 미적 특질에 영향을 주었지만,
우리의 미적 특질이 꼭 정체성하고만 관련된 것은 아니었다.
우리는 아티스트 조니 콜먼과 나넷 야누지 마시아스 같은
교수들이 가르치는 수업을 들을 수 있어서 운이 좋았다. 그들은
자신을 지나치게 단순화하지 말고 인종을 읽어낼 때 미묘한
차이를 잡아내라고 일러주었다. 그리고 우리가 인종에 관여하는
작업을 한다면 어려운 주제이기 때문에 작업도 어려울 수밖에
없다고 했다.

90년대는 문화 전쟁의 시대이기도 해서, 이때 안드레스 세라노의 「오줌 예수」 같은 논란 많은 작품 때문에 조지 H. W. 부시 대통령이 국립예술기금에 재정 지원을 삭감했다. 에이즈가 갑자기 확산돼 위기에 달했을 때 정부의 방치와 직무유기로 수많은 친구들이 죽어가는 것을 목격한 예술가들은 급진화되었다. 휘트니 비엔날레 중에서도 특히 1993년도 비엔날레는 서슴없는 정치성 때문에 대단한 논란을 일으켰다. 미술가 대니얼 J. 마르티네스가 디자인한 단추 모양의 전시 입장용 배지에는 "백인이 되고 싶은 마음 절대 없음"이라고 적혀 있었다. 미술가 페폰 오소리오는 사우스 브롱크스의 한 푸에르토리코인 집에서 일어난 범죄 사건을 그대로 재현해놓았다. 코코 푸스코와 기예르모 고메스-페냐는 아메리카 원주민 복장을 하고 금색으로 칠한 우리 속에 들어간 모습으로 등장했다. 재닌 안토니는 초콜릿과 라드로 만든 무게 270킬로그램의 정육면체를 갉아먹으며 도널드 저드와 요제프 보이스식 예술에 페미니즘적 응답을 시도했다.

대다수의 비평가는 이 비엔날레를 혹평했다. 예를 들어 피터 플래겐스는 그 행사에서 "문화적 보상의 냄새"가 난다고 일축했다. 그러나 이 전시에 공감한 소수의 비평가에 속하는 홀런드 코터는 이렇게 적었다. "1980년대 말에 경제가 추락하고 미술 시장이 붕괴했을 때, 본격적인 불청객의 난입이 이루어졌다. 흑인, 아시아계, 라틴계가 다수를 이루는, 주류에서 오랫동안 소외됐던 미술가들이 입장해 판도를 바꾸어놓았다."

내가 이 글을 쓰는 지금, 예술계는 그때의 의기충천한 정치적 에너지를 되찾았다. 이번에는 "불청객 난입"의 효과가 오래갔으면 좋겠다. 내가 대학을 졸업하던 무렵 백인 남성 비평가, 출판업자, 논객들은 다문화주의는 실패했다며 이른 임종을 고했고, 미국 탈인종 시대의 개막을 알리는 리본을 잘랐다. 사실 에린과 헬렌과 내가 대학에 다닐 때 이미 문화적 격변은 마무리되었다고도 할 수 있다. 하지만 우리는 오하이오주의 작은 캠퍼스에 고립된 덕택에 그 효과가 지연되는 이점을 누렸다. 헬렌, 에린, 그리고 나는 자신감만이 아니라 자만심에 차 있었다. 이 시대는 우리의 시대이며 앞으로도 항상 그럴 거라고 생각했다.

×

　　　나는 헬렌에게 내 시를 한동안 보여주지 않았다. 그렇게나 열심히 비공개로 유지했던 것은 그 시들을 나의 사적인 자존의 신전 속에 잘 간직해두고 싶었기 때문이다. 내 자신감이 얼마나 순식간에 자기 회의로 전락할 수 있는지, 내 시가 얼마나 순식간에 찬란한 광륜에서 구정물 튄 종이 쪼가리로 둔갑할 수 있는지 나는 잘 알고 있었다.

"네 시를 읽어보고 싶어." 헬렌이 말했다.

"영 별로야."

"아냐 대단해." 에린이 말했다. "얘 말 믿지 마."

"내가 네 시를 이해할 만큼 똑똑하지 않다고 생각하는 거지?" 헬렌이 위협적으로 말했다.

"그런 거 아니라니까!"

"그럼 왜 못 읽게 하는데?"

헬렌에게 시를 안 보여준 이유는 나도 잘 몰랐다. 내가 그 애의 평가를 두려워한 것은 맞다. 내 시가 헬렌의 마음에 들지 않으면 죽어버리고 싶을 것 같았다! 그러나 헬렌이 내 삶에서 그만큼이나 지배적인 존재였기 때문에 내 시에 그 애의 흔적이 없기를 바랐다. 시는 **나의** 영역이고 내 **것**이었다. 그러나 나는 그렇게 말하지 않고 자신이 없어서 그랬다고 했다. 그랬더니 걔가 나를 부엌 식탁에 억지로 앉혔고, 우리는 내 자신감 부족에 관해 여러 시간 대화했다. 다음 날 내가 희귀한 남미 나비 견본처럼 박엽지에 싸서 보관하던 소책자를 마침내 내밀자, 헬렌이 기쁘게 웃으며 바로 읽어보겠다고 했다.

그러고 나서 일주일 동안 걔를 보지 못했다.

얘가 또 사라진 거라고 냉정하게 생각했다.

얘가 어쩌면 나한테 이럴 수 있지?

어디 숨기도 어렵게 좁아빠진 대학교 캠퍼스에서 일주일이란 긴 시간이었고, 게다가 4학년이던 그해에 에린, 헬렌, 나는 다 같이 한집에 살았다. 그러나 헬렌은 무슨 이유에서든 에린과 내가 자기를 공격하려 한다는 피해망상에 젖을 때마다 그렇게 숨어버렸다. 며칠씩 사라져서 헤더 집에서 자거나 팸과 제시카 같은 "안전한" 친구들과 함께 지냈다.

나는 걱정으로 안절부절못했다. 그 주 내내 오로지 그 생각뿐이었다.

"헬렌 봤어?" 에린에게 물었다.

"응." 에린이 말했다. "작업실에서 봤어."

"내 시에 대해서 뭐라고 안 해?"

"아니."

나쁜 년! 시를 읽고 마음에 안 들었던 거다. 이제 내가

싫어졌거나, 아니다, 더 나쁘게는 나를 대수롭지 않게 여기게
된 거다. 하지만 어째서 솔직하게 말을 못 하는 거지? 말해주지
않으면 내가 더 괴로워한다는 걸 모르나? 왜 그냥 솔직하게
내 시가 싫어서 내가 싫고 나를 대수롭지 않게 보게 되었다고
말하지 못하는 거야? 말을 해야 내가 진실을 알 수 있잖아! 내가
얼마나 예민한지 모르나? 내가 얼마나 내 시에 자신이 없는지
세 시간이나 얘기했잖아? 내가 얼마나 경계심이 강한지, 내가
얼마나 시를 남에게 보여주기를 꺼리는지에 대해서 말이야. 서로
엄마에 관해 얘기하면서 둘 다 엄마 때문에 누구든 신뢰하지
못하게 되었다는 얘기도 했잖아? 우리에겐 자아라는 필수적
신체 기관이 모자란다는 얘기도 했잖아? 우리의 자아는 절대로
채워지지 않는 텅 빈 거대한 수영장 같다고 했잖아, 헬렌! 어디
있는 거야, 이 미친년아! 내 시가 어떤지 말하란 말이야!

나는 헬렌의 작업실로 달려갔다. 그 애는 거기 없었다.
제시카에게 헬렌이 혹시 걔네 집에서 지내는지 물었다. 그렇다고
했다. 늘 갓 구운 브라우니 냄새가 나는 제시카네 아파트에서
죽치는 중이라고 했다. 헬렌이 혹시 내 시에 대해서 뭐라고 말한
적 있어? "없는 것 같은데?" 제시카가 대답했다. 나는 도서관을
뒤지고, 커피숍 '피브'를 수색하고, 헬렌이 당구를 치고 있을지
모를 캠퍼스 바 '스코'를 샅샅이 훑고, 목공방에도 가보고, 다시
걔의 작업실로 돌아왔다. 드디어 어느 날 헬렌을 목격했는데,
캠퍼스 잔디밭 '와일더 보울' 건너편에서 파란 가죽 재킷을
입고 멘톨 말보로를 피우며 애슐리라는 빨간 머리 여학생과
시시덕거리고 있었다. 나는 빠른 걸음으로 헬렌에게 다가가
말했다. "안녕."

"어, 왔어?" 걔가 온화하게 말했다. "안 그래도 널 찾고 있었어."

"우리 사는 데 어딘지 알잖아." 내가 성이 나서 말했다.

헬렌이 말했다. "어디 가서 좀 앉자." 이상하리만치 따뜻한 날이어서 우리는 콘크리트 우주선처럼 생긴 오벌린 대학교 도서관 바로 앞에 펼쳐진 와일더 보울 잔디밭에 앉았다. 헬렌이 눈물을 글썽여가며 강의 시간에 쓰기에도 지나치게 지적으로 다가오는 온갖 어휘를 동원해 내 시를 논했는데 걔가 그렇게 말하니까 왠지 진정성 넘치고 심오하게 들렸다. 헬렌은 그토록 감동해본 적이 없다고 했다. 내가 시에서 뭔가 매우 핵심적인 것을 포착했다고 했다. 영혼을 포착했다고 했다. 시 속에서 내가 춤을 춘다고 했다. 그것이 헬렌에게 창작에 대한 영감을 주었다고 했다. 걔가 밤새 내 시를 전부 읽은 다음 다시 반복해서 읽으며 단어 하나하나를 음미했다고 했다.

나는 행복했다. 안도감이 밀려왔다. 누군가를 감동시키는 것이, 헬렌을 감동시키는 것이, 바로 글을 쓰는 의의라고 생각했다. 나는 다시 진정한 존재가 되었다. 우리는 진정했다. 나는 그 감정 속에서 헬렌과 잔디 위에 앉아 있었다.

✕

그 후 겨울 방학 기간, 그러니까 4학년 졸업 작품 전시회가 열리기 두 달 전에, 헬렌의 작품이 전부 사라졌다. 여기서 "사라졌다"는 것은 누가 내다 버렸다는 뜻이다. 사무 착오였다. 학교 당국이 헬렌이 일찍 졸업했다고 착각하고 작업실을 치우라고 지시했던 것이다. 드로잉, 콜라주, 졸업 전시회용 회화, 설치작품 기록, 미술도구 등 창작 활동의 모든 자취가 사라졌다. 마치 걔가 대학에서 전혀 작품을 만들지 않았던 것처럼. 마치 걔가 전혀 존재하지 않았던 것처럼. 작업실은 철저히 닦여 새로 하얗게 페인트가 칠해졌다.

이에 대한 반응으로 헬렌은 머리를 싹 밀어버렸다.

헬렌이 위스키 한 병을 들이키고 삭발했다는 소리를 들었을 때 나는 끝장난 줄 알았다. 얘가 자살하겠구나. 하지만 물론 나의 과소평가였다. 헬렌은 특히 자기가 시험당한다고 생각하면 견디려는 의지가 죽으려는 의지보다 강해졌다. 이것은 그 애가 지닌 가장 한국적인 속성으로, 죽음과 생존을 동시에 격렬하게 욕망하는 충동이 서로 상쇄되지 않고 합쳐져 있었다. 그 때문에 얘와 함께 지내기가 참 괴로웠다. 헬렌은 에린과 나를 맹렬히 몰아세웠고, 이 일이 일어난 것은 자기가 미술가가 되면 안 된다는 하나님의 계시라고 했다. 하지만 모두가 틀렸다는 것을 증명해 보이겠다며, 순전히 도와주려고 헬렌의 작업실에 들른 내게 "너도 마찬가지야" 하고 소리치고 삿대질했다. 어떤 의미에서는 헬렌이 옳았다. 나는 그 애를 과소평가했을 뿐만 아니라 어쩌면 실패하기를 **바랐는지도** 모른다. 걔의 작품이 전부 없어졌다는 얘기를 들었을 때, 나는 내 생각만 하면서 얘가 나한테 화풀이를 하면 어쩌나, 얘랑 친구인 것이 씨발 얼마나 부담스럽냐고 생각했던 것도 같다. 헬렌은 내가 그렇게 느낀다고 늘 추궁했고 나는 그것을 부인했지만, 그 애 말이 맞다. 정말 그런 생각을 했다. 나는 우리가 맺은 친구 관계에 매몰된 기분이었고, 혹시, 그저 혹시 걔가 자살하더라도, 별로 아쉽지 않을 것 같았다. 무덤에서 헤어나온 기분일 것 같았다. 자유로워진 기분일 것 같았다.

헬렌은 내가 틀렸다는 것을 증명했다. 그 애는 가장 잘할 줄 아는 것을 했다. 그 애는 죽도록 작업했다. 잠을 안 자고 자신의 피로를 과시했으며, 비틀거리며 돌아다니고, 매일 밤 맥주 여섯 캔 들이를 해치우고, 새벽에 목공방에서 캔버스 틀을 짜더니 결국 불가능한 일을 해내고야 말았다. 헬렌은 한 달 만에 1년 치에 해당하는 그림을 창작해냈다. 헬렌은 당시 미술가 에바 헤세에게 사로잡혀 있었고, 헤세에게서 영감을 얻어 오일, 레진, 석고 반죽으로 화폭을 나긋나긋한 육체 같은 표면으로 재구성하여 조형적 효과를 낸 추상화를 제작했다. 테니스공만 한 크기의 살덩어리 같은 것을 주렁주렁 매단 회화 작품도 만들었다. 임파스토 기법으로 석고 반죽이 줄줄 흘러내리도록 두껍게 칠한 화면에 철봉 하나가 돌출해 있는 작품도 있었다. 또 그런가 하면, 천을 씌우지 않은 캔버스 틀에 캔버스 천으로 만든 구슬 가닥을 걸어놓은 작품도 있었다. 헬렌은 갤러리 바닥을 밝은 주황색으로 칠해 공간에 상승작용을 일으키고 모든 작품이 함께 어우러지도록 했다. 전시를 보고 걱정이 싹 사라졌다. 학생들과 교수진 전부 그 전시에 혹 갔다. 당시 나는 헬렌 같은 천재는 다시 만날 수 없을 것이라고 생각했다.

그러나 헬렌은 한 달 만에 출중한 작품 전시를 해낸 것만으로는 성에 차지 않았다. 그래서 자기 작업실에 추가로 설치미술 작품을 준비해 그다음 주말에 공개했다. 헬렌이 그 설치 작품을 위해 시를 썼다고 에린이 내게 알려주었다. 귀가 솔깃해진 나는 전시 전에 구경을 가기로 했다. 계단을 타고 작업실로 올라가 조명 설치를 돕고 있던 헬렌의 친구 제시카와 헬렌에게 인사했다. 흰 종이가 줄줄이 정연하게 벽을 뒤덮고 있었다. 가까이에서 보니 종이마다 헬렌이 시를 두세 행씩 타자기로 친 것이 보였다. 구석에서 돌아가는 작은 선풍기에 종이들이 펄럭이면서 마른 잎사귀 같은 소리를 냈다. 나는 한 줄씩 읽으면서 내가 헬렌에게 빌려주었던 시 선집에 담긴 에밀리 디킨슨, 힐다 둘리틀, 오시프 만델슈탐, 파울 첼란 등의 영향을 감지했다. 많은 시행이 죽음을 암시했다. 나는 당황해서 이게 혹시 모종의 정교한 자살 유서인가 하고 생각했다. 그러다가, 내가 아는 시구, 내 시구가 눈에 들어오기 시작했다. 내 소책자에서 통째로 베껴 온 시구였다.

나는 헬렌을 작업실 발코니에서 밀어버리고 싶었다.

욕지기가 났다. 그 종이들을 모조리 찢어버리고 싶었다. 하지만 헬렌과 맞섰다가 얘가 무슨 일을 벌일지 누가 알겠나 싶어 몸이 굳는 느낌이었다. 헬렌이 제시카와 농담을 따먹으며 작업실 정리하는 것을 기다렸다가 딱딱하고 자제된 목소리로 어째서 걔의 설치 작품에 내 시가 들어갔는지 물었다. 헬렌이 하던 일을 멈췄다. 불안감이나 죄책감을 보이기는커녕 나를 노려보았다. 걔가 물었다. "너 왜 이러는데?"

헬렌은 내 시를 도용했다는 사실조차 인식하지 못하는 것 같았다. 다른 모든 것을 흡수했던 방식으로 내 시도 흡수해버린 것이다. "내 시를 아무에게도 보여주지 않겠다고 약속했잖아!" 내가 하소연하듯 소리 질렀다. "사람들한테 네가 썼다고 할 거니?"

헬렌이 내 말을 자르며 내가 자기를 고의로 방해한다고 했다. "너 어떻게 나한테 이럴 수 있어?" 걔가 고함을 질렀다.

"너야말로 나한테 어떻게 이럴 수 있어?" 내가 큰 소리로
되받아쳤다. 그러나 부질없는 일이었다. 걔는 나보다 더 크게
소리 지르며 내가 이기적이라고 비난했다. 전시가 한 시간밖에
안 남았는데 어떻게 자기한테 이렇게 스트레스를 줄 수 있느냐는
거였다. 자기가 얼마나 무너지기 쉬운지, 얼마나 간신히 버티고
있는지 알지 않냐고 했다. 자기가 실패하길 바라는 걸 항상
알고 있었다며 으르렁거렸다. 헬렌의 분노가 극으로 치닫는
것을 제시카가 내내 충격받은 채로 보고 있었다. 나는 헬렌이
폭력적인 행동을 할까 봐 겁이 났다.

나는 후퇴했다. 내가 말했다. "우리 나중에 진정하면
얘기하자." 작업실에서 나와서, 계단을 내려와 미대 건물을
뒤로하고 걸었다. 길을 건넜다. 캠퍼스를 벗어났다. 그때
남자친구가 있었다. 아마 그의 집에 갔던 것 같다. 전시 개막에는
가지 않았다. 헬렌이 그 시들을 떼어버렸다는 얘기를 에린에게
전해 들었다. 헬렌에게 그 일을 다시 거론하지 않았다. 심지어
계속 친구로 지냈다. 계속 친구로 지내는 것 말고는 달리
어찌해야 할지 몰랐다.

✕

원래는 에린에 관해서만 쓰려고 했었다.
에린과 나는 좀 더 힘 돋고 깔끔한 페미니스트 예술 동지애의
모델을 체현했기 때문이다. 우리는 뉴욕으로 이사해 술집, 파티,
전시회 오프닝 행사에 같이 다녔다. 나는 에린의 작업실을
수없이 드나들었고 에린은 언제나 내 글을 가장 먼저 읽는
독자였다. 우리는 논쟁 그 자체를 즐기면서 논쟁했고 장문의

이메일을 교환했다. 나는 아이오와시티로 가고 에린은 캘리포니아 예술학교로 가게 되어 서로 떨어져 있을 때 에린은 내게 구명정이 되어주었다. 아이오와 대학 도서관의 눈부신 형광등 조명 아래서, 나는 호크아이(아이오와주의 상징이자 아이오와 대학 스포츠팀을 상징하는 로고—옮긴이)가 찍힌 스웨터 소매에 입을 대고 재채기하는 철없어 보이는 남학생 옆에 앉아, 과일맛 사탕 색 아이맥 단말기 앞에서 쪼그린 자세로, 마치 취리히의 한 아파트에서 편지를 쓰는 루마니아 망명 시인처럼 에린에게 편지를 썼다. "시인이 다 무슨 소용이야, 으르렁거리는 고양이들 변기통이지, 그래도 우리는 혁명이 가능한 척하면서 창작해야만 해!"

헬렌과 나는 대학 졸업 후 각자의 길을 갔다. 헬렌은 이 나라를 떠났다. 그 애는 우리의 삶에서 사라졌고, 그 애가 없어져서 솔직히 좋았다. 하나도 그립지 않았다. 걔가 돌아와 내게 화를 내는 꿈을 몇 번 꾸었고, 잠에서 깨 걔가 더 이상 내 곁에 없다는 사실에 안도했다. 그러나 이 에세이를 쓰고 있자니 마치 헬렌에게 내 삶으로 돌아오라고, 와서 내게 분노하라고 호출하고 있는 것 같다. 그 애는 내 시를 갖다 쓰는 배신을 저질렀지만, 나는 그 애의 삶을 글감으로 가져다 쓰는 더 큰 배신을 저질렀기 때문이다.

헬렌을 만나지 않았다면 내 대학 시절 4년은 더 행복했을 수도 있다. 그러나 만약 그랬으면 나는 지금과 같은 글쟁이가 되지 못했을 것이다. 헬렌은 우리를 인증하고 결속했으며, 우리가 필연이라고 느끼게 해주었다. 우리는 미국 문화를 새로 규정할 셈이었다. 헬렌과 에린이 뉴욕 현대미술관에서 단독 전시회를 하면 나는 그것에 대해 글을 쓸 생각이었다. 나는 자신감 부족에 시달리지 않을 때면 걷잡을 수 없이 거만했다. 우리 셋 모두 그랬다. 우리는 백인 남성의 자신감을 보유하고 있었지만, 그 자신감은 졸업 후 각자의 길을 가면서 급속히 위축되었다. 그때 우리는 경력을 쌓는 모든 단계에서 매번 과소평가 당했기 때문에 각자 능력을 되풀이해서 증명해야 했다. 그렇더라도 나는 다른 길을 택하지 않았을 것이다. 그렇게 고전했기 때문에 나는 우리의 우정으로 배양된 창의적 상상력에 꾸준히 충실할 수 있었으며, 그 상상력은 우리의 불만족스러운 의식의 진실성을 반영할 수 있도록 엄밀성과 깊이에 의해 다듬어졌다. 다른 사람은 아무도 우리에게 신경 쓰지 않았다. 다른 사람은 아무도 우리를 진지하게 받아들이지 않았다. 우리에게 가장 먼저 예술가가 되라고 촉구한 유일한 사람은 바로 우리였다.

예술가의 초상

1982년 11월 5일, 그러니까 그해 가을 들어 처음으로 본격적으로 추워진 날에 31세의 미술가 겸 시인 테레사 학경 차가 메트로폴리탄 미술관 직물 부서에서 사직했다. 그는 하얀 앙고라 스웨터에 빨간 가죽 코트를 입고 적갈색 베레모를 썼다. 가죽 장갑도 끼고 양말도 두 겹으로 신었다. 그는 다운타운행 지하철을 타고 허드슨 거리에 있는 비영리 갤러리 아티스츠 스페이스(Artists Space)에 가서, 큐레이터 발레리 스미스가 준비 중인 합동 전시회용 사진 작품을 큼직한 서류 봉투에 넣어 제출했다. 차의 사진은 갖가지 손짓을 하는 손을 소재로 했으며, 고대 중국 판화에서 근대 프랑스 회화에 이르기까지 다양한 출처에서 얻은 이미지를 편집하고 재현했다. 스미스는 뉴욕주 대법원에서 증언할 때 차가 피로하고 긴장한 모습이었으며 15분 동안 머물면서 전시회 홍보물에 서명했던 것으로 기억했다. 그는 차가 아티스츠 스페이스에서 4시경에 떠났다고 했다. 갤러리에서 나가 북동쪽으로 걸어갔다고 했다.

여기서부터 나는 16밀리 영화를 보듯 차를 상상의 눈으로 바라본다. 그는 불어오는 바람에 어깨를 움츠리고서, 판자로 창문을 막은 버려진 주철 건물과 도로 복공판 위를 터덜거리며 굴러가는 구식 쉐보레 카프리스 택시들을 빠른 걸음으로 지나친다. 그가 입은 가죽 코트의 붉은색이 흐릿하고 뿌연 영화 조명 속에서 바래 보인다. 나는 그가 자신의 책 『딕테』를 교정하며 여러 시간을 보낸 화이트 거리의 태넘 출판사 사무실을 지나가는 모습을 상상한다. 그런 다음 브로드웨이 거리에서 한때 배 돛에 쓰는 천을 짜는 공장이었던 하얀 주철 건물을 끼고 좌회전한다. 그로부터 25년 후 나는 남편과 그 건물에서 임대료

안정화 제도의 적용을 받는 재임대 아파트에 살게 될 것이다.
내가 심사한 경연대회에 출품된 시들을 거대한 봉지 두 개에
담아 재활용 쓰레기로 거둬 가라고 그리로 끌어다 놓을 것이며,
그 봉지들은 밤사이 활짝 열릴 것이다. 그러면 내가 사는 블록은
색종이 가루 흩날리는 축하 퍼레이드처럼 시로 뒤덮일 것이다.
시가 자동차 앞 유리와 청바지 상점 진열장에 붙고, 자전거
거치대 주변에 구깃구깃 널리고, 나무 위에 천막처럼 걸리고,
우리 건물 건너편 아파트 정면에서 태극권을 연습하는 중국인
할머니들의 발치에도 흩어질 것이다. 그러나 그날은 시가 없었다.
텅 빈 하역장에 쓰레기만 쌓여갈 뿐이었다.

차는 뉴욕에 지쳐 있었다. 그는 개념미술계에 진입하려고
2년 전인 1980년에 남편 리처드와 함께 뉴욕으로 이사 왔다.
그러나 언더그라운드 미술계는 줄리언 슈나벨, 프란체스코
클레멘테, 데이비드 살리 같은 스타 미술가들의 번쩍거리는
전성시대에 평정당해 이미 활기를 잃었다. 오빠 존에게 보낸
1982년 6월 25일 자 서한에서 차는 성공하려면 "도덕의 찌꺼기,
돈, 기생충 같은 실존 상태"를 감수해야 하는데 "솔직히 구역질이
난다"라고 적고 있다.

그날 밤 차는 절친한 친구 수전 울프, 샌디 플리터먼−
루이스와 만나 퍼블릭 극장에서 영화감독 듀오 장마리
스트로브와 다니엘 위예의 영화 한 편을 감상할 계획이었다.
뉴욕이 불만스럽기는 해도 경력 면에서 슬슬 진전을 보이고
있었다. 그는 12월에 열릴 합동 전시회에 참여할 예정이었고,
지난 몇 년 작업한 책 『딕테』도 막 출간된 참이었다. 존에게
보낸 편지에 그는 이렇게 적었다. "내가 무엇을 느끼고, 어떻게

느끼는지 말하기는 어렵지만, 적어도 자유롭다고 느끼고, 또 벌거벗은 느낌도 들어. 원고는 작업할 시간이 없을 때조차 내 몸에서 물리적으로 떠난 적이 없어. 어디든 원고를 휴대했고 그야말로 잘 때도 끼고 잤는데, 이제 완성됐어. … 근무 시간과 휴식 시간 사이에, 자는 동안에, 리처드와 말다툼하는 사이사이에, 이 직업, 실업, 가난이 초래한 그 모든 미친 절망감 속에서도 일을 조금씩 차곡차곡 진행해서 뭔가 작업이 완성된 것을 보면 나는 언제나 깜짝 놀라."

그날 친구들과 영화 보러 가기 전에 라파예트 거리의 펵(Puck) 빌딩에서 5시에 남편과 만나야 했다. 남편은 그 건물의 리모델링 작업을 사진으로 기록하는 일을 했다. 펵 빌딩은 붉은 벽돌로 지은 거대한 기념비적 건축물로 소호 지역의 한 블록을 통째로 차지한다. 9층 높이로 솟은 그 건물은 아치형 창문과 밝은 청록색 창틀을 갖추었다. 건물 정면 출입구 위에는 장난꾸러기 아기 요정 펵이 실크해트를 쓰고 열린 프록코트 사이로 통통한 배를 드러낸 모습을 형상화한 금빛 소형 동상이 올려져 있다. 펵이 만년필을 지팡이처럼 짚고 거울에 비친 자기 모습을 유유히 응시한다. 일몰 직후에 차가 멀베리 거리 쪽으로 난 펵 빌딩 뒷문으로 들어가는데 경비원 조지프 산자가 보였다.

✂

내가 최초로 차의 『딕테』를 접한 것은 1996년 오벌린 대학교 2학년 때였다. 나는 그때 처음으로 시 과목을 수강했다. 객원교수로 온 시인 명미 킴이 가르치는 과목으로, 나는 그의 지성을 존경했고 그의 시를 흉내 내려고 노력했다.

킴이 『딕테』를 읽기 과제로 냈는데 나는 『딕테』의 내용보다도
그 형식에 더 호기심이 일었다. 분류는 자서전으로 되어 있으나
『딕테』는 회고록, 시, 에세이, 도표, 사진을 혼합한 브리콜라주에
더 가까웠다.

　지금은 사라진 태넘 출판사에서 1982년에 출간된 『딕테』는
어머니들과 순국자들, 혁명가들과 항쟁들에 관한 책이다. 그리스
신화의 아홉 뮤즈의 이름을 따서 아홉 개의 장으로 나뉜 『딕테』는
저자의 어머니가 겪은 이야기, 그리고 일제 강점기에 대일
항쟁을 주도하다 체포되어 일본군에게 고문받고 옥사한 17세의
순국열사 유관순의 이야기를 통해 한국사의 잔혹상을 기록한다.
또 다른 장에서는 잔 다르크를 호출하되 프랑스 수녀 성 테레즈
드 리지외 등 다른 여성들에 의해 재현된 인물로서 그려낸다.

　차는 전통적인 서사를 피하고 그 대신 내가 볼 때 일종의
구조주의 영화 대본이라고밖에는 설명할 수 없는 구조를 취한다.
장면은 무대 연출처럼 묘사된다. 시는 영화 중간에 들어가는
독백처럼 배치된다. 환히 빛나는 하얀 화면처럼 보이도록 영화
스틸컷 사이사이에 텅 빈 백지가 삽입된다. 차는 『딕테』를 어떻게
풀이해야 할지 전혀 안내하지 않는다. 프랑스어를 번역하거나
이승만 대통령이 프랭클린 D. 루스벨트에게 보낸 편지의 맥락을
짚어주거나 칼 드레이어 감독의 영화 「잔 다르크의 수난」에
나오는 프랑스 배우 르네 잔 팔코네티의 사진에 설명 붙이기를
거부한다. 독자는 나름대로 단서를 연결해 퍼즐을 풀어가는
탐정이 된다.

　당시 나는 이래저래 접한 일부 아시아계 미국인 소설과
시에 공감하지 못했다. 더 나은 표현을 찾지 못해 하는 말이지만

작품이 마치 백인 배우에 의해 연기된 듯 진정성이 느껴지지 않았다. 혹시 영어가 문제일 수도 있다고 생각했다. 나한테는 그게 확실히 문젯거리였다. 영어는 단조여야 할 체험을 장조로 바꾸어놓았다. 영어로 써놓으면 한국어에 서린 친밀감과 우수가 사라졌다. 영어는 내가 어릴 때부터 세관 직원, 위협적인 교사, 홀마크 카드와 연관 짓던 언어였다. 영어를 배운 지 그렇게 여러 해가 흘렀어도 영어로 글을 쓰려면 아직도 빈칸 채우기를 하거나 남의 원문을 재인용하는 것 같다는 느낌을 떨칠 수 없었다. 그러나 영어는 자신의 언어가 **아니고**, 자신의 의식을 결코 진정으로 반영할 수 없고, 하나의 표현 형식인 만큼이나 자신의 의식에 지워진 부담이라는 것을 내비쳤다는 점에서 차가 구사한 언어는 나의 언어였다. 그리고 바로 그 점 때문에 『딕테』가 진실하게 다가왔다.

✕

차가 뉴욕에서 경비원에게 강간 살해당했다는 것을 킴의 수업에서 처음 들었다. 킴이 그 이야기를 어떤 방식으로 전달했는지는 기억나지 않는다. 그저 그때 들은 사실관계만 어렴풋이 기억난다. 그 후 여러 해 동안 『딕테』를 다시 읽어보거나, 교재로 삼아 가르치거나, 강연회에서 소개하면서도 그때 무슨 일이 있었는지 정확히 알아볼 생각은 하지 않았다. 그렇지만 차의 죽음은 내가 『딕테』를 읽고 이해하는 데 깊은 영향을 미쳤으며, 책에 신들린 듯한 예언자적 아우라를 부여했다. 어쨌거나 『딕테』는 폭력적인 죽음을 맞은 젊은 여성들에 관한 책이 아니던가. 내가 강의나 강연에서는 그런 식의 해석을 절대로 인정하지 않을 테지만 말이다.

몇 년 전 차에 관해 논평하는 글을 쓰면서 나는 차가 강간 살해당한 날짜를 확인하기로 했다. 차에 관한 문헌을 뒤지다가 그 범죄를 다룬 문헌이 전혀 없다는 것을 알고 놀랐다. 어쩌다 살해가 언급되는 경우에도 학자들은 간단히 한 문장 정도를 할애해 그것을 불쾌한 사실로 취급하고 넘어갔으며 서둘러 『딕테』의 서사적 "불확정성"을 논하기에 바빴다. 더 황당한 것은 차가 강간도 당했다는 사실을 아무도 인정하지 않는다는 점이다. 너무나 집요하게 그 사실이 누락되어, 나는 차가 정말로 성폭행도 당했는지 확인하기 위해 재판기록까지 들춰봐야 했다. 그 사실을 몰랐나? 조심스러워서 그랬나? **살인**은 범죄 통계쯤으로 둔감하게 인식되지만, 그게 **강간**이라는 단어와 합쳐지면 여성의 육체를 정면으로 마주해야만 한다.

아시아계 미국인 여성의 성폭행 피해와 관련해 신뢰할 만한 통계를 찾는 일은 쉽지 않다. 아시아 태평양 성폭력 연구소는 아시아 여성의 21~55퍼센트가 신체적, 성적 폭력을 경험한다고 밝혔는데, 이것은 다소 폭넓은 수치다. 또 다른 조사에 따르면 모든 인종 가운데 아시아계 미국 여성의 성폭력 신고율이 제일 낮은 것으로 나타났다. 또 다른 조사는 "표본 크기가 너무 작다"라는 이유로 아시아 여성을 아예 조사 대상에서 제외했다. 나는 이 조사 결과들을 도저히 신뢰할 수가 없었다. 내가 남자를 사귈 때 엄마는 이렇게 묻곤 했다. "너 무슨 못된 짓 하는 거 아니지?" 그것이 섹스에 대한 엄마의, 말하자면 완곡어법이었고, 그 외에는 절대로 언급되는 법이 없었다.

나는 실종되거나 실성한 여자들의 이야기를 들으며 자랐다.

내가 무슨 일이냐고 물으면, 엄마는 아무 일도 아니라며 조용히 하라고 했다. 아시아 문화에서 여자들이 이유 없이 사라지거나 실성하는 이야기는 무성하다. 노출되는 부분은 기껏해야 어떤 "나쁜" 일이 일어났다는 것뿐이다. 정신분석학에서는 신경을 자극하는 고통은 일단 그 고통에 관해 이야기하면 신체로부터 분리된다고 본다. 고통을 명명하면, 일어났던 일에서 아픔이 덜어지고, 한계가 그어지고, 그 일을 감당하고 심지어 소멸까지 가능해진다. 그러나 나는 마치 말이 치유법이 아니라 남을 오염하는 독인 양, 자칫 고통을 언급했다가는 정신적 외상을 또 한 번 입을 뿐 아니라 내가 사랑하는 모든 사람에게 트라우마를 입히게 되는 문화에서 자랐다. 이런 비밀과 수치의 문화에서 성폭행을 고발할 만큼 대담한 아시아 여성이 얼마나 되겠는가? 현실 부정은 항상 상처에 바르는 연고가 되어주지만, 그건 국소적 요법에 불과하다. 겪은 일이 꿈에 나오거나 다른 더 치명적이고 만성적인 형태로 되살아날 수 있기 때문이다. 나는 아시아계 미국인 학자인 친구에게 왜 아무도 차의 죽음에 관해 쓰지 않는지 의견을 물었다. "아마 차의 가족에게 또다시 트라우마를 주고 싶지 않아서일 거야"라고 그가 말했다. 그 말을 듣자, 나를 포함한 차의 비평가들이 차의 이야기의 일부로 보이는 것을 어쩔 수 없었다.

나는 비극적인 운명을 맞은 여성 시인 중에서도 거인에 해당하는 실비아 플라스를 생각한다. 플라스에 관한 각종 평전 출간이 그동안 일종의 소규모 산업을 이루며 떠올랐다. 평범한 독자에서 가장 헌신적인 학자에 이르기까지 모든 사람이 탐정이 되어 뒷소문을 교환하고, 그의 삶에서 간과된 부분을 찾아내려고 서한과 일기를 샅샅이 뒤졌다. 실비아 플라스 재단과 학자들 사이의 법적 분쟁이 길게 이어졌다. 지인들은 나름대로 회고록을 써서 혹독한 관점을 제공했다. 그러나 플라스와는 달리 차의 개인사는 대부분 밝혀지지 않은 채로 남았다. 학자들이 역사적 참극에 의해 침묵당한 한국 여성들의 삶을 차가 어떻게 재발견했는지에 대해서는 열심히 논하면서 차의 생명을 앗아간 참극에 대해서는 끈질기게 침묵으로 일관하는 것이 이해되지 않는다. 일레인 킴, 노마 알라콘이 엮은 평론집『자기 쓰기, 민족 쓰기』와 앤 안린 쳉, 티머시 유 같은 학자들의 논문 등 『딕테』와 관련해 중요한 학술 연구가 존재한다. 그러나『딕테』는 해당 학자가 몸담은 학술 분야를 장황하게 인증하는 도구로써 이용되는 경우가 더 많다. 나는 차에 관해서 읽으면 읽을수록 그를 모른다는 생각이 들었다. 그리고 그를 모르면 모를수록, 차도 결국 아무 설명 없이 사라진 또 한 명의 여성으로 보이는 것을 어쩔 수 없었다.

※

차의 친구와 가족 들은 차의 목소리가 아주 독특했다고 평했다. 목소리가 숨소리처럼 영묘하고 고요해서, 비밀이라도 털어놓을 것처럼 듣는 사람을 가까이 끌어당겼다고 했다. 차는 시와 비디오아트에서 자기 목소리를 소재 겸 도구로 이용했다. 1976년 비디오 작품「비데오엠」에서는 화면에 나오는 프랑스어 문자를 자기 목소리로 번역한다. "To see"라고 말하는 높고, 선율적이고, 여성스러운 그의 목소리는 연약하면서도 섬뜩하고, 고요하면서도 으스스하다. 유리잔 가장자리에 물을 묻혀 손으로 문지르면 나는 소리처럼.

인터넷에서 찾아낸 차의 또 다른 1976년 비디오 작품 「순열」은 동생 버나뎃의 얼굴을 촬영한 흑백 사진들이 깜빡거리며 연속으로 지나가는 이미지를 담고 있다. 동생의 이미지는 장면당 몇 초씩 지속하다가 바뀐다. 동생은 화장기가 없는 민얼굴이다. 머리 중앙에 가르마를 탄 길고 숱 많은 머리채가 얼굴 양옆으로 느슨하게 흘러내린다. 엄숙한 표정에는 변화가 없다. 고전적인 한국인의 얼굴이다. 진한 눈썹, 좁은 눈, 잘생긴 코, 꾹 다문 도톰하고 육감적인 입.

표정이 바뀌지 않는 버나뎃의 이미지들을 6분간 지켜보다가 나는 약간 지루해졌다. 시간은 비디오에 무자비해서 그림이나 사진보다 더 금방 구식이 되어버린다. 기술이 노화되면 매체가 복잡성을 얻으면서 소재를 압도하게 된다. 잔잔히 깔린 백색 소음과 거친 입자 같은 시각적 질감이 의식된다. 미술가 히토 슈타이얼에 따르면 "흐릿한 이미지"는 "움직이는 복제다. 화질도 안 좋고, 해상도도 낮다. 그것은 이미지의 유령이다. … 흐릿한 이미지는 추상성을 띤다. 그것은 그 자체로 하나의 시각적 개념을 형성한다. … 그것은 흔히 세습 재산, 민족 문화, 또는 실로 저작권마저 거역한다."

버나뎃의 얼굴 사진은 뭔가 특정이 안 된다는 점에서 "추상성을 띤다". 표정을 읽어낼 수도 없고 그가 현대인임을 알려주는 장식물도 없다. 그는 서울의 전쟁 피난민이거나 샌프란시스코 베이 에어리어의 히피일 수도 있고, 어떤 시대, 어떤 장소의 어느 누구도 될 수 있었다. 나는 미술관에서 「순열」을 관람한 어느 남성이 작가의 동생을 작가로 잘못 알고

215

사랑에 빠졌다는 이야기를 읽었다. 그 남자는 『딕테』를 사서 읽다가 읽기가 어려워 사랑이 식었다고 한다. 나는 퐁피두 센터와 로스앤젤레스 현대미술관 페미니즘 전시회에서 「순열」을 보았다. 다른 여러 아티스트와의 합동 전시회에서 차의 비디오와 마주치는 일은, 여러 해 못 만났던 친척을 대낮에 공공장소에서 마주친 것처럼 언제나 사람을 깜짝 놀라게 한다. 아니 여기서 뭐 하세요, 그동안 어디 계셨어요, 하고 묻고 싶어진다.

✕

차는 한국전쟁이 한창이던 1951년 3월 4일 부산에서 태어났다. 그는 5남매 중 딱 중간이었다. 차의 가족은 침공한 북한군을 피해 다른 피난민 수천 명과 함께 서울에서 부산으로 피난 와 있었다. 차의 오빠 존에 따르면 그들 가족은 "항상 도주하고 있었다". 부모는 일본의 식민통치를 피해 만주에 갔다가 소련의 만주 침공으로 다시 서울로 돌아왔고, 그랬다가 다시 북한군을 피해 부산에 갔고, 결국 남한 독재 정권을 피해 미국으로 이민했다. 부모는 미국에서 마침내 평화를 찾을 수 있기를 소망했다.

짧게나마 차의 가족은 부산 서구의 작은 어촌 송도에서 평화를 누렸다. 거기서 그들은 한국전쟁이 이어지는 동안 해변의 한 헛간에 살았다. 서울과는 달리 멀리서 폭탄 떨어지는 소리도 안 들리고, 비명도 모래주머니를 쌓으라는 병사들의 명령도 없었다. 존은 부서지는 파도, 뒤틀린 소나무 가지, 부모가 나무 평상에서 달콤한 참외를 깎으며 조용히 이야기하던 모습을 떠올리며 그때를 좋았던 시절로 기억했다. 차에 대한 존의 첫 기억이 이 송도 시절이었다. 당시 세 살이던 차는 늘 찌푸린 얼굴의 내향적인 아이였고, 노는 것보다는 주변을 관찰하는 것을 더 좋아했다. 차는 울타리 위에 앉아 벌거숭이 소년들이 해변에 밀려드는 회색빛 파도 속으로 뛰어들거나 모래사장에서 난투를 벌이는 모습을 바라보곤 했다. 그리고 「산토끼」 동요의 곡조에 맞추어 가사만 바꿔 노래를 불렀다. "벌거벗은 애들아, 어디를 가느냐, 깡충깡충 뛰면서 도망을 가느냐."

존은 차와 어머니가 아주 가까웠다고 했다. 차의 어머니도 한때 작가를 꿈꿨으며 어머니가 차와 그의 남매들에게 들려준 이야기들이 『딕테』에 다시 서술된다. 어머니는 자식들에게 책을 사랑하고 책 표지를 방습 포장지로 싸서 정성스럽게 다루라고 가르쳤다. 『딕테』는 무엇보다도 작가의 어머니에 관한 책이다. 차는 '칼리오페' 장에서 어머니의 이야기를 다루면서, 어머니를 만주에서 향수에 시달리는 18세의 교사로 그린다. 다른 부분에서도 차는, 아들이 아니어서 아버지에게 절연당하는 공주 이야기 같은, 어머니에게 들은 무속 신화를 다시 들려준다. 그 공주는 저승에 내려가 아버지의 병을 고칠 약을 구해 와서 아버지의 사랑을 되찾는다. 그러나 차의 버전에서는 아픈 사람이 어머니이고 공주는 어머니를 위해 약을 구해 온다.

차가 열두 살이던 1963년에 차의 가족은 서울을 떠나 샌프란시스코로 이민했고, 거기서 차는 미술과 시라는 소명을 발견했다. 영어를 배운 지 불과 2년 만인 열네 살 때 학교 시 경연 대회에서 우승했다. 더 이상 수줍은 가운데 자식이 아니었던 차는 마음을 활짝 열었다. 사려 깊고 너그러웠으며 사람들과 쉽게 관계를 맺었다. 그는 베이 에어리어에 있는 성심 수도원

가톨릭 프랑스 여고에 입학했다. 그때의 체험은 『딕테』의 소재로도 쓰이고 대학원 시절에 작업한 사진 시리즈에도 사용됐다.

차와 아버지는 좀 더 긴장된 관계였다. 아버지 본인도 한때 화가가 되려는 야심이 있었지만, 미술가의 삶이 힘겹다는 것 때문에 딸이 미술을 하려는 것에 반대했다. 차는 대학원에 다닐 때 딸이 왜 그렇게 오래 학교에 다녀야 하는지 이해하지 못하는 아버지와 자주 다퉜다. 차의 시 「나는 시간이 있다」에는 출처 없는 인용구가 나오는데, 존은 그것이 아마 아버지가 한 말이 틀림없을 것으로 본다. "네가 여기서 그렇게 여러 해를 보내고 그 모든 문학 과목을 공부했으면서 배웠다는 것이 고작 이거냐 난 하나도 이해가 안 간다 이건 내 사전으로는 번역이 안 된다."

UC 버클리에서 차는 비교문학과 시각 예술로 학사학위 두 개, 석사학위 두 개를 취득했다. 거기서 차는 활기차고 수다스러운 버트랜드 오그스트 교수에게 수학했고, 그가 차에게 프랑스 문학과 영화이론을 소개했다. 동시에 차는 아티스트 짐 멜처트를 멘토로 삼아 행위 예술과 멀티미디어 아트에 뛰어들었다. 당시 그것들은 모두 새로운 분야였으며, 차는 이를 전폭적으로 끌어안았다. 그는 마르게리트 뒤라스와 스테판 말라르메, 그리고 크리스 마르케르, 장뤽 고다르, 칼 드레이어를 사랑했다. 칼 드레이어가 감독한 「잔 다르크의 수난」은 차에게 심대한 영향을 끼쳤다. 또한 차는 사뮈엘 베케트가 "단조로운 목소리"(voix blanche)를 사용한 데서 영감을 얻어 나중에 비디오 작품과 『딕테』에 단조로운 내레이션을 첨가했다. 당시로서는 비디오와 행위 예술, 전위적인 시, 연극, 영화, 문학이론의 공식적인 변방이었던 지대에서 그는 지칠 줄 모르고 작업했다.
"테레사는 여러 가지 아이디어를 흡수해 완전히 다르고,
독창적이고, 새로운 것을 창조해냈다"라고 오그스트는 말했다.

✕

차가 사망한 뒤 『딕테』는 금방 절판되었다.
그랬다가 침묵의 10년이 흐른 후, 형식상 접근하기가 너무
어렵다는 이유로 애초에 『딕테』에 무관심했던 전위 영화 비평가
및 아시아계 미국인 학계가 순서대로 서서히 주목하기 시작했다.
캘리포니아 대학교 출판사에서 재출간된 『딕테』는 이제 아시아계
미국 문학에서 중대한 작품으로 간주되어 여러 대학에서 널리
교재로 쓰이며, 그의 비디오 아트, 조형 작품, 사진 등은 전부
버클리 미술관 및 태평양 영화 보관소에 보존되어 전 세계 주요
미술관에서 전시된다.

나는 『딕테』를 가르칠 때 학생들에게 마치 새로운 언어를
배우듯 접근하라고 일러준다. 그 언어가 말하는 사람을 직접
표현하는 것이 아니라 입속에 치아를 본뜨는 퍼티를 넣어 모음을
찍어내는 것처럼 생각하라고 말이다. 내가 이렇게 말하는 것은
차가 마치 아직도 가톨릭 여고에서 서투른 영어로 이야기를
구술하는 학생인 것처럼 글을 쓰기 때문이다.

첫 번째 금요일. 미사 한 시간 전. 첫 번째 금요일마다
미사. 받아쓰기 먼저. 미사 전에. 받아쓰기 먼저. 매주
금요일. 미사 전에. 받아쓰기 먼저. 다시 자습실로. 시간이
됐다. 탁 치는 소리 한 번. 책상에서 한 걸음 떨어져 선다.

일렬종대로.

차가 마침표를 사용하는 방식은 너무나 공격적이어서 그의
목소리를 기계적이고 단단한 드릴 소리로 완전히 바꿔놓는다.
점묘화를 그릴 듯한 이 마침표들은 사실상 우리가 이야기에
몰입하는 것을 방해한다. 예컨대, 차가 운전자라면, 그가
브레이크를 밟고, 또 밟아서, 글이 앞으로 찔끔 나가다가
멈추고, 찔끔 나가다가 멈추기를 반복한다. 나는 그의 문체가 꼭
즐겁지는 않더라도 해방감을 준다고 보는데, 왜냐하면 차가―
실은 프랑스어, 영어, 한국어를 유창하게 구사했다―이민자가
영어에 느끼는 불편을 하나의 잠재적 표현 형식으로 삼았기
때문이다.

일제 강점기에 한국인은 자국어 사용을 금지당했고 심지어
자기 이름을 버리고 일본식 성을 써야 했다. 독립하자마자
한반도는 양분되어 각각 미군과 소련군에 점령당했다. 조국의
식민 역사 때문에 차는 언어를 상처로 취급하기도 하고
상처를 내는 도구로 취급하기도 한다. 차의 언어는 정체성을
드러내기보다는 감추는 언어다. 그의 예술 작업에서 언어는
영어든 프랑스어든 한국어든 관계없이 고무도장처럼 뻣뻣하고,
돌에 새긴 무늬처럼 불가사의한 질감을 지닌 대상물로, 자신의
일부가 아니라 자신과 동떨어진 대상물로 간주된다.

글과 저자를 독실하게 분리하는 후기구조주의 학파
비평계는 『딕테』가 자서전이기를 거부하는 책, 파도에 떠밀려
온 편지들을 엮은 원고라고 조심스럽게 강조한다. 차의 가족은
완전히 다르게 해석한다. 차는 막 출간된 『딕테』 한 부를

사망하기 며칠 전에 부모에게 발송했고, 그 책은 차의 장례일에 도착했다. 존이 우편물을 뜯어 책을 펼쳤는데 제일 먼저 보이는 사진에 어느 일본 탄광에 간힌 한국 광부들이 탄광 벽에 낙서한 것을 복사한 흐릿한 이미지가 담겨 있었다. 아이 같은 글씨로 끄적거린 낙서를 옮기면 이렇다. "어머니 보고 싶어. 배가 고파요. 고향에 가고 싶다." 차의 목소리가 머릿속에 들려와서 너무 심란해진 존은 어머니가 보지 못하도록 책을 숨겼다. 두 달 후 어머니는 『딕테』를 읽다가 딸이 당신에게 직접 말하는 것처럼 느껴져서 몇 번이고 읽기를 멈추어야 했다.

✕

내가 버클리 미술관 큐레이터 콘스턴스 M. 르윌런에게 이메일을 보내 차의 강간 살해 사건에 관해 얘기해줄 수 있는지 묻자 그가 짧은 답변으로 일축했다. "우리는 언제나 차의 경이로운 작업에 초점을 맞추고 그의 이야기를 선정적으로 다루지 않으려고 노력해왔습니다." 또 다른 학자는 "그의 가족을 존중하고 그의 작업에 그늘을 드리우지 않기 위해" 자신도 차의 죽음을 거론하는 일을 삼가고 있으며 "작품을 전기적으로 해석하는 전통적 방식과는 다른 방식으로 작가 개인을 작품 안에 수용하기 위해 노력했다"라고 내 문의에 답변했다.

그것은 타당한 목표다. 아예 처음부터 『딕테』의 중요성에 초점을 두어 차의 혁신성을 부각하고 그에게 발생한 사건은 거론하지 않음으로써 대중이 그의 끔찍한 죽음에만 정신을 쏟지 않도록 하는 것이 핵심이었다. 차의 수호자들은 강간 살해라는 추악한 힘으로부터 그의 예술적 유산을 지켜내야 한다고 여긴

듯했다. 하지만 나는 그런 보호의 효과가 혹시 과도하지 않았나 하는 의문이 든다. 그가 살해당한 직후에 그 사건을 다룬 기사라고는 『빌리지 보이스』에 실린 부고가 전부였다. 이렇게 기사가 없는 이유는 그가―경찰의 표현대로―"오리엔탈 제인 도"(아무개 여성을 지칭하는 표현 '제인 도'[Jane Doe]에 아시아인을 비하하는 의미의 낡은 형용사 '오리엔탈'을 덧붙인 것―옮긴이)였기 때문이 아닐까 의심한다. 그러나 그 후 재판 기록이 공개되고 나서도 그 강간 살해 사건을 다룬 이야기가 전혀 없어서, 차는 미스터리와 잔잔한 풍문에 휩싸인 존재가 되었다.

나는 차가 침묵으로 미학을 다듬고, 생략법을 통해 영어가 동포들이 견뎌낸 역사적 참변을 포착하기에 지나치게 빈약하고 간접적인 매체임을 명백히 한 점에 주목하고자 한다. 사포의 파편화된 시처럼 그 공포의 일부만 표현하고 나머지는 남겨두어, 차마 말할 수 없는 부분을 독자가 상상하도록 청하는 것이 더 진실했다. 어떤 의미에서 앞서 언급한 학자는 차가 구사하는 침묵의 수사법을 미러링하고 있다. 그 학자는 차의 죽음을 극도로 절제된 방식으로 밝힘으로써("1982년 11월 5일, 차는 죽임을 당했다") 그 살해 사건이 작가 약력을 통해 전달하기에는 지나치게 잔혹하며 무슨 일이 일어났는지는 독자의 상상에 맡긴다고 암시한다. 하지만 차를 무시하는 침묵이 끝나고 차를 존중하는 침묵이 시작되는 경계선은 어디인가? 침묵의 문제점은 침묵하는 이유를 목청 높여 말할 수 없다는 점이다. 그래서 침묵은 쌓이고, 증폭되고, 우리의 의도 밖으로 자체의 생명을 얻어 무관심이나, 회피나, 심지어 수치심으로 잘못 해석될 수 있으며 결국 이 침묵은 망각으로 이어진다.

✕

　당시 29세였던 이탈리아계 미국인 조지프 산자는 이미 9건의 성폭행으로 플로리다주에서 지명수배된 연쇄 강간범이었다. 그는 뉴욕시로 도망쳐 와 누나와 살면서 경비원으로 일했다. 퍽 빌딩 관리실은 "그가 영어를 할 줄 안다"라는 단순한 이유만으로 그를 고용했다.

　차는 산자의 수많은 강간 피해자 중 하나였지만 확인된 피살자로서는 유일했다. 세간의 인식과는 달리 산자는 차와 모르는 사이가 아니었다. 남편이 퍽 빌딩에서 일했고 산자가 거기서 경비원으로 일했기 때문에 그는 그 부부가 어디 사는지도 알았다. 세 사람이 같이 정답게 찍은 사진이 있을 정도로 그는 그 부부를 잘 알았다. 산자와 모르는 사이였던 다른 강간 피해자와는 달리 차는 그를 범인으로 지목할 수 있는 입장이었고, 그것은 분명히 범인이 차를 살해해 사체를 범행 현장에서 다른 곳으로 옮길 동기를 부여했다.

　차의 사체는 퍽 빌딩에서 몇 블록 떨어진, 엘리자베스 거리에 면한 주차장에서 발견되었다. 차의 집 바로 근처였다. 조지프 산자는 다른 경비원에게 빌린 승합차를 이용해 사체를 유기했다. 산자는 퍽 빌딩 지하 2층에서 차를 강간하고 곤봉으로 구타한 뒤 목을 졸라 살해했다. 부러진 설골 주위에 허리띠가 단단히 조여져 있었고 머리에 난 열상은 두개골이 노출될 정도로 깊었다. 바지와 팬티는 무릎까지 내려와 있었다. 쓰고 있던 모자와 장갑은 없어졌고 장화 한쪽이 벗겨진 상태였다. 경찰이 7시가 지나서 주차장에서 차를 발견했을 때 사체에는 아직도 온기가 남아 있었다.

구체성은 좋은 글의 특징이지만, 지나치게 구체적인 묘사가 천박하고 불필요한 수준에 이르고 비평가와 큐레이터들이 여러 해 힘들여 수고한 보람도 없이 차를 "오리엔탈 제인 도"로 되돌려 놓을 때는 예외이다. 이 글을 쓰며 자꾸 회의하게 된다. 무엇을 넣지? 무엇을 빼지? 그의 시체가 양탄자에 둘둘 말려 있었다는 얘기, 승합차에서 발견된 지푸라기와 그의 머리카락에 묻어 있던 지푸라기가 일치했다는 얘기를 써야 하나? 시체에 난 긁힌 자국이 승강기 바닥에 난 마모 패턴과 일치했다는 얘기는? 이 경우, 세부 사항은 증거이기도 하다. 불확실의 여지가 있어서는 안 된다.

모든 법의학적 증거가─혈액, 머리카락─결정적이지 않아서 검사는 정황 증거에 의존해야 했다. 예를 들면, 차의 결혼반지가 사라졌다. 산자의 친구는 사건 이튿날인 토요일에 산자가 새끼손가락에 여성스러운 반지를 끼고 있었으며 "그게 좀 게이스러웠다"고 증언했다. 그다음 날 산자는 누나의 돈 1,000달러를 훔쳐 그레이하운드 버스를 타고 플로리다로 돌아갔고, 그로부터 3개월 사이에 여자 두 명을 더 강간했으며, 그중 한 명의 결혼반지를 강탈하려고 시도했다. 피해자의 결혼반지를 훔치는 것이 산자의 끔찍한 트레이드마크였으며, 이것 때문에 차의 사건을 담당한 형사들은 차의 사건과 플로리다에서 일어난 사건들을 연결 지을 수 있었다. 형사들이 산자를 따라잡았을 때 그는 플로리다에서 저지른 성폭행으로 이미 체포되어 구금돼 있었다.

본래 신문사 건물이던 퍽 빌딩은 차의 사망 당시 상업용

아파트로 내부를 개조하는 800만 달러짜리 수리 공사가
진행되던 중이었다. 건물 개조 공사가 한창인 와중에도 경찰은
범행 현장을 찾느라고 몇 주에 걸쳐 건물을 샅샅이 뒤졌다.
심지어 '맨드레이크'라는 이름을 지닌 블러드하운드까지
동원했다. 그러나 경찰의 입장에서는 놀랍고 수치스럽게도, 건물
지하 2층에서 범행 현장을 찾아낸 사람은 자체적으로 수색에
나섰던 차의 오빠 존과 남동생 제임스, 그리고 남편 리처드였다.

✕

이제 70대인 존은 차의 살해 사건에
관한 회고록 『안녕, 테레사』를 집필했다. 이 책은 한국어로
먼저 출간되었으며 그가 지금 영어로 옮기는 중이다. 나도
읽어보았는데, 책의 대부분이 재판 과정을 기록하고 있고, 존과
그의 형제자매, 어머니, 그리고 차의 친구들이 등장한다. 존은
현재 베이 에어리어에 살면서 작가 및 번역가로 일한다.
　차는 『딕테』에서 존에 관해 다룬다. '멜포메네 / 비극'의
장에서 차는 남한 국민이 해방 후 미국에 의해 세워진 이승만
독재 정권에 반발해 대규모 시위를 벌인 1960년 4·19 혁명을
극적으로 서술한다. 중학생까지 포함해 모든 사람이 거리로
나서자 경찰이 시위대에 발포했다. 차는 당시 고등학생이었던
존이 시위 참여를 간절히 바라는데도 어머니가 그를 집 밖에
못 나가게 한 일을 적는다. "당신은 아들을, 내 오빠를, 잃고
싶지 않겠지, 이제까지 벌써 다른 많은 이가 당했듯 죽임당하는
것을 원치 않지, 당신은 다 안다고 말하면서도, 그래도 저들은
누구든지 다 살해하고 있다며 애원하지." 나는 구글 챗을 이용해

존을 두 차례 인터뷰하고 이메일로 메시지를 주고받았다.
티셔츠 차림에 이중초점 안경을 쓴 그의 모습에서 고집스러운
남학생의 모습은 이제 찾아보기 어렵다. 그는 둥그렇고 자상한
얼굴에, 캘리포니아에서 인생의 대부분을 보낸 사람답게
느긋하고 편안한 태도를 지녔다. 그와 이야기를 나누기 전까지는
차의 친척에게 연락하는 일이 편치 않게 느껴졌다. 적지 않은
학자들이 차의 가족에게 실례를 범하고 싶지 않아서 살인 사건
언급을 자제하는 것 같았기 때문이다. 그래서 존이 기꺼이
이야기하려는 것을 보고 나는 안도했다. 하지만 범행 현장을
찾아낸 경위에 관한 그의 설명은 차의 살인 사건과 관련해
사실관계를 정확히 해두려던 내 의도를 복잡하게 만들고 말았다.

✕

1983년 1심에서 검사는 산자의 피해자 세 명을
플로리다에서 불러와 진술하게 했다. 그중 한 여성이 산자가
어떻게 자기 집에 침입해 머리에 총을 들이대고 성폭행을 했는지
진술했다. 성폭행 후 그는 피해자의 결혼반지를 강탈하려고 했다.
산자는 그 1심에서 유죄 판결을 받았으나 1985년 항소심에서는
차의 사건이 피고인에게 불리하게 증언한 다른 세 강간 피해자의
사건과 유사점이 충분치 않다는 이유로 1심 판결을 파기했다.
차는 포악한 방식으로 공격당했지만 산자가 플로리다에서
다른 여성을 강간할 때는 "점잖았다"라는 게 그런 고약한 근거
가운데 하나였다. 1987년 가을에 있었던 2심에서는 검사 제프
슐랭어가 뉴욕 사법 체계에서 인정하지 않는 거짓말 탐지기
검사를 언급하는 바람에 공판 불성립 결정이 내려졌다. 마침내

1987년 12월 3심에서 형사들이 산자의 옛날 여자친구 루를 주요한 증인으로 내세웠다. 그 여성은 살인 사건 이튿날 산자가 플로리다로 도주하기 전에 공중전화로 연락해 자기가 "일을 조졌다" 그리고 "누구를 죽였다"라고 고백했음을 증언했다. 배심원단은 한 시간도 안 걸려 평결을 내렸다. 산자는 1급 강간과 2급 살인으로 유죄 선고를 받았다.

※

그날 밤 영화를 보기로 한 약속에 차가 나타나지 않자, 친구 수전 울프와 샌디 플리터먼-루이스는 영화 대신 세인트 마크 서점 바로 맞은편에 있는 저렴한 비건 식당 도조에 가서 저녁을 먹었다. 플리터먼-루이스와 울프는 밥을 먹다가 건너편 서점의 아치형 창문에 『딕테』가 진열되어 환하게 조명 받는 모습을 보고, 책이 전설적인 서점의 전면을 장식하고 있다는 소식을 차에게 알려줄 생각에 들떴다. 그들은 차의 성공을 축하하며 축배를 들었다.

나는 첼시의 찻집에서 샌디 플리터먼-루이스를 만났다. 그는 자그마하고 쾌활한 60대 유대인 여성으로 럿거스 대학교에서 페미니즘 영화학과 교수로 재직 중이다. 버클리 대학원 시절부터 차와 알고 지냈고 늘 차의 작품에 탄복했으며, 범주를 초월하는 방식 때문에 차의 작품을 영화감독 샹탈 아케르만과 비견했다. 플리터먼-루이스는 그 사건에 대해 무척 이야기하고 싶어 했다. "사람들은 그가 요절했다고만 말해요." 그가 말했다. "그 참혹함을 절대로 거론하지 않아요."

플리터먼-루이스는 최종 공판을 방청했다. 그는 슐랭어

검사가 정황 증거물 스물두 점을 기록한 차트를 제시하며 그
모든 증거물이 산자가 범인임을 가리키고 있다고 배심원단에게
명확하게 설명하던 것을 기억했다. 증거물 가운데 그의 마음을
가장 어지럽힌 것은 찰과상 사진이었다. 산자가 차의 반지를
끼고 있는 것을 봤다고 했던 산자의 친구는 산자의 팔뚝과
얼굴에 온통 깊이 긁힌 상처가 나 있었다는 진술도 했다.
그로부터 몇 년 후 플리터먼-루이스는 시학 학회에 참석했다가,
어느 대학원생이 강간 피해자로서의 차의 수동성은 일종의
행위 예술이라는 황당하고 허세에 찬 주장을 하는 것을 들었다.
질의응답 시간에 플리터먼-루이스가 일어나 그 대학원생에게
할퀸 상처에 관해 이야기했다.

　　"테레사는 수동적이지 않았습니다." 그가 강조했다. "그는
저항했어요."

　　　　　　　　✕

　　　　　　　　세인트 마크 서점 진열대에서 『딕테』를 봤다는
플리터먼-루이스의 말을 듣자 날이 환하게 밝아지는 느낌이
들었다. 그와 대화하기 전에는 차가 살던 뉴욕은 내게 한 도시의
그늘진 추상, 불 꺼진 강철 구조물과 바람이 몰아치는 텅 빈
도로로 이뤄진 고담시로만 상상되었다. 그러나 플리터먼-
루이스가 전하는 상세한 사항이 도시에 생명을 불어넣으면서
내가 아는 도시를 살아나게 했다. 훗날 애스터 플레이스 거리로
이전한 세인트 마크 서점은 내가 『빌리지 보이스』 신문사
근처에서 일하던 시절에 술 약속, 낭독회, 파티, 그리고 친구와의
저녁 약속 언저리 10분 정도의 자투리 시간을 때우던, 행사

사이사이를 연결해주는 인대 역할을 해준 곳이었다. 그곳은 도심 코스모폴리타니즘의 표상이었다. 그곳에서 내 두 번째 시집 『댄스 댄스 레볼루션』을 진열했을 때 나는 황홀경에 빠졌다. 그때 나는 서른이었고, 그 서점에 『딕테』가 진열되었던 1982년도 당시 차의 나이보다 한 살 아래였다. 젊은 작가가 죽은 나이와 내 나이를 비교하다 보면, 그 나이에 나는 신출내기였을 뿐인데! 아직 아무것도 모르던 때였는데! 하는 생각이 자꾸 들어서 그 작가가 얼마나 일찍 생을 마감했는지 절감하게 된다.

다른 일과 마찬가지로 글쓰기도 일종의 가업과 같아서 앞 세대가 미리 길을 닦아놓으면 내가 그 업계에 들어갈 자격이 더 주어진다. 나의 스승 킴 교수는 내게 차를 소개함으로써 차, 킴, 나로 이어지는 수수하지만 직접적인 문학적 연결고리를 만들어주었다. 차와 킴은 나와 같은 배경을 공유할 뿐만 아니라 내 성장의 바탕을 이루는 하나의 미학을 제공했다. 그러나 한동안 나는 내가 차를 탈피할 만큼 성장했다고 생각했다. 내게 영향을 준 인물로 차 대신에 제임스 조이스와 윌리스 스티븐스 같은 모더니즘 거장들을 언급했다. 차의 존재를 당연시했다. 그런데 이제 나는 그의 죽음에 관해 쓰면서, 나만의 방식으로 적절한 경의를 표하고자 한다. 한번은 내가 이 에세이의 일부를 발췌해 청중 앞에서 낭독하자 누가 질문하기를 차가 만일 자신의 강간 살해를 글로 썼다면 나처럼 그렇게 꽤 직설적인 서사로 썼겠느냐고 했다. "전혀 아닐 겁니다." 내가 말했다. "하지만 저는 그저 무슨 일이 있었는지 쓰려는 것입니다. 형식 실험은 사실을 기록하는 데에 방해가 된다고 생각합니다."

좀 더 젊었을 때의 나라면 이 견해에 기겁하면서 전기적 서사도 다른 어떤 형식 못지않게 인위적이라고 주장했을 것이다. 좀 더 젊었을 때의 나라면 차의 삶이 대답을 거부하는 책을 해독하기 위한 열쇠라도 되듯 『딕테』에다 억지로 전기적 해설을 갖다 붙이는 지금의 내가 거슬렸을 것이다. 그뿐만 아니라 나는 차와 나를 억지로 겹쳐놓고 나를 무슨 이불보처럼 그에게 갖다 씌우고 있다. 그의 초상화가 바랠라치면 내가 짜잔 하고 끼어들어 보정이라도 할 수 있을 듯이!

한국은 작은 나라여서 전쟁이나 폭력 항쟁이 일어나면 그 나라 모든 사람의 삶이 뒤집혔다. 차가 부산에서 피난민 생활을 할 때, 당시 여덟 살이던 우리 아버지도 부산에서 피난민으로 살면서 반쯤 먹다 남긴 스팸을 찾아 미군 구내식당에서 나온 쓰레기를 뒤졌다. 차의 오빠 존이 이승만 반대 시위에 나가려고 모친과 싸울 때, 바로 그 시위대에 10대였던 우리 외삼촌이 끼어 있었다. 외할아버지가 걱정 끝에 외삼촌을 찾으러 서울로 향했으나 경찰이 도시를 봉쇄했던 탓에 돌아서야 했다. 외삼촌은 무사했지만, 다음 날 외할아버지는 심장마비로 돌아가셨다. "뛰어. 있는 힘껏 뛰어." 시위대에 합류하려는 오빠를 과외 선생님이 막아줄 수 있을까 하여 과외 선생님을 데려오려고 뛰어가는 자신을 차는 썼다. 이 대목을 읽으며 외할아버지가 털썩 주저앉으시는 것을 보고 약사를 데려오려고 뛰어갔다는 엄마의 기억이 떠올랐다. 엄마가 있는 힘껏 뛰었으면 할아버지를 살렸을 수도 있겠지만, 엄마가 약사를 데리고 왔을 때 할아버지의 몸에는 이미 하얀 천이 덮여 있었다.

어쩌면 나는 차가 유령처럼 취급되는 것에 지친 듯하다. 사람들이 차를 잘 모를뿐더러 안다 해도 기껏해야 비극적이고 수수께끼 같은 서발턴적 대상으로만 인식할 뿐이다. 왜 아무도 차의 친족과 좀 더 일찍 접촉하지 않았을까. 왜 아무도 재판 기록을 살펴보지 않았을까. 찾는 일이 어렵지도 않다. 사실 재판 기록은 인터넷으로도 쉽게 찾아볼 수 있다. 그런데 왜 나는 차의 살인 사건을 더 일찍 찾아볼 생각을 안 했지? 나도 서평을 쓸 때 차를 언급하는 부분에서 **살인** 앞에 **강간**이라는 단어를 썼다가 삭제하지 않았나? **강간**이라는 단어는 글에 손상을 가하면서 어떤 주장이든 엎어버린다. 강간을 넘어서 분석을 이어가고 이해를 도모할 방도가 없다. 그것을 직시하든지 아니면 시선을 돌릴 수밖에 없다. 그래서 나는 시선을 돌렸다. 그의 죽음이 너무 끔찍했기 때문만은 아니다. 때때로 나는 뉴스 기사에서 범죄 피해자가 아시아인이면 일부러 읽지 않는다. 왜냐하면 아무도 그 사건에 주목하지 않는다는 사실에 주목하기 싫기 때문이다. 아무도 상관하지 않는다는 사실에 상관하기 싫다. 왜냐하면 분노 속에 방치되기 싫기 때문이다.

✕

차를 구글로 검색하면, 작가 사진으로 가장 상위에 뜨는 이미지는 차의 비디오 「순열」에 출연한 차의 동생 버나뎃의 스틸 사진이다. 이 버나뎃 스틸 사진을 보고 그게 차라고 혼동하는 사람이 많다. 그것을 보고 차의 사진이기를 바라는 까닭을 이해할 수 있다. 절제된 대칭의 미를 지닌 버나뎃은 무엇엔가 홀린 듯한 신비로운 모습이어서, 보는 사람들이 어떤 비극적인 이야기든 그에게 투사할 수 있을 것만 같다.

인터넷에서 찾아볼 수 있는 차의 진짜 사진은 하나뿐이다. 긴 머리에 검정 터틀넥과 타이트한 청바지를 입은 사진이다. 버클리 시절에 살던 아파트에서 연출된 포즈로 창밖을 내다보는 옆모습이 담겨 있다. 한쪽 팔꿈치를 창턱에 걸치고 반대편 손은 청바지 엉덩이 근처의 주머니에 찔러 넣었다. 그의 표정은 문인과 미술가 들이 흔히 사진 찍히는 것을 의식할 때 짓는 바로 그 신중한 표정이다. 그의 공식 사진으로 쓰이는 것은 이 사진이지만, 대다수 독자는 차를 생각할 때 버나뎃의 이미지를 떠올린다. 심지어 나도 친구가 알려주기 전에는 버나뎃이 차인 줄 알았다. 나는 화가 났다. 아시아인은 늘 다른 아시아인과 혼동되지만, 고인이 다시는 다른 사람과 혼동되지 않도록 확실하게 해두는 것은 우리가 고인에 대해 갖출 수 있는 최소한의 예의다.

적어도 차는 생전에 다른 아시아 여성과 혼동되는 일에 유머로 대응했다. 그는 「잉여 소설」이라는 시를 지어서 나중에 이것으로 퍼포먼스를 벌였다.

저들이 나를 부른다
저들이 내 뒤에서 부른다
이봐요 요코
이봐요 요코 오노
요코 오노
요코오노
나는 아니야
나는 아니야 나는

1960년대 말에서 80년대까지 긴 머리의 아시아 여성은 모두
오노 요코라며 추파나 야유를 던지던 시절이 있었다. 나는
열네 살 때 기타를 배웠는데, 베이비붐 세대인 기타 선생의
친구가 기타를 든 내 모습이 오노 요코를 빼닮았다고 했다.
나는 혼란스러웠고(오노 요코는 기타를 치지 않았다, 기타
연주자의 아내였다) 모욕감을 느꼈다(오노 요코는 **늙었다**).
그때가 90년대였으니 비틀스를 해체시킨 악녀라는 오노 요코의
악명마저 이미 희미해진 때였다.

아시아계 미국인 여성은 눈에 안 띄는 소녀 시절을 벗어나면
페티시의 대상으로 활짝 피어난다. 아시아계 여성이 드디어 눈에
띄게 되면—드디어 욕망의 대상이 될 때—너무 분하게도 자신을
향한 모든 욕망이 변태로 취급됨을 깨닫는다. 가장 극명하게
드러나는 방식은 포르노다. 거기서 우리의 음험한 욕망은 몇
가지 범주로 냉정하게 구분되는데 백인이 디폴트이고 다른 모든
인종은 성적 일탈로 취급된다. 소름 돋는 틴더 메시지("아시아
여성과의 첫 경험을 원합니다")를 비롯해 백인 친구들의 미묘한
공격적 언사에 이르기까지 아시아 여성은 자신에게 끌리는 모든
상대가 변태임을 매일같이 상기당한다. 나는 유대인 남자가
아시아 여자를 사귀는 유일한 이유는 참견이 심한 자기 엄마와
정반대의 여성을 원하기 때문이라고 지적하던 백인 친구를
기억한다. 이 무신경한 불평에는 아시아 여자는 다 고분고분하고
순응적이라는 전제가 깔려 있다. 선의를 지닌 친구들도 백인
남자가 나한테 반하면 아마 아시아 여자에 대한 페티시가 있을

거라고 어김없이 경고했다. 그 결과 나는 누가 나를 원하는
상태를 불신하게 되었다. 나의 섹슈얼리티는 곧 병리학적 판단
기준이었다. 아시아인이 아닌 사람이 나를 좋아하면, 그 사람은
뭔가 비정상이었다.

『낯선 자들의 수직 심문』에서 저자 바누 카필은 무작위로
만난 남아시아 여성들에게 일련의 질문을 던진다. "당신
어머니가 겪는 고통은 누구의 책임입니까?"와 같은 날카로운
질문과 더불어 "당신은 어떤 체형입니까?"라고 질문한다. 나만
해도 비소처럼 남은 어린 시절의 잔여물인 신체이형장애의
흔적을 노출하지 않고서는 그 질문에 도저히 대답할 수가
없다. 의기양양한 페미니즘 서사에서는 여성이 자신의 신체를
탈환하지만, 나는 여전히 나의 신체를 일정한 거리를 두고
조심스럽게 바라본다. 큰 머리통, 어쩌면 한때는 중성적으로
깜찍한 매력이 있었을 수도 있는 아담한 몸. 하지만 이제 내 몸은
무심하게 방치되어 늘어지고 있다. 유방은 소파에 누워서 서평할
때 쓰는 노트북 받침대다.

차라면 어떻게 답했을까? 가톨릭교도이자 한국인으로
자랐으니 억압은 이중으로 작동했다. 공연 영상 속 그는 항상
흰 옷을 입고 있다. 백색은 한국 문화에서 죽음을 뜻하지만,
무속 문화에서는 평화를 뜻한다. 차의 어머니는 차를 임신한 지
8개월째에 가족과 부산으로 피난했다. 그날 앙고라 토끼처럼
커다랗고 하얗고 탐스러운 함박눈이 내렸고, 차의 어머니는
드물게 평화로운 순간을 체험했다. 차는 육체를 육감적으로
현시하기보다는 소거하는 일을 더 흥미롭게 여겼다. 그래서
자신을 희생하는 여성들에게 매료되었다. 그러나 또 달리 보면,

자신을 혁명에 내맡기는 여성들에게 매료되었다고 할 수 있다.

✕

당시 언론이 차의 강간 살인 사건을 보도하지 않은 이유와 관련해 플리터먼-루이스에게 의견을 묻자 그가 주저 없이 답했다. "그냥 또 다른 아시아 여자로 본 거죠. 만약 그가 어퍼웨스트사이드 출신의 젊은 백인 아티스트였으면 아마 온갖 뉴스에 오르내렸을 거예요."

뉴스 아카이브를 검색해도 『빌리지 보이스』에 실린 짧은 부고 기사 말고는 아무것도 찾지 못했을 때 나도 즉시 같은 결론에 도달했다. 하지만 아시아 여성인 내가 그렇게 말하면 음모론으로 묵살될 것을 알기 때문에 그 가설을 대놓고 시험해보기가 주저되었다. 80년대는 뉴욕 범죄율이 높아서 보도되지 않는 살인 사건이 수백 건에 달했다고 쉽게 반박당할 수 있었다. 그렇다고 해도 차의 죽음을 다룬 뉴스가 없는 것이 얼마나 특이했으면 제프 슐랭어 검사가 나와 대화하면서 그 점을 언급할 정도였다. 나는 그것이 혹시 당시의 높은 범죄율과 상관있는지 물었다.

"기념비적 건축물인 퍽 빌딩에서 생긴 사건이기 때문에 요란하게 보도되었어야 마땅합니다." 슐랭어가 말했다. "그리고 강간 살해는 뉴욕에서 좀처럼 발생하지 않았어요, 그 시절에도 말이죠."

"그러면 왜 그 사건이 보도되지 않았다고 보세요?"

슐랭어가 잠시 말을 멈추고 생각했다.

"좋은 질문입니다." 그가 말했다. "정말로 모르겠습니다."

✕

범행 현장을 어떻게 찾았는지 존이 내게
얘기해준 내용은 이렇다. 차가 죽은 직후에 차의 어머니의 꿈에
자꾸만 딸이 나왔다. 꿈에서 어린 소녀로 나온 차가 어머니에게
710이라는 숫자를 보여주었다. 차가 계속 그 숫자를 가리켰지만
어머니는 그게 무슨 뜻인지 알지 못했다. 장례식 날 동생
버나뎃도 번호 7이 세 개 들어간 환영을 보았다. 차의 어머니는
전에도 종종 특이한 꿈을 꾸었으며, 그중 몇 가지가 『딕테』에
담겨 전해진다. '칼리오페' 장을 보면 18세인 차의 어머니가
열병에 시달리다가 저승에 내려가는 꿈을 꾸는데 거기서
페르세포네처럼 여러 정령이 권하는 음식에 유혹받지만 참고
물리친다. 『딕테』 마지막 부분에서는 어머니가 차를 창문으로
안아 올리는 평온한 환영이 묘사된다.

엄마 나를 당신의 눈높이보다 한참 높이 올려다보이는
창문으로 안아 올려주세요. … 창문을 향해 영상을 향해
나를 안아 올려주세요 묵직한 돌이 매달린 밧줄을 풀어요
먼저 밧줄이 그런 다음 나무 긁는 소리가 정적을 깨고
종소리가 크게 울려 퍼질 때 묵직한 것을 매단 밧줄이
나무를 긁으며 정적을 깨는 소리를 따라가요 종소리가
하늘로 크게 울려 퍼져요

경찰은 없어진 차의 핸드백, 장화, 베레모, 결혼반지를 찾기 위해
퍽 빌딩을 수색하는 작업에 수백 시간을 소모했으나 헛수고였다.

살인 사건이 있은 지 한 달 후인 12월에 존, 제임스, 리처드는—경찰의 더딘 진전을 참지 못하고—직접 수색에 나서기로 했다. 블러드하운드가 펌프실 부근에서 "미친 듯이" 짖어댔다는 경찰의 보고가 있었기 때문에 그곳부터 확인했다. 빌딩 지하는 낡은 기계와 녹슨 하수관이 빽빽이 들어찬 거대한 토끼 굴이었다. 사라진 반지가 조약돌마냥 발에 채이기라도 할 것처럼 그들은 손전등을 들고 먼지 바닥을 발로 쓸며 걸었다. 그러다 어느 계단에 도달했는데 그 계단이 710, 711, 713으로 표시된 세 개의 하얀 벽돌 기둥으로 이어졌다. 존은 거기서 수색을 멈췄다. 어머니와 버나뎃의 꿈이 떠오른 그는 그 근방을 찾아보자고 했다. 막다른 곳에 있는 문을 열었더니 오래된 이중문이 나타났다. 그것을 밀쳐 열었다. 제일 먼저 눈에 들어온 것은 차의 장갑이었다.

"장갑이 살아 있는 것처럼 보였어요." 존이 내게 말했다.

내가 무슨 뜻인지 묻자, 마치 보이지 않는 손이 장갑을 끼고 땅을 부여잡고 있는 것처럼 장갑이 부풀어 있었다고 했다. 피가 말라붙은 모자와 장화 한쪽도 거기에 있었다. 그는 소스라쳤다. 경찰이 도착하고 현장을 밝게 하자 장갑은 숨이 죽어 원래 납작했던 모양으로 되돌아가 있었다. 훗날 그 장갑의 기억은 여러 해 그를 괴롭혔고 회고록을 집필하는 강력한 동기가 되었다. "그 장갑은 동생이 남긴 최후의 작품이었습니다." 존이 말했다.

존이 해준 이야기에 나는 넋을 잃었다. 하지만 그런 이야기는 차를 또다시 장막으로 가리는 구실을 했으므로 이 글에 넣어야 할지 끝까지 고민했다. 물론 존의 이야기는 어느 정도 설명이 가능하다. 슬픔은 우리 눈을 속이고 시각을 왜곡할 수 있다. 그럼으로써 우리는 잃어버린 소중한 사람들이 가까이 있음을 재확인받는다. 물론 그들은 차가 아직도 현존하여 그들을 그 방으로 인도했고, 차의 손의 기운이 여전히 그 장갑 속에, 그들의 꿈속에, 『딕테』 속에 남아 저승에서 그들을 부른다고 주장하고 싶은 심정일 것이다. 물론 그들은 차가 죽어서도 여전히 작품을 만들고 있으며 그의 영혼이 참혹한 죽음을 초월하여 존속하는 것이 틀림없다고 확신할 것이다. 장갑이 발견된 바로 그날 아티스츠 스페이스에서 전시회가 열렸고 차가 작업한 손 사진들이 유작으로 전시되었다.

✕

　　　차의 가족이 서울에 살 때 찍은 5남매 사진이 있다. 존은 회고록에서 그 사진에 관해 적었다.

> 사진에서 나는 열두 살, 엘리자베스는 아홉 살, 너는 일곱 살, 제임스는 네 살, 그리고 내 무릎에 앉은 버나뎃은 백일을 갓 넘긴 나이였지. 너는 모든 한국 여자애들이 하던 머리 모양과 똑같이 단발머리였는데, 직선에 각지게 흘러내리고 모양낸 티가 안 나는 심플한 커트였어. 그리고 약간 찌푸린 얼굴이었고.
> 우리가 어른이 된 후에도 몇 번 함께 그 사진을 봤는데, 한번은 그날 왜 짜증이 났는지 내가 물었어. 너는 웃으며 말했지. "세상에 저 머리를 봐. 머리를 저렇게 자르면 짜증이 안 나겠어?"

「순열」에서 버나뎃의 얼굴 사진—얼굴 전면, 후면, 눈 감은 모습, 눈 뜬 모습, 간단한 원형 스터드 귀걸이를 낀 귀가 드러나게 머리를 뒤로 넘긴 모습 몇 컷—이 9분 동안 나오다가 다음 소재로 바뀐다. 차는 거기에다 자기 얼굴 사진을 살짝 끼워 넣었다. 언니의 이미지가 화면에 1초 동안 반짝하고 등장했다가 다시 여동생의 이미지로 바뀐다. 눈을 한 번 깜박하면 예술가의 초상을 놓치게 된다. 나는 비디오를 되감아 화면을 정지한다. 똑같이 긴 머리, 그러나 좀 더 각진 턱선, 고르지 않은 피부, 약간 더 넓은 코. 그의 눈동자는 생생하고, 기민하고, 전혀 겁에 질려 있지 않다.

빚진 자

가로등이 희미하게 켜지고 하늘에 푸른 여광이 남은 박명의
시간에 딸에게 젖을 먹이다가 빛을 깜박이며 상공을 가로지르는
비행기를 보았다. 나는 그 비행기 속에, 조도가 낮은 기내의
하얀 정적 속에 있고 싶었다. 흰색 이어폰을 깊숙이 꽂고, 뉴욕
스카이라인이 시야에서 흐려져 아가의 입김 같은 불빛으로 변할
때까지.

처음으로 엄마가 됐을 때 나는 행동반경이 주변으로
한정되는 것에 분개했다. 이제 혼자 여행할 수 없었다. 떠나고
싶을 때 훌쩍 떠날 수 없었다. 지상에 발이 묶였으니 레드훅
지역에서 운영하는 수영장으로 최대한 자주 도피해 혼자 몇
바퀴씩 돌았다. 물에 들어가는 것이 곧 자유였기 때문이다.
나는 수영장에 관해 에세이를 써보려고 시도했다. 그 첫 소재인
레드훅 공영 수영장은 진정한 공유 시설로서 축구장만큼이나
거대하고, 온갖 부류의 아이들을 위한 공간이 있고, 훌륭하게도
무료이고, 무료 자외선 차단 크림이 용기에 담겨 비치되어 있다.

하지만 역사적으로 공영 수영장은 인종 분리 폐지와 관련해
가장 뜨겁게 논란이 됐던 시설에 속한다. 동부에서는 도시계획가
로버트 모지스가 공공사업진흥국이 후원하는 수영장을 주로
뉴욕의 백인 주거지역에 설치해 흑인은 이용하지 못하게 했다.
남부 도시에서는 흑인과 같이 쓰느니 차라리 아무도 못 쓰도록
하겠다며 동네 수영장에 콘크리트를 부었다. 그렇게 콘크리트로
메운 수영장 사진을 봤는데 지금은 어느 버스 차고의 주차장이
되어 있었다. 한때 수영객들이 발장구 치던 수조의 가장자리임을
알려주는 쓸쓸한 4.5피트 수심 표시만이 옛날에 그곳이
수영장이었음을 알리는 유일한 증거이다. 이제 그 표시는 무덤

표석처럼 보인다. 피츠버그에서는 새로 인종 통합된 수영장에 흑인이 입장하자 백인 수영객 한 무리가 돌팔매질을 하고 그들을 익사시키려고 했다. 인종 분리의 폐지를 피할 수 없게 되자 백인들은 교외 지역으로 피신하여 각자 개인 수영장을 지었다.

공영 수영장은 이 나라가 흑인과 백인의 육체를 갈라놓으려고 얼마나 혈안이었는지 보여주는 적나라한 사례여서, 내가 이것을 나의 역사로 재서술해도 될지 확신이 서지 않았다. 이 문제와 관련해 내 관심이 촉발된 것은 어렸을 때 있었던 일 때문이지만, 미국의 기반 시설에까지 깊은 흔적을 남긴 흑백 인종 분리 정책과 비교하면 가벼운 에피소드로 느껴지는 내 체험을 역사의 흐름에 엮어 전하기가 겸연쩍었다. 그때 나는 열세 살이었다. 나는 심해어처럼 수영장 깊숙이 잠수해 숨을 더 참을 수 없을 때까지 버텼다. 내가 수면으로 올라오자 "나와!" 하고 소리치는 어른 목소리가 들렸다. 나는 선헤엄을 치며, 역광을 받고 있는 목소리의 주인공을 눈을 찡그리고 쳐다보았다. 이 수영장은 주민만 쓸 수 있다고 그가 엄한 어조로 말했다. 그곳은 이모가 사는 오렌지 카운티의 아파트 단지였다. 나는 그에게 이모와 어린 사촌 동생이 여기 살고 내가 아이를 봐주고 있다고 말했다. 사촌 동생과 내 동생은 수영장의 얕은 쪽에서 헤엄치고 있었다. 그는 내 말을 끝까지 듣지도 않고 우리에게 나가라고 했다. 수영장 문을 닫고 나오는데 그의 말소리가 들렸다. "저것들이 이젠 사방에 깔렸네."

✕

우리는 이제 사방에 깔렸다. 우리는 오렌지

카운티를 점령했다. 심지어 우리 중 일부는 오렌지 카운티에서 부잣집 주부로 산다. 영화 및 소설『크레이지 리치 아시안』에서 보는 사람을 즐겁게 하는 도입 장면의 핵심 메시지는, 우리를 차별하면 우리는 너보다 돈을 더 많이 벌어서 우리를 못 들어오게 했던 너의 최고급 호텔을 **사버리겠다**는 것이다. 자본주의로 인종주의를 응징하겠다는 것이다. 하지만 그게 바로 백인의 세상이 우리를 포섭하는 방식이 아니던가? 우리가 응징을 하든 은혜를 입든 해서 우리를 파괴한 체제 속에서 저들보다 우월해지면 우리는 누구란 말인가?

✕

　　　　　나는 자신에 대한 도전으로 이 책을 쓰기 시작했다. 나는 내 인종 정체성을 소재로 글을 쓰는 일은 중요하지도 않고 급하지도 않다는 편견을 한참 고수했는데, 그런 변명의 저변에 무엇이 도사리고 있는지 보기 위해서 그것을 비집어 열어야 했다. 이 작업은 생각보다 힘들었다. 마치 해부용 테이블에 뇌를 올려놓고 반으로 갈라 글쓰기를 주저하게 만드는 신경을 핀셋으로 골라내는 것 같았다. 게다가 나는 이 **우리**라는 것과 씨름해야 했다. **저들**에게 맞서는 수천 개의 나팔과도 같은 **우리**를 청중에게 강력하게 내세울 만한 자신감이 내게 있다면 얼마나 좋을까 싶었다. 그러나 여전히 너무 불특정해서 공유하는 언어가 있는지조차 의문인 아시아인이라는 인종 집단을 내 체험의 무게로―동아시아인, 전문가 계급, 시스젠더 여성, 무신론자, 반골로서―규정해버릴까 봐 두려웠다. 그래서 나는 그 일인칭 복수 대명사를 누가 건드린 달팽이 촉수처럼 오그렸다.

245

✕

　우리 아버지의 전쟁 때 이야기를 미처 못
끝냈다. 통역자가 학교 동창인 큰아버지를 알아보고 미군에게
그들이 쓰는 이상한 언어로 말했다. 마술처럼 병사들이 총을
거뒀다. 아버지는 영어의 힘에 경악했다. 할아버지 댁에서
할아버지를 쏘려고 했던 이 거구들이 이제는 아버지에게
주려고 배낭을 뒤져 둥글고 파란 참스 사워볼 사탕 통을 꺼냈다.
아버지가 체리, 레몬, 라임 맛 설탕 결정을 입안에 넣자 온통
폭발하는 향기가 놀라웠다.

　지구상의 가련한 자들은 모두 이 사탕을 안다. 총격전이
끝나면 허쉬 초콜릿을 나눠주고 급습 전에 엠앤엠즈 초콜릿을
배포했다. 미군이 전투 헬기에서 덤덤 롤리팝스를 뿌리면
아프가니스탄 어린이들이 팔을 쳐들고 헬기를 쫓아갔다. 때로는
사탕으로 장난을 쳤다. 베트남전 때 보초병들은 심심풀이로
가시철조망 밑에 사탕을 묻어놓고 부랑아들이 그것을 집다가
살이 찢어지는 것을 구경했다. 더 최근에는 미국 해병대원
두 명이 이라크 아동 네 명에게 과자를 나눠주다가 자살 폭탄
테러범에게 습격당해 전원 피살되었다. 2003년 이라크 침공 때
미국 해병대는 전투 식량 MRE에 들어 있던 참스 캔디를 재수
없다고 내다 버렸다. 레몬 맛 참스는 차량 고장을 뜻했고,
라스베리 맛 참스는 죽음을 뜻했다. 버려진 참스 봉지가 이라크
남부의 길가에 흩어져 있었다. 아무도 건드리는 사람이 없었다.

　그러나 남한 사람들의 민심을 얻어내는 데는 성공했다.

　폭탄이 터져 파인 땅에 사탕을 심으면 그 사탕 껍질에서

자본주의와 기독교가 자라난다. 시인 에밀리 정민 윤은 조국에 대해 이렇게 쓴다. "현재 우리나라 도시들은 묘지처럼 십자가 불빛으로 가득하다."

╳

살면서 내내 부채 의식의 무게를 느꼈다. 나는 부모님의 죽은 아들을 대체할 아들이 아니고 딸이었으므로 태어날 때부터 결손 상태였다. 이후 부모님의 기대에 어긋나는 인생 선택을 할 때마다 내 가치는 계속해서 하락했다. 빚을 졌으면 조심하고, 자제하고, 내 차례가 아니면 입을 다물어야 한다. 내 선택이 전혀 아닌 선택에 의해 구속되는 삶을 살아야 한다. 저녁 식사 모임에서 좌중을 즐겁게 해주는 역할을 편하게 여기는 남녀는 긴 문장으로 말하면서 극적인 순간에 멈추어 이야기의 효과를 고조시키고, 아무도 감히 중간에 끼어들지 못하도록 한다. 그와는 달리 나는 그저 초대받은 것이 황송하여 남이 끼어들기 전에 어떻게든 한마디라도 하려고 재빨리 잘려지고 압축된 문장을 내뿜는다.

부채 의식을 지닌 아시아 이민자가 자기들이 이만큼 사는 것을 미국 덕분으로 여긴다면, 그 자녀 세대는 자기들이 먹고사는 것을 고생한 부모 덕분으로 여긴다. 따라서 부채 의식을 지닌 아시아계 미국인은 이상적인 신자유주의적 주체다. 역사의 무게는 오롯이 내가 짊어지는 부담이고 부모님이 잃은 것을 보상받는 일은 내게 달렸다고 받아들인다. 그러기 위해서 불평은 접어두고 직업전선에서 내 능력을 증명해야만 한다.

✕

　　부채 의식은 감사하는 마음과는 다르다. 로스 게이는 자기 시에서 무화과의 "벨벳처럼 부드러운 속살"을 맛보거나 녹슨 빨간 펌프로 끌어올린 차가운 물을 마시는 순간처럼 삶의 소소한 순간에 감사한다. 그는 심지어 못생긴 발에도 감사한다. 맨발일 때 못생긴 것이 너무 신경 쓰여 "스무 마리의 꼬마 타조처럼 모래 속에 발가락을" 파묻을 정도였는데도 말이다. 진심으로 감사함을 느낀다는 것은 현재의 밝은 빛 속으로 팔다리를 마음 편하게 쭉 뻗는 것이다. 내 생각에는 그게 행복이다.

　　부채 의식이 있으면 생각이 미래에 고착된다. 나는 어쩌다 행운을 얻으면 쉽게 흥분하는 조그만 강아지처럼 긴장한다. 이 행운은 누구 것이지? 물론 내 것일 리 없어! 나는 행운을 거저 받는 선물이 아니라 앞으로 매주 악운을 당함으로써 할부 상환해야 하는 융자처럼 취급한다. 내가 이 모양인 것은 잘못 키워져서―억지로 고마워하도록 욱지름을 당해서―그런 것이 틀림없다. 저를 위해 인생을 희생해주셔서 고맙습니다! 그 대가로 부모님을 위해 제 인생을 희생하겠습니다!

　　나는 그 모든 것에 반항했다. 그 결과 나는 배은망덕이라는 최악의 인간성을 지니게 되었다. 이 책도 배은망덕한 책이다. 굳이 변명을 하자면, 부채 의식을 지닌 작가는 환심을 사려는 이야기를 쓸 확률이 높다. 나도 이 나라에 그야말로 빚을 졌지만 나는 오히려 항상 배은망덕할 것이다.

✕

　나는 유리 고치야마의 모습이 담긴 그 유명한
사진을 불과 몇 년 전에 처음 접했다. 그 흑백사진은 1965년
2월 21일 할렘의 오더번 볼룸에서 맬컴 엑스가 피격당한
직후에 찍혔다. 맬컴 엑스가 바닥에 쓰러져 있고, 사람들이 그를
에워싸고 소생시키려고 애쓰는 중이다. 맬컴 엑스를 보살피고
있는 사람 중에 얼굴이 화면 밖으로 잘려 나가지 않은 유일한
여인이 있다. 검은 외투 차림으로 무릎을 꿇고 맬컴 엑스의
머리를 고이 안아 자기 무릎에 받쳐 놓은 자세다. 사진을 더
자세히 보니 그 여인은 또 다른 여성이 총상을 잘 보려고 맬컴
엑스의 넥타이를 푸는 동안 그의 머리를 두 손으로 받쳐 들고
있다. 그 여인은 40대로 보이고, 착용한 고양이 눈 안경이 마르고
각진 얼굴에 악센트를 주고 있다. 이 아시아 여인은 누구지? 이
사진에서 아시아 여인을 보고 내가 왜 놀라는 거지?

✕

　고치야마는 1921년 캘리포니아주 샌피드로의
중산층 일본계 미국인 가정에서 태어났다. 샌피드로 백인
주거지역에서 자란 그는 해맑고 독실한 기독교 신자로 자란
10대 시절을 보냈으나 1941년 12월 7일 일본의 진주만 공격으로
평온한 일상이 깨졌다. 건강이 좋지 않았던 그의 아버지는
진주만 공격 직후 간첩 행위 혐의로 부당하게 고발당해
투옥되었고, 5주 동안 구금되어 심문받았다. 그는 석방되고
얼마 안 있어 병원에서 사망했는데, 숨지기 전 환각을 일으켜

고치야마의 오빠를 심문관으로 착각했다. 미군에 입대해
출전하게 된 오빠가 미군 군복 차림으로 병상을 지켰기
때문이다. 병든 아버지가 이번에는 고치야마를 살펴보며 겁에
질려 물었다. "누가 너를 때렸느냐?" 하지만 고치야마에게 손을
댄 사람은 없었다.

　　나머지 가족은 제롬에 있는 강제수용소로 내쫓겼다.
아칸소주 습지대에 설치된 이 강제수용소에 일본계 8,500명이
억류됐다. 현 추정치로 총 60억 달러에 달하는 전 재산과
평생 모은 저축을 강제로 내놓은 채 일본계 가정은 전쟁
포로수용소처럼 지은 외풍 심한 막사에 빽빽이 수감되었다.
취침용 거적과 군용 담요가 1인당 하나씩 지급되었다. 혹독한
겨울에도 난방과 하수 시설이 없어서 밤에 볼일을 봐야 하면
진흙투성이의 뜰을 힘겹게 가로질러 실외 화장실에 가야 했으며,
그러는 동안에도 감시탑의 탐조등이 그들을 내내 쫓아다녔다.
그렇게 억류된 상황에서도 고치야마는 거의 현실과 유리된 듯이
명랑하게 지내면서 자기들도 미국을 사랑하는 애국자임을
증명하고자 동포인 일본계 이민 2세 미군 병사들에게 위문
편지를 쓰는 운동을 주도했지만, 결국 그렇게 보낸 편지들은
"전사자"라는 표시와 함께 대거 반송되기 시작했다. 그의 전기를
집필한 다이앤 후지노에 따르면 일본계 미군 병사들은 다하우
수용소에서 유대인 생존자 3만 명의 해방을 도왔는데, 그
병사들의 가족이 미국 땅에서 아직도 철조망 안에 갇혀 있었던
것을 생각하면 상당히 아이러니했다.

✕

　　수용소에서 풀려나자 고치야마는 샌피드로로
돌아왔다. 일본인을 고용하려는 사람이 없어서 식당 종업원
자리조차 구할 수 없었다. 그는 남편과 할렘으로 이사하고
나서야 비로소 자기한테 일어났던 일을 이해하게 됐다.
그전까지는 FBI가 근거 없이 아버지를 체포해 구금한 일도,
아버지가 돌아가신 일도, 온 가족이 강제수용소에 수감됐던
일도, 그의 애국심을 누그러뜨리지 못했다. 그는 백인 교회와
학교에서 배운 신화를 여전히 믿었다. 미국은 자유의 땅이라는
신화 말이다. 그 신념 체계의 단층선 너머에는 오직 두려움이
놓여 있을 뿐이었다. 고치야마가 뉴욕에서 웨이트리스 일자리를
얻었을 때 그에게 최초로 미국의 인종주의 역사를 가르쳐준
사람은 흑인 동료들이었다. 마침내 고치야마는 어휘를, 역사적
맥락을 얻었다. 그가 당한 체험은 끔찍한 예외가 아니라
통상적인 일이었다.
　　고치야마의 낙천성도 그를 특출한 운동가로 만드는 데
기여했다. 그는 어렸을 때부터 사람들을 하나로 모으는 일에
타고난 재능을 보였다. 흑인 이웃, 흑인 동료와 친해지면서
그는 열렬한 민권 운동가가 되었다. 훗날 그는 어느 건설회사를
상대로 고용 차별 항의 시위를 하는 현장에서 맬컴 엑스를
만났다. 열렬한 지지자들에게 층층이 둘러싸인 와중에도 맬컴
엑스는 아시아 여성이 혼자 뒤에 서 있는 것을 보고 팔을
뻗어 악수를 청했다. 그러자 고치야마가 놀랍게도 그에게 왜
인종통합을 지지하지 않느냐며 이의를 제기했다. 그 배짱에

탄복하여 맬컴 엑스는 그를 매주 열리는 미국흑인통일기구
회의에 초대했고, 거기서 고치야마는 더욱 급진화되어
반인종주의를 넘어 반자본주의자로 변신했다.

✕

고치야마는 다른 사람을 돕고 싶어 하는
성향이 강했고, 관심이 자신에게 집중되면 안 된다고 생각했다.
존경할 만한 자세임이 분명하나 한편으로 내게 망설임을 안긴다.
그의 이타심이 본질적으로 아시아적이고 여성적인 것 같다는
의심이 들었다. 어쩌면 이것은 내가 스스로 내면화한 쇼비니즘의
발현이며 고치야마처럼 뒤에서 지칠 줄 모르고 일하는
조직책보다 우수에 젖은 시인이나 구세주 영웅을 더 좋아하는
다소 뻔한 내 선호의 발현일 수도 있다. 사실, 정체성 구분이 자칫
경직될 수 있는 시대에 **우리**라는 개념을 유연하고 넓게 이해하고
타인과 자신의 목소리를 동시에 확대하는 것을 임무로 삼았던
고치야마의 삶을 드높이는 것은 각별히 중요하다. 그는 수감자의
권리를 개혁하기 위해 끈질기게 투쟁했으며, 그의 집은 흑인
민권 운동가들을 위한 "중앙역"으로 알려졌다. 또한 그는 1977년
푸에르토리코의 독립을 옹호하며 자유의 여신상을 점거했던
운동가 7인 가운데 한 명이었다. 1988년에는 일본계 미국인
강제수용에 대한 공식 사과와 배상을 요구하는 운동을 주도하여
이를 받아냈다.

✕

1968년 UC 버클리 학생들이 **아시아계**

미국인이라는 용어를 고안해 새 정치적 정체성의 개시를 알렸다. 블랙 파워 운동과 반제국주의 운동에 의해 급진화된 아시아계 학생들은 자신의 존재에 대해 사과를 거부한다는 취지로 그 명칭을 고안했다. 오늘날 이 명칭은 납작하고 텅 비어서 그 어떤 맹렬한 정치적 수사도 담겨 있지 않기 때문에 **아시아계 미국인**이라는 말이 급진적인 기원에서 출발했다는 것을 떠올리기가 쉽지 않다. 하지만 그전에는 아예 아무 명칭도 없었다. 아시아인은 출신국으로 구별하거나 '오리엔탈'로 통칭했다. 아시아계 미국인이라는 용어는 운동가 크리스 이지마에 따르면 "한 사람의 정체성보다는 그 사람의 신념을 표시했다". 일부 운동가는 블랙팬서에 크게 영감을 얻어, 뉴욕의 의화권이나 샌프란시스코의 홍위당 같은 단체는 아예 블랙팬서 특유의 스타일을—완장, 베레모 등—그대로 모방하는 한편, 빈곤한 중국계 미국인 아동에게 무료 조식을 배급하는 등 블랙팬서를 본떠 그들 나름의 10대 정책을 추진했다.

이주 농민에서 식당 종업원에 이르기까지 필리핀, 일본, 중국계 노동계급 출신 운동가들은 미국 국내의 인종주의뿐만 아니라 국외 식민주의에도 맞서 투쟁했다. 이들 다수는 "미군을 본국으로 귀환시키는 일"뿐만 아니라 매일같이 피살되는 수십만 동남아시아인을 염려했기 때문에 백인 주도의 주류 반전운동에 환멸을 느꼈다. 그 시기는 "인종주의와 제국주의가 전무후무하게 불경한 동맹을 맺은 시대였으며, 민족적 다양성과 무관하게 미국인이 아니라 적국인처럼 보이던 미국의 아시아인들이 이 전쟁에 의해 결속되었다"라고 역사학자 케런 이시즈카는 적고 있다. 대릴 J. 마에다 교수에 따르면 아시아계 미국인 참전 군인은 동료 병사에게 "국"(gook)이라는 멸칭으로 모욕당하고 비인간화의 대상이 되었으며, 적인 베트남 사람에게는 그들 편으로 오해받는 일이 잦았다. 멜빈 에스쿠에타의 1977년 희곡 『똥통』(honey bucket: 직역하면 꿀통이지만 실은 똥통을 반어법으로 표현한 것 — 옮긴이)을 보면, 늙은 베트남 여인이 미군 병사 앤디의 검은 머리털을 만진다. 여인이 묻는다. "같은-같은 베트남인?"

"필리핀 사람이요. 음, 필리핀이요." 앤디가 말한다.

"같은-같은 베트남인이네." 그 농부 여인이 자신 있게 되풀이한다.

✕

나는 대학 다닐 때 운동보다 예술에 더 관심을 두었던 까닭에 우리 아시아인의 급진적인 역사를 상당히 나중에야 발견했다. 학생 때 그 방면으로 유일한 경험이라고는 도서관 서가에 한 줄로 꽂힌 아시아계 미국인 사회운동에 관한 빛바랜 책들을 구경한 것뿐이다. 그 운동은 사망하여 아무도 대출하지 않는 지루하고 무미건조한 교과서 코너에 안치되어 있었다. 하지만 나는 60년대와 70년대의 반인종주의 운동이 어떤 식으로 실패작으로 취급되었는지 기억한다. 마르크스주의자들은 치카노, 아시아계 미국인, 아메리카 원주민의 권리 투쟁을 소모적으로 찢어진 운동으로 평가절하하면서 이런 투쟁 때문에 좌파가 계급이라는 핵심 쟁점으로부터 멀어져 분열된다고 여겼다. 그런가 하면 주류 중도파는 반인종주의 운동이 지나치게 전투적이라고

비난했으며, 백인뿐만 아니라 소수자들마저 같은 의견을
공유했다.

1996년 『뉴욕타임스』 인터뷰에서 유리 고치야마는
언명했다. "인민은 폭력 행동을 할 권리, 반항할 권리, 저항할
권리가 있습니다. 그리고 미국과 서구 세력이 제3 세계에 자행한
일을 고려하면 … 그 나라들은 저항해야 합니다." 그를 인터뷰한
노리미쓰 오니시 기자는 그 말에 바로 이어 고치야마가 "현재
정치적 비주류 소수로 국한되는 견해를 고수하고 있다"라고
언급함으로써 인용문의 의미를 축소해버렸다.

나는 잘 알아보지도 않고 이런 설익은 논평을 전부
포용했었다. 그들이 어떤 정치를 도모했든 지금은 한물갔다고
생각했다. 고치야마의 국제적 인종 관계 정치는 **결코** 하찮지
않건만 수많은 "전문가"가 정체성 정치의 하찮음에 대해
거만하게 떠드는 소리만 듣고 운동가 선배들의 노고를 냉큼
묵살했던 일이 나를 괴롭힌다. 미래가 걱정스럽고, 이 나라의
타고난 망각 능력이 걱정스럽고, 항상 승리해 서사를
장악한 자가 권력을 쥔다는 것이 걱정스럽다. 깨어 있다는
것은 일회성 자각이 아니라 끊임없는 재평가를 통해 에너지를
얻는 장기적인 서약일진대 "woke"(깨어 있음을 뜻하는 형용사
awake의 흑인 방언—옮긴이)라는 구호는 이제 조롱받는 일개
해시태그로 전락했다. 나는 이 책을 마무리하면서 우리의 시대가
끝났음을 경고하는 흔해 빠진 전문가들에게 내가 어떤 진단을
제시할 수 있을지 생각해본다. 내가 말할 수 있는 것은 고치야마
같은 운동가들이 상부상조와 연대라는 대안 모델을 제시했던
잃어버린 역사의 한순간을 돌아보자는 것이다. 그들은 바로

'우리'의 대안 모델을 제시했다.

╳

생각 실험을 하나 해보자. 만일 백인이 비백인에게 OO(빈칸에 국가나 대륙을 기입)으로 돌아가라고 소리 지를 때마다 그들의 소원이 즉각 이루어진다면 어떻게 될까? 큰 혼란이 일어날 것이다. 에콰도르인이 갑자기 멕시코에 가 있거나, 내 경우에는 중국에 가 있을 수도 있다. 하지만 그들이 나라를 정확하게 지목해서 갑자기 내가 서울로 순간 이동한다면 어떻게 될까?

나는 2008년 이후로 서울에 가지 않았지만, 당시 100세인 할머니를 뵈러 갔더니 열악한 요양원에서 천천히 노쇠해지고 계셔서 지금도 할머니만 생각하면 가족들에게 화가 난다. 그 요양원은 기괴한 탁아소처럼 벽을 온통 분홍색으로 칠하고 아이들이 합창하는 섬뜩한 찬송가 녹음을 온종일 틀어놓았다. 10인 1실로 꽉 찬 방에서 생활하는 노인들은 방문한 자녀들에게 자주 좀 오라고 투정했다. 중증 치매인 우리 할머니를 돌보기에 나머지 친척들은 너무 노령이었기 때문에 내 동생이 1년 동안 서울에서 할머니를 돌봤다. "늙어서 가족이 나를 버리기 전에 죽고 싶다." 할머니는 그렇게 말씀하시곤 했다.

나는 서울에서 못 산다. 그곳은 여자들이 살기 좋은 곳이 못 된다. 많은 여성이 선천적으로 넓은 몽골형 얼굴을 성형수술로 깎아 하얗게 표백한 하트형 얼굴로 만든다. 교육제도도 무자비하다. 금융위기 수습을 위해 1997년에 국제통화기금이 한국에 580억 달러의 구제금융을 제공하면서 그 조건으로 외국 투자자에게 시장을 개방하고, 노동시장 규제를 완화해 노동자의 고용과 해고를 용이하게 하고, 탄소 배출 기준을 완화해 미국 자동차 수입을 허용하도록 했다. 이제 실질 임금은 침체되었다. 실업률도 심각해졌다. 대학생들은 억압적 봉건 체제였던 조선왕조의 이름을 따서 자기 나라를 "헬조선"이라 부른다. 탁하고 뿌연 미세먼지가 서울 전역에 내려앉는다. 그 먼지는 육안으로는 안 보여도 목 뒤로 느껴지며 장기적으로 암 같은 병을 일으킨다. 한국인들은 특정한 몇 개월 동안은 밖에도 잘 안 나가고 나갈 때는 수술용 마스크를 쓰지만, 그것도 그들을 충분히 보호해주지는 못한다.

✕

그렇다면 미국에 사는 것을 은혜로 여겨.

✕

테레사 학경 차는 "민주주의를 시행하는 척하면서 오히려 민주주의에 연속적인 굴절을 초래하는 장치를 저지하라"고 적는다. 서구의 가장 파괴적인 유산은 누가 우리의 적인지 규정하는 권력이며, 이 권력에 의해 우리는 남북한이 그랬듯 동족을 적으로 삼을 뿐만 아니라 나 자신을 나의 적으로 삼는다.

✕

나는 서울에서 스물여덟 번째 생일을 맞아, 친구가 된 한국의 노이즈 뮤지션 네 명과 동생의 좁은 아파트에서 축하 파티를 벌였다. 동생과 나는 이 친구들이 작은 뒷골목 클럽에서 공연하는 것을 보러 갔었는데 그중 한 명이 무대에서 접의자에 앉아 노트북 컴퓨터 화면을 클릭하는 동안 스테레오 시스템에서 간간이 삑삑, 끼익, 쿵쿵 하는 소리와 함께 끊임없이 윙윙거리는 사운드가 울려 나왔다. 동생 집에서 놀다가 술에 취하자 뮤지션 친구들이 술게임을 하자고 해서 내가 "절대 안 해봤어"(Never Have I Ever) 게임을 하자고 했다. 돌아가면서 자기가 한 번도 안 해본 것을 말하고, 나머지 사람 중에 그것을 해본 사람이 술을 마셔야 하는 게임이다. 처음에는 주로 약한 수위로 난처한 얘기가 나오다가 (예컨대 "샤워하다가 오줌 싸는 건 절대 안 해봤어") 뒤로 갈수록 점점 더 솔직하고 성적인 이야기로 급강하한다. 친구들이 게임에 익숙해지도록 내가 제일 먼저 실없는 소리로 시작하려고 하는데, 그중 2000년대 중반에 유행하던 옆은 짧고 뒤는 긴 힙스터 머리에 검은 피어싱 플러그를 귓볼에 박은, 자칭 '피쉬'로 부르는 친구가 자기가 시작하겠다고 했다. 그가 소주잔을 치켜들었다.

"나는 자살 시도를 절대 안 해봤어." 그렇게 선언하더니 자기가 소주를 원샷했다.

다른 뮤지션들도 서로 잔을 부딪치더니 역시 원샷을 했다. 그러고 나니 도무지 더 할 말이 없어서 우리는 게임을 멈췄다.

✕

내가 한국 이야기를 꺼낸 것은 **이곳**과 **그곳**의 거리를 좁히기 위해서이다. 한때 운동가들이 쓰던 표현으로 바꿔 말하면, "내가 이곳에 있는 것은 당신이 그곳에 있었기 때문이다".

내가 이곳에 있는 것은 당신이 내 조상의 나라를 둘로 쪼개놓았기 때문이다. 한국에 대해 아무것도 모르는 어설픈 중간급 미군 장교 두 명이 1945년에 내셔널 지오그래픽 지도를 놓고 남북한을 가르는 경계선을 자의적으로 그었고, 결과적으로 이 분단은 우리 할머니의 가족을 비롯해 수백만 가족을 갈라놓았다. 그 후 미국은 2차 세계대전 당시 태평양 전역에서 일본군에게 투하한 것보다 더 많은 폭탄과 네이팜을 자유의 기치 아래 좁은 우리 땅에 투하했다. 한국전쟁과 관련해 잘 알려지지 않은 기막힌 사실 하나는 당시 한국에서 복무하며 화상 피해자를 치료했던 미국 외과 의사 데이비드 랠프 밀러드가 바로 아시아인의 눈을 서구적으로 만드는 쌍꺼풀 수술을 창시한 인물이라는 것이다. 그는 그 수술법을 한국 성노동자들에게 시술하여 미군 병사들에게 더 매력적으로 보이도록 했다. 오늘날 쌍꺼풀 수술은 한국 여성들 사이에서 가장 인기 있는 성형 수술이다. 내 조상의 나라는 당신이 영구적 전쟁과 초국가적 자본주의를 통해 필리핀, 캄보디아, 온두라스, 멕시코, 이라크, 아프가니스탄, 나이지리아, 엘살바도르, 그 외에도 수없이 많은 나라에서 저지른 살상과 자원 착취의 작은 예시에 불과하며, 이것은 주로 미국 국내 주식 투자자들의 배를 불렸다. 그러니까 나한테 은혜를 논하지 말란 말이다.

✕

나는 "소속되지 못한 상태"와 "중간에 끼인 느낌"이라는 이민자 관련 쟁점이 늘 불만스러웠다. 그것은 마치 정확한 GPS 좌표만 있으면 자신을 발견할 수 있다는 논리처럼 경직되고 부족하게 보였다. 하지만 남이 우리에게 하는 소리에 영향받아 형성된 거라도 자기(self)라는 어떤 기원 신화를 찾고 싶은 충동을 나는 이해할 수 있다. 그렇기 때문에 내가 미국에서 느끼는 감정을 뒷받침하기에 더 유리한 지점을 탐색하기 위해서 나는 기억 속의 서울을, 대다수에게는 흐릿하고 극소수에게만 선명한 역사적 사실들을 자꾸만 되짚는다. 서울에서 나는 여전히 자기 분열을 느꼈으나 적어도 그 감정이 미국에서처럼 개괄적 쟁점으로 축소당하지는 않았다. 적어도 프란츠 파농이 말한 "콤플렉스의 창고"는 훤히 드러났다.

⋊

미국에 돌아오니 공기가 희박했다. 숨이 찼다. 학자 서영 주의 표현처럼 나는 기묘한 골짜기로 다시 유배되었다. 거기서 나는 실리콘 틀 속에 다시 넣어졌으며, 그 안에서 쌍꺼풀 없는 눈으로 바깥을 내다보았다.

작가가 된다는 것은 곧 나를 내용물로 채우는 것이다. 나 자신을, 그리고 나를 통해 대리되는 다른 아시아계 미국인을 더 인간화하고 미국 문화에 좀 더 유의미한 존재로 만드는 것이다. 하지만 내가 보기에는 그것만으로 부족하다.

시는 영어와 힘든 관계를 맺어온 누구에게나 너그러운 표현 매체다. 말을 더듬는 사람도 노래를 부를 때는 문제 없이 단어를 발음하는 것처럼 이민자도 시를 통해서는 영어로 아름답게 글을 쓸 수 있다. 시인 루이즈 글릭은 서정시는 폐허라고 했다. 폐허로서의 서정시는 인종적 조건을 탐구하기에 최적의 형식이다. 왜냐하면 우리의 형언하기 어려운 상실을 서정시의 파편 속에 담긴 침묵을 통해 포착해낼 수 있기 때문이다. 나는 지금까지 그러한 침묵에 좀 지나치다 싶을 정도로 의지해왔으며, 상실의 슬픔이 자칫 단어 몇 개로 축소되지 않도록 늘 여백을 남겼다. 시인 조스 찰스는 "자본 안에서 감지되는 것은 끔찍하다"라고 했다. 나는 내 고통을 소비용으로 쉽게 요약하느니 차라리 여백으로 남겨놓겠다고 생각하곤 했다. 그러나 나는 이번에 산문체를 택함으로써, 인종 정체성에 대한 내 감정을 해부하며 그 침묵의 빈자리를 어수선하게 채우는 중이다. 그 감정을 검토할 때면 작가로서 특정 인종 범주에 들어앉아 나를 외부와 차단해버리는 손쉬운 길을 택하고 말았다는 초조함이 어김없이 뒤따른다.

✕

우리가 각자 치는 인종 차단선은 우리 서로를 고립시키며, 우리의 투쟁이 너무 특별하여 우리 집단에 속한 사람 말고 다른 사람은 아무도 공감할 수 없다는 생각을 강화한다. 바로 그래서 나와 나를 통해 대리되는 다른 아시아계 미국인을 더 인간화하는 것만으로는 부족하다. 나는 보편성을 파괴하고 싶다. 갈가리 찢어버리고 싶다. **우리야말로** 지구상에서 다수이므로, 보편적인 것은 백인성이 아니라 우리의 차단된 상태다. 여기서 **우리**란 비백인을 말한다. 즉 과거에 식민 지배를 받았던 자, 조상이 이미 멸망을 겪은 아메리카 원주민 같은 생존자, 서구 제국이 초래한 기후 변화 때문에 악화된 가뭄과 홍수와 집단 폭력으로부터 피신한, 현재 멸망을 겪고 있는 이주자와 난민을 가리킨다.

할리우드 영화에서 백인은 **자기들을** 미래의 노예나 난민으로 상상하는 디스토피아 판타지 영화를 양산했다. 「블레이드 러너」의 속편 「블레이드 러너 2049」를 보면 네온사인은 일본어와 한국어로 교대로 번쩍거리고, 악당들은 해체된 기모노 차림이고, 아시아인은 손톱 관리사 한 명 말고는 전혀 보이지 않는다. 우리는 드디어 사라졌다. 노예들은 전부 라이언 고슬링처럼 멋있게 생긴 백인 복제 인간들이다. 고아원은 버려진 회로 기판을 분해하는 어린 백인 남자아이들로 가득하다. 인도의 아동 노동자들이 산더미처럼 쌓인 전자제품 쓰레기를 뒤지며 수은에 중독되는 오늘날 델리의 모습을 그대로 옮겨놓은 듯한 장면이다. 「블레이드 러너 2049」는 마술적 사고가 드러나는 공상과학 영화의 한 예다. 즉 백인이 흑인과 갈색인에게 저지른 그 모든 죄가 자기들에게 열 배로 되돌아올 것이 두려워서, 백인종은 절대로 몰락하지 않는다는 확신을 얻기 위한 일종의 예방 조처로서 자신들의 몰락을 지레 상상하는 것이다.

✕

켄 번스와 린 노빅이 감독한 열여덟 시간짜리 다큐멘터리 영화 「베트남전쟁」에서 그들은 베트남전에서 소대장으로 복무한 일본계 미국인 참전 군인 빈센트 H. 오카모토를 인터뷰했다. 오카모토도 고치야마처럼 일본인 강제수용소에 수감됐는데 당시 아주 어린 나이였다. 형제 여섯 명이 전부 군에 복무했기 때문에 그도 집안 내력에 따라 자원입대해 베트남에 갔다.

오카모토의 첫 임무는 사이공 외곽 23킬로미터 지점 시골

262

지역에 숨어 있다는 베트콩 병사들을 찾아내는 것이었다. 여러 시간 수색해도 소득이 없자 그는 부하들에게 부근 마을에서 잠시 휴식하면서 점심을 먹으라고 명령했다. 한 오두막에서 익숙한 밥 짓는 냄새가 났다. 그는 어머니의 음식이 생각나 갑자기 향수에 젖었다. 쌀밥을 못 먹은 지가 여러 달이었다. 오카모토는 음식을 준비하는 할머니에게 담배와 C-레이션 칠면조 통조림을 밥 한 공기와 맞바꿀 수 있는지 물어보라고 통역자에게 일렀다. 할머니는 그에게 밥과 생선과 채소를 요리해주었다. 그는 허겁지겁 먹었다. 한 그릇 더 달라고 했다.

"안 그래도 가난한 사람들인데 식량을 그렇게 축내도 됩니까?" 한 병사가 그를 나무랐다.

"여남은 사람을 먹이고도 충분할 만큼 쌀이 많던데." 오카모토가 대꾸했다.

그러다가 말을 멈추었다. 할머니 한 사람과 손주들 몫의 쌀이 왜 이렇게 많지? 그가 할머니에게 물었다. "이거 다 누구 먹일 쌀이에요?" "몰라요." 할머니는 통역자를 통해 모른다는 말만 되풀이했다. 그는 할머니의 오두막 주변을 수색하라고 부하들에게 지시했다. 거적 밑에 비밀 터널이 파여 있었다. 오카모토가 백린 수류탄을 굴에 던져 넣었다. 폭발 후 병사들이 시체 7~8구를 끌어냈다. 새까맣게 타서 신원을 확인할 수도 없었다. "잘했어." 중대장이 그를 칭찬했다. 그에게 밥을 주었던 할머니가 땅에 주저앉아 통곡하기 시작했다.

✕

배신자, 라고 나는 생각했다.

그 단어가 계속 머릿속에 어른거렸다. 특히 그가 감정의 동요 없이 덤덤하게 그 이야기를 하는 것에 혐오감이 일었다. 하지만 내가 틀렸다. 그는 배신자가 아니었다. 그는 미국을 위해 싸웠다. 그는 맡은 임무를 수행했다. 사실 어쩌면 그는 수백만 시청자가 볼 다큐멘터리 시리즈라는 것을 알기에 그 이야기를 털어놓음으로써 회한을 내비친 것일 수도 있다.

궁극적으로 그 다큐멘터리는 내게 적잖이 불쾌했다. 두 감독은 이 시리즈가 전쟁의 양면을 보여줄 것이라고 공언했지만 미군 참전 군인의 트라우마가 여전히 이야기의 중심을 차지했다. 베트남 민간인이 겪은 상실의 이야기는 없었다. 내가 무척 궁금해했던 여성 베트콩 병사들의 이야기도 전혀 없었다. 1960~70년대에 아시아계 미국인 페미니스트 운동가들이 그 여군들을 저항의 모델로 우러러보았다는 이야기를 읽은 적이 있었다. 딱히 기대한 것은 아니었지만, 이 시리즈는 미국을 도와서 참전한 동맹국의 이야기도 거의 다루지 않았다. 특히 내가 염두에 둔 것은 전쟁이 이어진 9년 동안 베트남에 30만 명 이상 파병한 한국이다. 당시 한국은 세계에서 가장 빈곤한 나라에 속해서 경제 발전을 위한 원조가 필요했다. 또한 한국은 한국전쟁에서 공산 세력을 막아준 미국에 신세를 진 상태였다. 파병 당시 독재자 박정희는 "우리가 자유 세계에 진 역사적인 빚을 도덕적으로 갚는 것"이라고 했다.

✕

모퉁이 가게에서 꽃을 사는 이야기로 글을 시작할 수도 있겠지만, 지면이 충분히―두 장이든 스무

장이든 백 장이든—주어지면 어김없이 내 상상력은 폭력으로 차오른다. 나는 별일 없는 하루를 자꾸만 이리저리 뒤집어보며, 시간에 관한 낭랑한 형이상학적 탐구를 일으키는 반질반질한 자갈에 대해 쓰듯, 그런 일상에 국한된 시와 산문을 써보려고 노력해봤다.

늦봄이다. 유치원에 가서 딸을 데리고 걸어서 집에 오던 길에 우리는 만개한 양파꽃이 완벽한 보라색 공 모양인 것을 보고 감탄한다. 남편이 저녁을 준비하면 우리는 종종 그 음식을 전차와 태양이 구름에 핏빛으로 녹아드는 풍경이 보이는 옥상으로 갖고 올라간다.

너무나 일상적이어서 곱씹을 자유가 허락되는 평범한 일과를 글로 적는다. 내가 이렇게 살 수 있기 위해 무엇이 희생되었을까? 이 안락함이 나에게 주어지는 대가로 무엇이 지불되었을까? 일제 강점기. 한국전쟁. 일제와 한국전쟁 때 학습한 방식으로 반체제 인사들을 고문한 독재 정권. 나는 그중 어느 것도 겪지 않았지만, 그래도 나는 역경에서 회복할 시간이 없었던 사람들, 성찰할 시간도 없고 성찰을 허락받지도 못한 사람들의 후손이다. 한국전쟁에서 겨우 회복한 젊은 한국 군인들은 미국에 신세를 갚기 위해 베트남에 도착했다. 그들은 지상군으로서 "시골 지역을 평정하는" 임무를 맡았고, 민간인을 무차별 강간하고 살해했다. 복수에 대한 그들의 집념은 편집광적이어서 한국 병사 하나가 어느 마을에서 정체불명의 저격수가 쏜 총에 맞아 숨지면, 가서 그 마을 전체를 불살라버렸다. 한국군은 하미 마을에서 유아와 노인을 포함해 민간인 135명을 학살했다. 빈호아에서 학살된 양민의 수는 430명이다. 빈안에서 학살된 양민은 1,000명 이상이다. 한국군의 손에 학살된 양민의 수가 8,000명이라고 하지만, 전쟁 중에 민간인 희생자를 집계하는 일이 어디나 그렇듯 이 수치는 정확하지 않다.

✕

나는 빚진 상태를 통째로 부인할 수는 없다. 나는 과거에 투쟁한 운동가들에게 빚지고 있다. 나는 학경 차에게 빚지고 있다. 윤리적인 삶을 산다는 것은 곧 역사에 책임지는 것을 의미하므로, 나는 세상이 자기에게 빚지고 있다고 여기는 부류의 백인 남자가 되느니 차라리 빚을 지겠다. 또한 나는 우리 부모님께 빚지고 있다. 하지만 내 삶을 비밀로 유지하거나 내 것을 챙기는 사유화의 꿈을 뒤쫓는 방식으로 부모님께 진 빚을 갚지는 못하겠다. 엄마는 내게 감사할 것을 거의 매일 요구했다. 엄마는 내가 힘들게 살지 않아도 되도록 미국에 온 거라고 거의 매주 말했다. 그러고는 물었다. "너는 왜 그렇게 힘들게 사니?"

✕

"앞으로 백인 우월주의는 백인을 필요로 하지 않게 될 것이다." 아티스트 로레인 오그레이디가 2018년에 한 말이다. 이 예측은 적어도 외견상으로는 50년 전 제임스 볼드윈이 "백인의 해는 졌다"라고 했던 말을 반박하는 것처럼 보였다. 어느 말이 맞을까? 어느 예측이 유효할까? 아시아계 미국인의 입장에서 나는 볼드윈의 말에 용기를 얻으면서도 오그레이디의 말이 머리에서 떠나지 않았고 나도 거기에 연루되었다고 느꼈다. 나는 오그레이디의 언급에 담긴 진실을 감지했으며 그것은 내게 이 책을 시급히 마무리해야겠다는 충동을 부추겼다. 백인 세상은 이미 우리를 집단 학살 전쟁의 하급 파트너로 모집했고, 흑인을 적대하고 피부색을 구분하는 일에 징집했으며, 이민자의 일자리를 낫으로 밀 베듯 쳐내는 기업의 직원이나 심지어 대표로 삼았다. 다른 선택을 하려고 애써 노력하지 않는 한 우리 중 비교적 안락하게 사는 사람들은 디폴트로 그렇게 살아간다.

아시아계 미국인은 무슬림이나 트랜스젠더처럼 보이지만 않으면 다행히 심한 감시 속에 살지 않아도 된다. 그러나 우리는 일종의 연성 파놉티콘 속에 산다. 이것은 아주 미묘해서 우리는 이것을 내면화하여 자기를 감시하며, 바로 이것이 우리의 조건부 실존을 특징짓는다. 우리가 여기서 4세대째 살았어도 우리의 지위는 여전히 조건부이다. 만족을 모르고 사들이는 물질적 소유물이든 주류 사회에 편입했다는 마음의 평화로서의 소속감이든 **빌롱잉**(belonging: 이 문장에서 소유물과 소속감이라는 이중의 의미로 쓰이고 있다—옮긴이)은 언제나 약속되며, 아슬아슬하게 손 닿지 않는 곳에 있어서 우리가 유순하게 처신하도록 유도한다. 아시아계 미국인의 의식이 해방되려면 우리는 이 조건부 실존으로부터 반드시 벗어나야 한다.

하지만 그것은 무엇을 의미할까? 투쟁을 이어가기 위해 고통을 감수하는 것을 의미할까? 아니면 그저 우리의 고통을 자각하는 것을 의미할까? 나는 다른 이들이 보여준 행동을 통해서만 그 질문에 답할 수 있다. 현재 나는 역사가 디지털 아카이브로 대거 흡수되어 우리 스스로는 아무것도 기억하지 않아도 되는 시대에 글을 쓰고 있다. 미국 정부는 오클라호마주에 설치했던 일본인 강제 수용소 한 곳을 다시 열어 중남미 아동들로 채우려고 계획 중이다. 일본인 강제 수용소에 수감되었던 소수의 생존자가 이 재설치에 반대하는 시위를 매일 벌이고 있다. 한때 나는 일본인 강제 수용소 생존자가 다들 어떻게 됐는지 한가한 태도로 궁금해하곤 했다. 왜 자취를 감췄지? 왜 한 번도 목소리를 높이지 않았지? 재설치 반대 시위에서 톰 이케다가 말했다. "우리는 취약한 공동체에 동맹이 되어주어야 한다. 1942년에 일본계 미국인은 그런 동맹이 없었다."

우리는 이 나라에 늘 있었던 존재다.

감사의 말

보기 드문 아량과 지성, 그리고 실용적 지식을 겸비한 담당 에이전트 P. J. 마크에게 감사드린다. 담당 편집자 빅토리 마츠이의 이해심과 엄밀함, 그리고 상처받기 쉬운 부분을 피해 가지 않도록 나를 독려한 일에 감사드린다. 그들의 안내가 없었으면 그런 부분을 표현하지 못했을 것이다. 임프린트 '원 월드'를 출범시켜 유색인종 작가들에게 보금자리를 마련해준 크리스 잭슨에게 감사드린다. 따로 시간을 내서 자신의 이야기를 대범하게 공유해주신 존 차, 프라기타 샤마, 샌디 플리터먼- 루이스에게 각별히 감사드린다.

  수많은 교정본을 꼼꼼하고 솔직하게 살펴봐준 애덤 섹터에게 특별히 고마움을 전한다. 또한 조언과 도움, 그리고 살맛 나는 대화로 이 책에 영향을 미친 메건 오로크, 이드라 노비, 모니카 윤, 젠 리우, 파리드 마투크, 율라 비스, 매기 넬슨, 이비 쇼클리, 넬 프로이덴버거, 기타 슈워츠, 크리스 첸, 클로디아 랭킨, 조 원터, 줄리 오린저, 켄 첸, 첼시 존슨, 말레나 워트러스, 트레이시 시먼스, 과거에 내 멘토였던 캘 비디언트, 마사 콜린스, 명미 킴, 그리고 동료 리고베르토 곤잘레스, 브렌다

쇼네시, 존 킨, 제인 앤 필립스에게 감사드리고 싶다. '인종 상상 연구소'(Racial Imaginary Institute)의 큐레이터 위원회와 이 책에 담긴 에세이와 관련해 몇 가지 아이디어가 잉태된 럿거스 대학교 뉴어크 캠퍼스 예술대학원 석사과정에서 '인종과 혁신' 강의를 듣는 내 학생들, 그리고 『뉴 리퍼블릭』 편집부에도 감사드린다. 또한 시앤 나이, 로렌 벌랜트, 다이앤 후지노, 비엣 타인 응우엔, 사라 아메드, 캐서린 본드 스톡턴, 로빈 번스틴, 글렌다 카피오, 주디스 버틀러, 사이디야 하트먼, 로레인 오그레이디 등, 개인적으로 만난 적은 없어도 (또는 한 번밖에 못 만났어도) 『마이너 필링스』를 집필하는 데 중요한 아이디어를 준 문인과 학자 들께도 감사의 뜻을 표하고 싶다. 특별히 이 책을 쓸 수 있도록 재원과 시간을 허락해준 윈덤캠벨문학상, 래넌 재단의 텍사스 마파 입주작가 프로그램, 맥도웰 작가 공동체, 데니스턴 힐, 그리고 구겐하임 재단에 감사드린다.

　　항상 곁에서 작가의 길을 성원해주신 부모님과 따뜻한 마음으로 나를 격려한 동생 낸시, 그리고 끝으로 모러스에게 이 책을 바친다. 그의 응원, 인내, 유머, 그리고 사랑이 없었다면 이 책을 쓸 수 없었을 것이다.

옮긴이의 글

이 책을 옮기는 경험은 이전의 번역 작업과는 사뭇 달랐다.
　복잡한 심경과 감정이입으로 가득한 여정이었다. 자판을
치던 손을 잠시 멈추고 생각에 잠기는 순간도 여느 때보다
잦았다. 외국에서 25년 가까이 살면서 겪었던 많은 일이
생각나고, 잊었던 기억들이 엉뚱한 지점에서 되살아났다.
오래전에 알았다가 연락이 끊긴 사람들의 얼굴이 새삼 떠올랐고,
망각의 구덩이에 묻어두었던 불쾌했던 기억도 비어져 나왔다.
외국에서 오래 생활하고 있으니 공감이 가는 부분이 있을 것
같아 번역을 의뢰한다고 하신 마티 정희경 사장님의 말씀은
옳았다. 이 책을 번역하는 작업은 첫 장부터 마지막 장까지
공감의 작업이었다.
　저자의 글에 묻어나는 여러 가지 세밀한 감정들, 아시아계
미국인으로서 체험하는 분노, 좌절, 불만, 우정, 애증, 고집, 자기
회의, 양가감정, 투지 등이 마치 내 것처럼 생생하게 느껴졌다.
그렇게 생생하게 느끼다 보니 아프기도 했다. 저자의 글이
내가 겪었던 일과 밀착되어 예민하고 아린 부분이 드러나는
느낌이었다. 하지만 아문 내 상처가 행여 덧날까 봐 남의 아픔을

살피는 것을 두려워할 수는 없다. 그래서는 안 되고, 그럴 나이도 지났다. 그리고 또 내가 무슨 그렇게 힘든 일을 겪었다고 다른 이의 글을 보며 내 생채기 따위를 두려워한단 말인가.

저자와 공감한다는 것은 저자와 동일한 체험을 공유한다고 주장하는 것과는 다르다. 그런 주장은 전혀 가능하지 않다. 나는 외국에서 생활하는 한국인이지만 한국계 미국인은 아니다. 그러하니 저자가 한국계 미국인 여성으로서 겪어온 일에 대해 내가 과연 얼마나 잘 안다고 할 수 있겠는가. 물론 미국 생활을 꽤 오래 했고 교포 친구들을 사귀었던 경험도 있으니 완전히 문외한은 아니지만, 그렇다고 해서 감히 내가 미국에서 삶을 영위하는 한국계 미국인 공동체의 실태를 온전히 이해하는 척할 수는 없다.

미국에서 공부하고, 살아보고, 잠시 직장에도 다녔지만, 그 과정에서 아무리 친숙해지고 정들었다고 해도 내게 미국이라는 나라는 어디까지나 싫으면 떠나면 되는 곳이었지 소속감을 갈망하거나 여기가 내 나라라는 의식은 별로 없었다. 그런 의식이 없으니 소외나 차별에 좌절감이나 분개심이 일어도 저자와 같은 아시아계 미국인들이 체감하는 것과는 정도에 큰 차이가 있었을 것이다. 그런 의미에서 미국 사회에 대한 저자의 관점이나 감정을 이해하는 내 역량에도 분명히 한계가 있을 것이다.

그러나 비록 작가의 체험과 시각을 완전하게 이해할 수 없더라도, 내가 서구에서 소수자로 사는 아시아 여성으로서 과거에 겪었고 또 지금도 겪고 있는 차별과 편견은 어떤 보편성을 형성하여 작가의 시각으로 가까이 다가가 공감할 수 있도록 해준다. 그리고 그 공감은 완벽하게 동일한 처지에 있지 않더라도, 사람들 사이에 연대의 가능성을 열어준다. 그리고 바로 그것이 저자가 말하고 싶어 하는 논점 가운데 하나였다고 나는 이해했다.

앞서 말한 대로 미국에서 생활할 때는 차별적인 언사를 듣거나 아시아 여성에 대한 선입견이 깔린 헛소리를 들어도 내 집, 내 나라에서 타자화되는 체험이 아니어서 상처가 덜 했다. 그러나 외국인, 더 정확히 말하면 스위스 국적의 백인 남성과 결혼하고 아시아 여성 이민자로서 백인이 절대다수인 남편의 나라에서 몇 년 생활한 이후로 나의 외부자로서의 촉수는 지극히 예민해졌다. 의식적이든 무의식적이든 스위스를 제2의 집으로 삼게 된 이후부터는 은근한 차별, 따돌림, 타자화가 미국 시절보다 더 아프게 다가왔다.

이 문제는 미국에 비해서 유럽이 전반적으로 소수자 집단과 함께 살아가는 일에 덜 익숙하고, 소수자와 관련해 정치적 올바름을 발휘하는 일에 훨씬 덜 예민하다는 점 때문에 한층 더 현저히 발현됐다. 중국 관광객이 쓰는 돈이 도시의 엄청난 수입원인 오스트리아 잘츠부르크의 대로에서, 성인 한 무리에게 칭챙총 소리를 반복해대는 놀림을 받고서 나는 겉으로는 쿨하게 무시하고 지나쳤지만, 속으로는 그 자리에서 한마디했어야 하는 것이 아니었나 갈등이 일었다. 저자가 지하철에서 인종차별적 언사를 한 남자를 대담하게 야단치는 대목을 번역하면서, 나도 그때 그랬어야 했다는 생각이 새삼 들었다.

가서 한마디 쏘아주는 것, 그것이 주저되는 것은 아니다. 그거야 못 할 것도 없다. 문제는, 그런 내면적 갈등과 심지어는 언어적, 신체적 충돌에 노출될 가능성 속에서 지속적으로 살아가야 한다는 것, 바로 그게 스트레스의 원천으로 작용한다. 그것은 주류 다수 백인 남성들은 결코 이해하지 못하는 스트레스다. 바로 이 인구 집단에 속하는 남편은 지금이야 나만큼이나 이 문제에 예민하지만 결혼 초기에는 내가 일상에서 느끼는 바를 구체적으로 일일이 설명해주어야 비로소 그것을 인식했다. 그렇게 설명하면서 느끼던 내 심정, 그것이 바로 '소수적 감정'이었다.

다시 한번 강조하건대 나는 저자가 겪은 일들을 내 일처럼 이해하지는 못한다. 그렇지만 분명히 일정 부분 공감할 수 있다. 이 책을 옮기는 동안, 저자의 이야기에 가슴을 졸이고, 슬퍼하고, 분개하고, 웃음을 터뜨리고, 에이는 마음을 추스르면서, 내가 20~30대에 겪었던 미국 사회를 복잡한 마음으로 돌아보았다. 거기에 사는 한국 교포, 아시아 이민자, 그리고 다른 소수자 집단들을 생각해보았다.

문득 미국에 살 때 만났던 교포 친구들이 생각났다. 일부는 성공과 주류 편입을 목표로 자기 개발에 여념이 없었고, 일부는 현실을 한탄하며 불만에 차 있었고, 대다수는 근면과 노력으로 개인적인 성취를 이루었다. 그러나 가시적인 성취와는 별개로, 진정으로 소수적 감정에서 해방되어 초연한 친구는 찾아보기 어려웠다. 능력주의 신봉자는 있었지만, 그들도 개인이 알아서 잘하는 것만으로 모든 문제와 고민이 해결될 것으로 진심으로 믿지는 않았다. 최근 미국에서 아시아계 미국인들에 대한 차별과 증오 범죄가 크게 증가하고 있는 상황에서 그들은 개인적 성공의 한계를 더욱 절실하게 직면했을 것으로 짐작된다.

앞으로 그들이 살아가는 미국 사회가 어떻게 변화할지, 그리고 그들이 어떻게 현 상황에 맞서 투쟁하고 어떻게 연대하고 어떤 식으로 긍정적인 변화를 이뤄낼 수 있을지, 그래서 궁극적으로 저자가 말하는 소수적 감정이 어떻게 변해갈지 궁금하다. 그러는 동안 내가 할 수 있는 일은, 살아가는 터전은 다르더라도 아시아 여성 이민자로서 소소한 방식으로라도 힘을 보태고, 응원하고, 함께 싸워주는 것일 터이다.

이 책을 번역하여 저자의 소중한 목소리를 한국 사회에 전달하는 작업도 그런 노력의 일환이 되어 저자가 소망하는 변화에 미약하게나마 기여할 수 있기를 기원한다.

2021년 7월
노시내

찾아보기

ㄱ

가야트리 차크라보르티 스피박(Gayatri
   Chakravorty Spivak) 181
   ↘『교육기계 안의 바깥에서』(*Outside
   in the Teaching Machine*) 181
거트루드 토머스(Gertrude Thomas) 64
그렉 보도위츠(Gregg Bordowitz) 144
글렌다 카피오(Glenda Carpio) 80, 270
기예르모 고메스-페냐(Guillermo
   Gómez-Peña) 191, 193

ㄴ

나넷 야누지 마시아스(Nanette
   Yannuzzi Macias) 192
내털리 디아즈(Natalie Diaz) 121
너새니얼 매키(Nathaniel Mackey) 136
   ↘「타자: 명사에서 동사로」(Other:
   From Noun to Verb) 136
너새니얼 호손(Nathaniel Hawthorne)
101
노리미쓰 오니시(Norimitsu Onishi)
255
뉴 오더(New Order) 156
니콜라스 크리스토프(Nicholas Kristof)
88

ㄷ

다니엘 위예(Danièle Huillet) 208
다이앤 후지노(Diane Fujino) 252, 270
대니얼 J. 마르티네스(Daniel J.
   Martinez) 193
대릴 J. 마에다(Daryl J. Maeda) 253
데이먼 영(Damon Young) 125
   ↘『더 루트』(*The Root*) 125
데이비드 랠프 밀러드(David Ralph
   Millard) 259
데이비드 살리(David Salle) 208
데이비드와 조 헨리(David and Joe
   Henry) 65

도널드 저드(Donald Judd) 193
W. E. B. 뒤부아(W. E. B. Du Bois) 50
뒤샹(Duchamp) 159
딘 마틴(Dean Martin) 64

ㄹ

래리 클라크(Larry Clark) 155
  ↘ 영화 「키즈」(Kids) 155
랠프 엘리슨(Ralph Ellison) 80, 81
  ↘ 「웃음의 호사스러움」(An
  Extravagance of Laugher) 80
아르튀르 랭보(Arthur Rimbaud) 161
로드리고 토스카노(Rodrigo Toscano)
  145
로런 벌랜트(Lauren Berlant) 106
로레인 오그레이디(Lorraine O'grady)
  266, 272
로버트 그레이브스(Robert Graves) 65
로버트 스미스슨(Robert Smithson) 169
로버트 플랜트(Rober Plant) 158
로빈 번스틴(Robin Bernstein) 107, 108,
  270
  ↘ 『인종적 순수: 노예제에서 민권
  시대에 이르기까지 미국의 어린이가
  아동기를 보낸다는 것』(Racial
  Innocence: Performing American
  Childhood from Slavery to Civil
  Rights) 107
로스 게이(Ross Gay) 248
루이스 하이드(Lewis Hyde) 142

루이즈 글릭(Louise Glück) 260
르네 잔 팔코네티(Renee Jeanée
  Falconetti) 210
리처드 프라이어(Richard Pryor)
  61~66, 69, 72, 79~85, 108
린 노빅(Lynn Novick) 262
린든 존슨(Lyndon Johnson) 105

ㅁ

마르게리트 뒤라스(Marguerite Duras)
  218
마르틴 하이데거(Martin Heidegger)
  160, 188
마리 카터(Marie Carter) 64
마이크 켈리(Mike Kelley) 161
마이클 I. 노턴(Michael I. Norton) 119
매슈 샐러시스(Mattew Salesses) 75
맬컴 엑스(Malcolm X) 105, 121, 249,
  251, 252
멜빈 에스쿠에타(Melvyn Escueta) 254
  ↘ 『똥통』(Honey Bucket) 254
모리스 샌닥(Maurice Sendak) 158

ㅂ

바누 카필(Bhanu Kapil) 86, 113, 234
  ↘ 『낯선 자들의 수직 심문』(The
  Vertical Interrogation of Strangers)
  234

발레리 스미스(Valerie Smith) 207
버트랜드 오그스트(Bertrand Augst)
    218, 219
「베트남전쟁」(The Vietnam War) 262
브루스 나우만(Bruce Nauman) 191
빌 코스비(Bill Cosby) 64
빌럼 데 쿠닝(Willem de Kooning) 161

ㅅ

사무엘 베케트(Samuel Beckett) 218
「4·29」 93, 95
새뮤얼 R. 서머스(Samuel R. Sommers)
    119
새뮤얼 테일러 콜리지(Samuel Taylor
    Coleridge) 139
    ↘「쿠빌라이 칸」(Kubla Khan) 139
샌디 플리터먼-루이스(Sandy
    Filtterman-Lewis) 208, 227, 228,
    235, 269
샹탈 아케르만(Chantal Akerman) 227
서영 주(Seo Young Chu) 260
솔마즈 샤리프(Solmaz Sharif) 86
수전 스튜어트(Susan Stewart) 175
수전 울프(Susan Wolf) 208, 227
수지 로톨로(Suze Rotolo) 105
스테판 말라르메(Stéphane Mallarmé)
    218
스티브 부세미(Steve Buscemi) 176
스티븐 스필버그(Steven Spielberg) 103
시앤 나이(Sianne Ngai) 85, 132, 270

실번 톰킨스(Silvan Tomkins) 124
실비아 플라스(Sylvia Plath) 130, 213,
    214

ㅇ

아미리 바라카(Amiri Baraka) 137, 142
안드레스 세라노(Andres Serrano) 193
    ↘「오줌 예수」(Piss Christ) 193
앙드레 브르통(André Breton) 161
앙리 베르그송(Henri Bergson) 83
애비게일 피셔(Abigail Fisher) 119
앤 안린 쳉(Anne Anlin Cheng) 214
앤 해밀턴(Ann Hamilton) 175
에르난데스 형제(Hernandez Brothers)
    86
에밀리 디킨슨(Emily Dickinson) 200
에바 헤세(Eva Hesse) 199
에이드리언 토미네(Adrian Tomine) 86
에이드리언 파이퍼(Adrian Piper) 191
영진 리(Young Jean Lee) 183
    ↘『용비어천가』(Songs of the
        Dragons Flying to Heaven) 183
오션 브엉(Ocean Vuong) 77~79
    ↘「관통상이 남은 밤하늘」(Nihgt Sky
        with Exit Wounds) 78
    ↘『지상에서 우리는 잠시 매혹적이다』
        (On Earth We're Briefly Gorgeous)
        78
오시프 만델슈탐(Osip Mandelstam)
    200

완다 콜먼(Wanda Coleman) 86, 95
요제프 보이스(Joseph Beuys) 193
요제프 브로이어(Josef Breuer) 164
우 창(Wu Tsang) 146~149
　↘「와일드니스」(Wildness) 146,
　　148~150
웨스 앤더슨(Wes Anderson) 103
　↘「문라이즈 킹덤」(Moonrise
　　Kingdom) 103, 104, 106, 107
위대한 레보스키」(The Big Lebowski)
　176
윌리엄 셰익스피어(William
　Shakespeare) 101, 181
윌리엄 워즈워스(William Wordsworth)
　103
　↘「영생불멸을 암시하는 노래」(Ode:
　　Intimations of Immortality) 103
윌리엄 카를로스 윌리엄스(William
　Carlos Williams) 191
유관순 210
유리 고치야마(Yuri Kochiyama)
　249~252, 255, 262
유진 오스타셰브스키(Eugene
　Ostashevsky) 190
이승만 210, 225, 230
일레인 킴(Elaine Kim)과 노마
　알라콘(Norma Alarcón) 214
　↘『자기 쓰기, 민족 쓰기』(Writing Self,
　　Writing Nation) 214

ㅈ

장뤽 고다르(Jean-Luc Godard) 218
장마리 스트로브(Jean-Marie Straub)
　208
재닌 안토니(Janine Antoni) 193
잭슨 폴록(Jackson Pollock) 161
제롬 데이비드 샐린저(Jerome David
　Salinger) 102
제스 로(Jess Row) 151
　↘『백인 탈출』(White Flights) 151
제인 후(Jane Hu) 75
제임스 볼드윈(James Baldwin) 264
제프 세션스(Jeff Sessions) 119
제프 슐랭어(Jeff Schlanger) 226, 227,
　235
제프 창(Jeff Chang) 50
조너선 사프란 포어(Jonathan Safran
　Foer) 103
조니 콜먼(Johnny Coleman) 192
조르조 데 키리코(Giorgio de Chirico)
　110
존 차(John Cha) 269
　↘『안녕, 테레사』 225, 228
존 키츠(John Keats) 67, 83, 175
줄리언 슈나벨(Julian Schnabel) 208
줌파 라이히(Jhumpa Lahiri) 75
　↘「세 번째이자 마지막 대륙」(The
　　Third and Final Continent) 76
짐 멜처트(Jim Melchert) 218
짐 쇼(Jim Shaw) 157, 158, 161

ㅊ

찰스 밀스(Charles Mills) 108
치마만다 응고지 아디치에
  (Chimamanda Ngozi Adicie) 74

ㅋ

카먼 와이넌트(Carmen Winant) 120
칼 드레이어(Carl Dreyer) 210, 218
칼 오베 크나우스고르(Karl Ove
  Knausgaard) 86
캐서린 본드 스톡턴(Kathryn Bond
  Stockton) 101, 270
케런 이시즈카(Karen Ishizuka) 253
켄 번스(Ken Burns) 262
코코 푸스코(Coco Fusco) 193
콘스턴스 M. 르월런(Constance M.
  Lewallen) 221
크리스 마르케르(Chris Marker) 184,
  218
크리스 이지마(Chris Iijima) 253
클로디아 랭킨(Claudia Rankine) 84,
  85, 86, 269
  ↘ 『시민』(Citizen) 84

ㅌ

테레사 학경 차(Theresa Hak Kyung
  Cha) 191, 257, 266

↘ 『딕테』(Dictée) 207~212, 214,
  216~221, 225, 227~230, 236, 238
↘ 「비데오엠」(Vidéoème) 214
↘ 「순열」(Permutation) 215, 216, 231,
  239
↘ 「나는 시간이 있다」(i have time)
  218
테레즈 드 리지외(Therese de Lisieux)
  210
토머스 핀천(Thomas Pynchon) 184
토미 피코(Tommy Pico) 86
톰 이케다(Tom Ikeda) 268
트린 T. 민하(Trinh T. Minh-ha) 142
티머시 유(Timothy Yu) 214

ㅍ

파울 첼란(Paul Celan) 190, 200
페폰 오소리오(Pepón Osorio) 193
폴 매카시(Paul McCarthy) 161
폴 베를렌(Verlaine Paul) 161
폴 비티(Paul Beatty) 86, 95
폴 엘뤼아르(Paul Èluard) 161
프란체스코 클레멘테(Francesco
  Clemente) 208
프란츠 파농(Frantz Fanon) 95, 260
프랭클린 D. 루스벨트(Franklin D.
  Roosevelt) 210
프로이트, 지그문트(Sigmund Freud)
  62, 166, 179
프라기타 샤마(Prageeta Sharma) 46

↘「비스와스 부인의 처지」(A
    Situation for Mrs. Biswas) 46
피터 플래겐스(Peter Plagens) 193
필립 로스(Philip Roth) 86

ㅎ

해리엇 비처 스토(Harriet Beecher
    Stowe) 107
↘『톰 아저씨의 오두막』(*Uncle Tom's*
    Cabin) 107
호세 에스테반 무뇨스(José Esteban
    Muños) 149
↘『이상향을 유람하다: 퀴어한
    미래의 바로 그 순간』(*Cruising*
    Utopia: The Them and There of
    Queer Futurity) 149
호아 응우옌(Hoa Nguyen) 164
홀런드 코터(Holland Cotter) 193
히토 슈타이얼(Hito Steyerl) 215
힐다 둘리틀(Hilda Doolittle) 200
힐튼 얼스(Hilton Als) 79, 82

캐시 박 홍(Cathy Park Hong)

캐시 박 홍은 1976년 로스앤젤레스에서 태어났다. 그의 부모는 미국의
이민 금지가 풀린 직후인 1965년 펜실베이니아주 이리(Erie) 외곽으로
이민했다가 캘리포니아주 로스앤젤레스로 이주했다. 나무 한 그루 없이
온통 공사장인 로스엔젤레스의 신개발 지역에서 유년을 보낸 그는, 집
안에서 한국어로 말했기 때문에 초등학교에 입학할 때까지 영어를 거의
몰랐다고 말한다. 어린 시절에 겪은 '이질적 언어 환경, 이중 언어'는
역설적으로 '영어를 두드리게' 만들고, '갈등하는 의식에 가장 근접한'
그만의 어휘소 목록을 쌓게 한 동력이 되었다.

　　미술 작업에 관심이 더 많았지만 진보적인 성향의 예술 대학으로
유명한 오벌린 대학교에 입학한 뒤 본격적으로 시를 쓰기 시작했다.
그 후 아이오와 대학교 문예창작과에서 시작을 이어가면서 예술 비평
활동을 병행한다.

　　첫 시집 『몸을 번역하기』(*Translating Mo'um*, 2002)로 푸시카트상을
수상했고, 두 번째 시집 『댄스 댄스 레볼루션』(*Dance Dance Revolution*,
2008)이 에이드리언 리치의 심사로 바너드 여성 시인상을 수상했다.
이어 시집 『제국의 엔진』(*Engine Empire*, 2012)을 출간했다.

　　윈덤캠벨문학상, 구겐하임 펠로십, 국립예술기금 펠로십을
수상했고, 『뉴욕 타임스』, 『파리 리뷰』, 『맥스위니스』, 『보스턴 리뷰』 등
여러 매체에 시를 발표한다. 『뉴 리퍼블릭』에서 시 담당 편집자로 일하며,
럿거스 대학교 뉴어크캠퍼스 예술대학원 석사과정 교수로 재직 중이다.

　　2020년 봄에 출간한 『마이너 필링스』 영어판은 『뉴욕 타임스』
논픽션 분야 베스트셀러뿐 아니라 각종 유력지 올해의 책으로
선정되었다. 퓰리처상 파이널리스트, 앤드루 카네기상 우수상 후보에
올랐으며, 전미도서비평가협회상(자서전 부문)을 수상했다.

노시내

연세대학교에서 법학을 공부하고 조지워싱턴 대학교에서 정책학
박사학위를 받았다. 미국, 오스트리아, 스위스 등지를 떠돌며 20년 넘게
타국 생활 중이다. 『진정성이라는 거짓말』, 『자본주의를 의심하는 이들을
위한 경제학』, 『사랑, 예술, 정치의 실험: 파리 좌안 1940-50』 등의 책을
옮겼고, 『빈을 소개합니다』, 『스위스 방명록』을 지었다.

마이너 필링스
이 감정들은 사소하지 않다

캐시 박 홍 ╳ 지음
노시내 ╳ 옮김

초판 1쇄 발행 ╳ 2021년 8월 17일
초판 6쇄 발행 ╳ 2024년 2월 20일
ISBN ╳ 979-11-90853-18-7 (03330)

발행처 ╳ 도서출판 마티
출판등록 ╳ 2005년 4월 13일
등록번호 ╳ 제2005-22호
발행인 ╳ 정희경
편집 ╳ 서성진, 박정현
표지 디자인 ╳ 김동신
본문 디자인 ╳ 김동신, 조정은

주소 ╳ 서울시 마포구 잔다리로 101, 2층 (04003)
전화 ╳ 02-333-3110
이메일 ╳ matibook@naver.com
홈페이지 ╳ matibooks.com
인스타그램 ╳ matibooks
엑스 ╳ twitter.com/matibook
페이스북 ╳ facebook.com/matibooks